W0191650

Norbert Herold
Einführung in die Wirtschaftsethik

Norbert Herold

Einführung
in die Wirtschaftsethik

Die Deutsche Nationalbibliothek verzeichnet diese Publikation
in der Deutschen Nationalbibliografie;
detaillierte bibliografische Daten sind im Internet über
http://dnb.d-nb.de abrufbar.

Das Werk ist in allen seinen Teilen urheberrechtlich geschützt.
Jede Verwertung ist ohne Zustimmung des Verlags unzulässig.
Das gilt insbesondere für Vervielfältigungen,
Übersetzungen, Mikroverfilmungen und die Einspeicherung in
und Verarbeitung durch elektronische Systeme.

© 2012 by WBG (Wissenschaftliche Buchgesellschaft), Darmstadt
Die Herausgabe des Werkes wurde durch die Vereinsmitglieder der WBG ermöglicht.
Satz: Lichtsatz Michael Glaese GmbH, Hemsbach
Einbandgestaltung: schreiberVIS, Bickenbach
Gedruckt auf säurefreiem und alterungsbeständigem Papier
Printed in Germany

Besuchen Sie uns im Internet: www.wbg-wissenverbindet.de

978-3-534-21617-8

Elektronisch sind folgende Ausgaben erhältlich:
eBook (PDF): 978-3-534-70576-4
eBook (epub): 978-3-534-70577-1

Inhalt

Vorwort

Wirtschaftsethik kommt im Studienprogramm der meisten Philosophiestudenten eher am Rande vor, auch wenn entsprechende Veranstaltungen, sofern sie denn angeboten werden, reges Interesse finden. Für Wirtschaftsstudenten gilt Ähnliches. Zusatzveranstaltungen von studentischen Gruppen oder Sonderveranstaltung der Wirtschaftswissenschaftlichen Fakultäten sind rege besucht, aber Regelveranstaltungen zu wirtschaftsethischen Fragen eher selten und dann fakultativ. Über die Gründe für das gewachsene Interesse der Studenten braucht man nicht lange zu rätseln: der hohe Orientierungsbedarf angesichts der aktuellen wirtschaftlichen Umbrüche, die öffentlichen Irritationen angesichts der nahezu regelmäßig auftretenden und immer dramatischeren Wirtschaftskrisen, Empörung über weit verbreitete und öffentlich zutage tretende moralische Skrupellosigkeit, jugendlicher Idealismus, der sich nicht mit Resignation oder blankem Zynismus abspeisen lassen will. Kann Wirtschaftsethik eine Antwort auf die moralischen Fragen geben, die sich im Kontext der Wirtschaft stellen?

Die Konflikte und Sprachprobleme einer modernen, mediengesteuerten Öffentlichkeit spiegeln sich auch in den Diskussionen, die im geschützten Raum akademischer Unterrichtsveranstaltungen stattfinden. Aber im Unterschied zur Wirtschaftspraxis und zum Streit in einer politisierten Öffentlichkeit besteht im philosophischen oder wirtschaftswissenschaftlichen Seminar die Chance, sich in unterschiedliche Rollen zu versetzen, mit der Distanz des Theoretikers verschiedene Positionen auszuloten und ohne direkten Handlungszwang nach Lösungen zu suchen. Wenn, wie es Ludwig Wittgenstein plastisch in seinen *Philosophischen Untersuchungen* formuliert hat, die Aufgabe des Philosophen darin besteht, der Fliege den Weg aus dem Fliegenglas zu zeigen, dann setzt das nicht unbedingt die überlegene Außensicht eines Betrachters voraus, der selbst nicht gefangen ist. Über eine derartige Übersicht verfügen auch die Philosophen nicht. Aber sie haben die Möglichkeit, mit den Beteiligten über die verschiedenen Varianten eines gesellschaftlichen oder persönlichen Dilemmas und über mögliche Auswege nachzudenken. Sie treffen sich dabei mit den Wirtschaftsethikern, die moralische oder soziale Fallen zum Thema machen. Statt des wenig weiterführenden Lamentos über den Sündenfall der Wirtschaft, die Gier der Manager und den Verlust der Tugend steht der Versuch im Vordergrund, durch genauere Analysen wirtschaftlicher Handlungsbedingungen und Strategien ökonomisches Profitstreben und moralische Lebensführung in Einklang zu bringen.

Die vorliegende Einführung zielt auf dreierlei: Als Einführung in die Wirtschaftsethik (WE) soll sie zunächst einen kurzen Überblick über den Stand der wissenschaftlichen Positionen geben, sie soll zweitens zur Einsicht in die Unverzichtbarkeit eines normativen Ansatzes auch im Zusammenhang mit dem wirtschaftlichen Handeln führen sowie drittens zumindest in Ansätzen das Instrumentarium zur Verfügung stellen, das für die Identifizierung und Klärung von Wertkonflikten sowie für die Teilnahme an moralischen Debatten erforderlich ist. Eine Einführung kann nur der Orientierung dienen und versuchen, Ordnung in die moralischen Problemstellungen und Ansprüche im Zusammenhang mit wirtschaftlichem Handeln zu bringen sowie an einigen ausgesuchten Beispielen moralische Reflexionen in Gang zu setzen.

Der Standpunkt der Moral ist kein Luxus, den wir uns an Feiertagen leisten. Richtig verstanden gibt die Moral dem Leben des Einzelnen Halt und ermöglicht ein Zusammenleben in Frieden und Gerechtigkeit. Nicht nur der Einzelne, der sich ein gutes Leben wünscht, auch die Vielen, die für die Erreichung ihrer Ziele aufeinander angewiesen sind, müssen ein Interesse daran haben, dass die Moral ihren Platz im Leben jedes Einzelnen und einer Gesellschaft erhält und behält. Wenn ein einzelner Wirtschaftsstudent den Standpunkt vertritt: Wichtig ist nur, dass mein Unternehmen Geld verdient, warum soll ich mich mit Ethik beschäftigen? – dann ist das verzeihlich, wenn auch reichlich kurzsichtig. Wenn allzu viele nach dieser Devise verfahren, ist das eine Fehleinschätzung, die nicht mehr verziehen wird und sich rächt. Der Zusammenhang zwischen Leben und Zusammenleben gerät dann aus dem Blick und früher oder später auch aus den Fugen. Eine allgemeine Kultur des Wegschauens und Ausblendens führt, wie das Lehrstück Finanzkrise gerade gezeigt hat, am Ende zu einem Verlust des Vertrauens, das gerade die notwendige und unverzichtbare Basis für gesellschaftliche Zusammenarbeit und für gemeinsames Handeln und Wirtschaften darstellt. Die Einsicht, dass die moralischen Grundlagen des Zusammenlebens und eben auch der wirtschaftlichen Zusammenarbeit nicht ungestraft ausgeblendet werden können, ist also im öffentlichen wie im privaten Bewusstsein wachzuhalten. Moral im Wirtschaftskontext sollte weniger als problematischer Eingriff von außen verstanden werden, sondern eher als Teil der Lösung des Problems, das wir haben, sofern wir frei und selbstbestimmt handeln wollen, entsprechend wirtschaftlich aktiv sind und uns gleichwohl als abhängig von einer funktionierenden Wirtschaft erfahren.

Adressaten dieses Buches sind einerseits Philosophiestudenten und zukünftige Lehrer der Praktischen Philosophie und Ethik, andererseits angehende oder praktizierende Volks- und Betriebswirte, die sich in einer breiten öffentlichen Debatte mit moralischen Ansprüchen konfrontiert sehen und in der Lage sein wollen, ihr Tun und ihre Entscheidungen in und vor dieser Öffentlichkeit argumentativ zu rechtfertigen. Nicht zuletzt dieses zunehmende öffentliche Interesse zeigt ja, dass keiner, der am öffentlichen Leben Anteil nimmt, sich den Fragen der Wirtschaftsethik entziehen kann. Wenn das Buch einen Beitrag dazu leisten könnte, die Kluft zwischen ökonomischem und moralischem Denken, aber auch das gegenseitige Unverständnis der unterschiedlichen Interessengruppen im öffentlichen Dialog zu verringern, wäre schon viel gewonnen.

I. Was heißt Wirtschaftsethik und was kann und soll sie leisten?

Wirtschaftsethik wird zunächst als eine spezifische Form angewandter Ethik vorgestellt. Ihre Aufgabenstellung wird skizziert, mit den Erwartungen der Öffentlichkeit konfrontiert und gegen andere Formen wissenschaftlicher Reflexion über moralische und wirtschaftliche Fragen abgegrenzt. In einem zweiten Schritt wird den Gründen für die zunehmende Bedeutung der Wirtschaftsethik nachgegangen. Die im dritten Schritt vorgestellten Konzeptionen von Wirtschafts- und Unternehmensethik verfolgen auf unterschiedlichen Wegen das Ziel, die Vereinbarkeit von Geschäft und Moral zu erreichen. Mit dem Ziel, den Stand der wirtschaftsethischen Bemühungen querschnittartig zu erfassen, werden verschiedene wissenschaftliche Gemeinschaftsprojekte vorgestellt.

1. Begriffsklärung

Es ist immer wieder verblüffend, wie viel Skepsis, aber auch wie viele Erwartungen ausgelöst werden, wenn das Stichwort „Wirtschaftsethik" fällt. Damit sich die zweifellos vorhandene Aufmerksamkeit für die Anliegen und die Aufgaben der Wirtschaftsethik nicht zwischen unerfüllbaren Hoffnungen und notwendigen Enttäuschungen gleich wieder verflüchtigt, soll zunächst versucht werden, genauer zu bestimmen, was sich hinter dem noch recht jungen Begriff „Wirtschaftsethik" verbirgt. Dazu zunächst einige Begriffsklärungen.

1.1 Ethik und Moral

Der Begriff „Ethik" geht zurück auf das griechische Wort *ethos*. Es bedeutet: gewohnter Ort des Lebens, Sitte, Charakter. Als philosophische Disziplin beginnt die Ethik mit Aristoteles, auch wenn das Anliegen, nämlich nach den Bedingungen des richtigen Handelns und einer guten Lebensführung insgesamt zu fragen, schon von Sokrates und Platon verfolgt wurde. Zu einem Zeitpunkt, an dem die griechischen Stadtstaaten ihre politische Bedeutung verloren hatten und die herkömmliche Lebensordnung in Frage gestellt war, suchten die griechischen Philosophen mithilfe philosophischer Ethik, die konkurrierenden Moralvorstellungen gegeneinander abzuwägen und so zu allgemein gültigen Aussagen über das gute und gerechte Handeln zu gelangen. Philosophische Ethik verfährt methodisch und lässt sich von der Idee eines sinnvollen menschlichen Lebens leiten. Sie stützt sich auf die Vernunft der Menschen und verzichtet darauf, sich auf die Tradition oder auf politische und religiöse Autoritäten als letzte Instanz zu berufen. Das Adjektiv „ethisch" hat in diesem Kontext zwei Bedeutungen. Es bezeichnet sowohl das Sittliche selbst wie auch die das Sittliche behandelnde Wissenschaft. Von der Wissenschaft der Ethik ist dabei in einem weiteren und einem enge-

Ethik versus Moral

ren Sinne die Rede. In einem engeren Sinne befasst sie sich mit der Frage, was das Handeln des Individuums gut macht, was richtiges Handeln ausmacht und unter welchen Bedingungen wir von einem guten Leben sprechen können. In einem weiteren Sinne – wir würden heute eher von Praktischer Philosophie sprechen – umfasst die Ethik auch die Politik und die Ökonomik. Der Begriff „Moral" geht auf das lateinische Wort *mos bzw.* im Plural *mores*, die Sitten, zurück. Von ihrem Wortursprung her sind Ethik und Moral nahezu gleichbedeutend. Entsprechend werden sie im deutschen Sprachgebrauch auch häufig synonym verwendet. Allerdings befasst sich Moralphilosophie (*philosophia moralis*) vor allem mit der persönlichen Seite guten Handelns, die soziale und politische Dimension bleibt weitgehend ausgeklammert. Um der besseren Verständigung willen hat es sich heute eingebürgert, auf der Gegenstands- bzw. Handlungsebene von „sittlich" oder „moralisch" zu sprechen und nur in Bezug auf die Wissenschaft die Begriffe „ethisch" oder „moralphilosophisch" zu verwenden. Mit Moral (oder auch Ethos, Sittlichkeit) ist dann ein Komplex von Normen, persönlichen Maximen und Prinzipien gemeint, die das Handeln leiten oder leiten sollen. Die wissenschaftliche Theorie der Moral heißt dagegen Ethik, Moralphilosophie oder Moraltheorie. In ihr geht es um die theoretische Begründung von Normen und Handlungen, um deren Systematisierung und um eine theoriegeleitete Anwendung der Moral. Werden die theoretischen Grundlagen oder die Begrifflichkeit der Theorien selbst noch einmal thematisiert, so spricht man von Metaethik. Diese Abstufung, die auch hier im Folgenden vorgenommen werden soll, entspricht im Übrigen dem gebräuchlichen Verfahren auch in anderen Bereichen. So wird die Ebene der Ökonomie (Wirtschaft), des wirtschaftlichen Handelns, seiner Maximen und Verfahrensweisen, von der Ebene der Theorie des wirtschaftlichen Handelns, also der Ökonomik oder der Wirtschaftswissenschaft, unterschieden (vgl. [I–1]; [I–2], S. 9–20).

1.2 Angewandte Ethik – Konkrete Ethik

Bevor wir auf den besonderen Bezug der philosophischen Ethik zum Bereich der Wirtschaft eingehen, muss zuvor noch die Eigenart von Bereichsethiken wie z. B. der Medizin-, der Bio-, der Tier-, der Wissenschafts- oder eben auch der Wirtschaftsethik zur Sprache kommen. Zunächst einmal kann man feststellen, dass es sich bei diesen sogenannten Bindestrich-Ethiken um sehr junge Disziplinen handelt, die unter dem Oberbegriff *Angewandte Ethik* oder auch *Konkrete Ethik* zusammengefasst werden (vgl. [I–3]; [I–4]; [I–5]; [I–6]).

Allgemeine Ethik versus Angewandte Ethik

Von der allgemeinen philosophischen Ethik unterscheidet sich Angewandte Ethik insofern, als es bei ihr weniger um die Begründung und Systematisierung von moralischen Urteilen, Normen und Prinzipien geht, sondern eher um deren Anwendung und Umsetzung im konkreten Handlungskontext. Gleichwohl führt das Attribut „angewandt" in die Irre. Es ist nicht mit der bloßen Anwendung im Prinzip feststehender allgemeiner moralischer Normen getan. Daher bevorzugen andere Autoren z. B. die Bezeichnung: Konkrete Ethik (vgl. [I–7]; [I–8]).

Neue Herausforderungen der Angewandten Ethik

Im Zuge des wissenschaftlichen und technischen Fortschritts eröffnen sich erstens ständig neue Handlungsmöglichkeiten, für deren Bewertung die herkömmliche Ethik keine ausreichenden Kriterien zur Verfügung stellt. Im Bereich der Medizinethik etwa werfen Phänomene wie In-vitro-Fertilisation, künstliche Befruchtung, Klonierung oder Organtransplantation neue Fragen nach dem Beginn, dem Ende oder dem individuellen Wert des Lebens auf. Im Bereich der Wirtschaftsethik entstehen im Zuge der Globalisierung neue Fragen nach der Zurechenbarkeit von Verantwortung und der Zumutbarkeit von moralischen Ansprüchen. Die Komplexität der weltweiten ökonomischen Zusammenarbeit lässt Wertschöpfungsketten entstehen, die sich über mehrere Kontinente erstrecken und Kulturkreise mit sehr unterschiedlichen Wertvorstellungen umfassen. Multinationale Konzerne haben intern mit Kommunikationsproblemen zu kämpfen, wenn sie z. B. versuchen, ihre Vorstellung vom selbständig agierenden, kritischen und dennoch loyalen Mitarbeiter in den verschiedenen kulturellen Umfeldern zu etablieren. Sie stehen vor Herausforderungen, die frühere Generationen nicht kannten. Die neue Art der Probleme, mit denen sich die Angewandte Ethik beschäftigt, resultiert dabei nicht ausschließlich aus der technischen Entwicklung, sondern auch aus dem Wertewandel und den Bewusstseinsveränderungen, die mit den neuen Möglichkeiten verbunden sind. Vieles, was frühere Generationen als naturgegeben, als schicksalhaft oder als Werk eines göttlichen Willens hinnahmen, stellt sich heute als ein von Menschen gemachtes Risiko dar und wird damit Gegenstand moralischer Bewertungs- und Entscheidungsprozesse. Zweitens ist wichtig: Die neuen Schwierigkeiten und Herausforderungen, die als Probleme wahrgenommen werden, betreffen nicht nur einzelne Personen in ihrem Privatleben und in ihrem persönlichen Denken. Weil die ganze Gesellschaft betroffen ist, handelt es sich um öffentliche Probleme. Das bedeutet drittens: Die Probleme können nicht mehr autoritär entschieden werden; eine Lösung ist nur noch unter Berücksichtigung der öffentlichen Meinung und als Ergebnis einer argumentativen Auseinandersetzung denkbar. Das Bestehen einer institutionalisierten Öffentlichkeit in modernen demokratischen Gesellschaften zwingt dazu, moralische Probleme in einer öffentlichen Diskussion zu behandeln. Die Legitimierung von politischen und wirtschaftlichen Entscheidungen ist dabei auch auf moralische Argumentation, die mit einem permanenten Prozess der Selbstreflexion verbunden ist, angewiesen.

Wesentliche Punkte haben sich damit gegenüber der herkömmlichen, allgemeinen Ethik verändert (vgl. [I–5], S. 167 ff.). Im Mittelpunkt stehen nicht mehr der Einzelne und die Einsicht, zu der er durch einsame Reflexion gelangt ist. In der Regel ist das Subjekt eine Kommission oder Arbeitsgruppe, die eine bestimmte Aufgabe erfüllt, z. B. die Erarbeitung von Richtlinien für die angemessene Besoldung von Managern oder Empfehlungen für deren Verhalten. Als Ergebnis oder Produkt ihrer Arbeit wird ein Gutachten oder die Formulierung von Richtlinien erwartet, die danach beurteilt werden, ob sie brauchbare Antworten auf die zu lösenden Fragen enthalten. Entscheidend dafür ist nicht so sehr die wissenschaftliche Form, sondern Kriterien wie Machbarkeit, Akzeptanz durch die Betroffenen oder Vereinbarkeit mit dem geltenden Recht. So wie die Fragestellungen entweder durch öffentlich gewordene Missstände, die als skandalös empfunden werden, oder auch durch Auftraggeber aus Politik und Gesellschaft vorgegeben werden, so sind Politik, gesellschaftliche Akteure und eine interessierte Öffentlichkeit auch wieder die Adressaten. Der Reflexions- und Arbeitsprozess, in dem bei Fragen der Angewandten Ethik um Ergebnisse gerungen und schließlich abgestimmt wird, unterliegt also vom Anfang und Ende her sehr stark politischen Gesichtspunkten. Der Philosoph ist bei der Problemlösung bestenfalls einer unter vielen. Jeder der Beteiligten muss seine spezifischen Kompetenzen einbringen. Die genaue Kenntnis der Situation, der empirischen Bedingungen und der Möglichkeiten, die sich dem Handelnden bieten, ist unverzichtbar und verlangt nicht nur die Einbeziehung von Praktikern, Betroffenen und Experten unterschiedlicher Art bei der Urteils- und Entscheidungsfindung, sondern auch neue Formen der Zusammenarbeit und die Bereitschaft, sich auf pragmatische und praktikable Lösungen einzulassen.

Halten wir also als Unterschiede zur allgemeinen Ethik fest: Subjekt der Angewandten Ethik ist in der Regel eine Kommission, das Ziel ihrer Arbeit sind Empfehlungen an einen Auftraggeber. Diese, also das Produkt oder die Ergebnisse der Arbeit, sind praktischen Maßstäben der Machbarkeit und Akzeptanz unterworfen. Daher ist diese Arbeit auch als Prozess arbeitsteilig organisiert und selbst schon das Ergebnis von Abstimmungen und Kompromissen. Der Auftraggeber, der zugleich der Adressat des Gutachtens ist, ist darauf angewiesen, das Ergebnis der Kommissionsarbeit praktisch verwerten zu können.

Die genannten fünf Unterschiede zur allgemeinen Ethik in Bezug auf das Subjekt, das Ziel, das Ergebnis, den Prozesscharakter und den Adressaten der Arbeit verweisen auf eine einschneidende Veränderung im Status der Ethik: Angewandte Ethik kommt in zweierlei Gestalt daher. Zum einen haben wir es – wie auch bei der herkömmlichen Ethik – weiterhin mit einem akademischen Unterfangen zu tun, zum anderen handelt es sich aber um ein außerakademisches Unternehmen, das anderen Gesetzen unterliegt. So stellt sich beispielsweise Wirtschafts- und Unternehmensethik als Teil einer Unternehmenskultur dar. Im Idealfall entwickeln Unternehmen in Zusammenarbeit mit der Belegschaft *Codes of conduct*, die als Selbstverpflichtung nach innen wirken und als Basis für die öffentliche Erwartung und für öffentlich erhobene Ansprüche dienen. Ein Beispiel: Die nach ihrem ersten Vorsitzenden benannte *Cromme-Kommission*, die als Regierungskommission für gute Unternehmensführung z. B. Richtlinien für das Verhalten von Managern formuliert hat und Mitte 2003 wichtige Beschlüsse zur Fortentwicklung des *Deutschen Corporate Governance Kodex* gefasst hat, arbeitet ebenfalls auf freiwilliger Basis im Auftrag der deutschen Wirtschaft, die aber mit dieser Beauftragung öffentlichem Druck nachgibt und einer rechtlichen Festlegung durch die Bundesregierung zuvorkommen will.

1.3 Drei Modelle: Deduktionismus, Kontextualismus, Kohärentismus

Bedenkt man die aufgeführten Charakteristika, so zeigt sich, dass der Name Angewandte Ethik zumindest irreführend ist. Wie schon erwähnt, funktioniert es nicht so, dass wir feststehende allgemeine Regeln oder Gesetze haben, die lediglich auf konkrete Fälle angewendet werden müssten. Dennoch hat sich der Begriff eingebürgert und wird auch hier beibehalten. Man kann allerdings drei Typen oder Modelle für die Verfahrensweise von Angewandter Ethik unterscheiden, die mehr oder weniger ausgeprägt die Lehrbücher und die öffentliche Wahrnehmung bestimmen (vgl. [I–5]).

Das erste Modell, das gerade schon als unzulänglich zurückgewiesen wurde, bezeichnet man als Deduktionismus. Angewandte Ethik wird dann als notwendiges Korrektiv einer auf Prinzipienwissen fokussierten allgemeinen Ethik verstanden. Die Hauptaufgabe wird darin gesehen, den Durchgriff und die Gültigkeit der Normen auch im konkreten Einzelfall zu sichern und abzuleiten. Das deduktive Verfahren der Argumentation orientiert sich an der Logik eines Richters, der den jeweiligen Fall mithilfe seiner Urteilskraft einer allgemeinen Regel unterordnen kann.

Deduktionismus

Ein zweites Modell angewandter Ethik, der Kontextualismus, konzentriert sich von vorneherein auf einschlägige Fallbeispiele. Nach dem Vorbild des angelsächsischen Rechts, das von Präzedenzfällen ausgeht und diese weiterentwickelt, oder auch in Anlehnung an die kasuistische Ethik, die Einzelfälle in ihrer jeweiligen Besonderheit betrachten will und es ablehnt, sie über den einfachen Kamm einer niemals ganz zutreffenden allgemeinen Regel zu scheren, wird besonderer Wert auf den jeweiligen Kontext gelegt. Dabei läuft die Ethik allerdings Gefahr, sich so weit in Einzel- und Sonderfälle zu verlieren, dass sich jeder für seine jeweils besondere Situation sein eigenes Gesetz machen kann. Wenn der Blick ausschließlich auf die Situation gerichtet wird, lassen sich nahezu immer Gründe dafür finden, dass in diesem besonderen Fall die gewünschte Handlungsweise moralisch gerechtfertigt ist. Das ändert allerdings nichts daran, dass es gerade in moralischen Fragen durchaus gute Gründe dafür gibt, die Besonderheit der Person und der Situation zu berücksichtigen. Als Vorbild für dieses Modell kann die Gestalt des umsichtigen Arztes dienen, der seinen Patienten kennt, seine Konstitution und momentane Verfassung einzuschätzen weiß und von daher die Zumutbarkeit und die Erfolgsaussichten einer bestimmten Therapie beurteilt. Ein Studium der Wirtschaftsethik nach diesem Modell orientiert sich weitgehend an Fallstudien. So haben z. B. MBA-Studenten in Harvard etwa 400 *Case Studies* durchgearbeitet, bevor sie sich „Master of Business Administration" nennen dürfen. Das kontextualistische Modell unterstellt, dass eine erfahrene Person, die intuitiv die jeweilige Situation oder den Charakter der beteiligten Personen erfasst, Vertrauen verdient und dass ihr daher das Recht zugestanden werden muss, nach Gutdünken und von Fall zu Fall zu entscheiden. Das ist unter modernen Voraussetzungen kaum noch zu vermitteln, weil die Gleichbehandlung nach dem Gesetz verlangt wird. Dass allerdings gleichzeitig die Klagen über Gesetze zunehmen, die nach der Rasenmähermethode alle Besonderheiten nivellieren, dem einzelnen Fall nicht gerecht werden und daher Ungerechtigkeit produzieren, ist nicht nur der Grund für eine zunehmende Gesetzesflut, die dem Phantom Einzelfallgerechtigkeit nachjagt, sondern auch ein Indiz für die Widersprüche einer Gesellschaft, die sich individuelle Freiheit und allgemeine Gleichheit, persönliches Vertrauen und gesellschaftliche Kontrolle gleichzeitig auf ihre Fahnen geschrieben hat.

Kontextualismus

Das dritte Modell versucht jeweils die Schwächen der beiden anderen, des deduktionistischen und des kontextualistischen Modells, auszugleichen. In der philosophischen Fachsprache wird von Kohärentismus gesprochen. Das kohärentistische Modell geht davon aus, dass wir sowohl über die Kenntnis allgemeiner moralischer Prinzipien und Regeln wie auch über durch Erfahrung geschultes Urteilsvermögen im Hinblick auf konkrete Ein-

Kohärentismus

zelfälle verfügen. Die Schwierigkeiten entstehen in der Regel dadurch, dass Widersprüche und Unstimmigkeiten auftreten, die unser übliches Urteil in Frage stellen, weil der Widerspruch zu allgemein hochgehaltenen Prinzipien allzu eklatant wird. Wenn wir zum Beispiel bisher bestimmte Geschäftsgepflogenheiten nach dem Motto „Kleine Geschenke erhalten die Freundschaft" oder „Eine Hand wäscht die andere" als harmlos und üblich eingestuft haben, so zwingen uns öffentliche Skandale und Änderungen der Gesetzeslage, dem Phänomen Korruption nachzugehen und Korrekturen bei der Beurteilung von Vorteilsgewährung oder Vorteilsnahme vorzunehmen. Anpassungen können auch auf der Ebene unserer Normen und Prinzipien erforderlich sein. Im Kontext Angewandter Ethik wird versucht, ein stimmiges Netz von Argumenten, Überlegungen und Beispielen zu knüpfen – daher Kohärentismus. Dieses Konzept hat zwar nicht die Faszinationskraft großer philosophischer Systeme, welche das Denken um eine einzige tragende Idee zentrieren oder geltende Normen aus einem einzigen Prinzip ableiten können, aber dafür besitzt es außerordentliche Integrationskraft. Ganz unterschiedliche Gründe können zur Unterstützung einer Norm herangezogen werden und auch empirische Überlegungen finden gebührende Beachtung. Da Angewandte Ethik nach Lösungen für reale und gesellschaftlich relevante normative Probleme sucht, müssen diese so beschaffen sein, dass sie möglichst den Status quo berücksichtigen und an die geltenden rechtlichen, moralischen oder professionellen Standards anknüpfen. Kriterien wie Angemessenheit, Machbarkeit, Nachhaltigkeit oder Anschlussfähigkeit entscheiden über die Qualität der Lösungsvorschläge.

1.4 Wirtschaftsethik als Angewandte Ethik: hohe Erwartungen – begrenzte Möglichkeiten

Was kann Angewandte Ethik in der favorisierten Form des Kohärentismus leisten? Dass es keine eindeutigen Lösungen gibt, die außerdem machtvoll durchgesetzt werden können, weiß die politische Philosophie spätestens, seitdem Kant die platonische Behauptung zurückgewiesen hat, Gerechtigkeit werde erst dann im Staat einkehren, wenn die Philosophen die Herrscher oder die Herrscher Philosophen seien. Platon, der von dem autokratischen „Tyrannen" Dionysios nach Syrakus gerufen worden war, scheiterte mit dem Versuch, seine Gerechtigkeitsvorstellungen in die Tat umzusetzen, wohl nicht nur an der politischen Realität und den menschlichen Defiziten des Tyrannen, sondern an einem Missverständnis des Wesens und der Aufgabe von Politik. Immanuel Kant betont zu Recht, dass die Trennung und Arbeitsteilung zwischen philosophischen bzw. wissenschaftlichen Denkern und den die Macht ausübenden Politikern beiden Parteien helfen würden, ihre unterschiedlichen Aufgaben zu erfüllen, was der Gesellschaft insgesamt zugutekomme (vgl. [I–9]). Politik betrifft, wie schon Aristoteles betont, das Verhältnis von Freien und Gleichen. Ihre Aufgabe besteht darin, zwischen diesen Freien und Gleichen eine gemeinsame Willensbildung zustande zu bringen. Das verträgt sich nicht mit der Vorstellung, die höhere Einsicht des Denkers, der über die Maßstäbe und Prinzipien der Gerechtigkeit nachgedacht habe, müsse nur noch mit politischen Mitteln in Realität verwandelt werden. Leider wird diese Vorstellung von der einfachen Umsetzung der moralischen Einsicht in Politik auch auf das Feld der Wirtschaft übertragen. Verbindet man damit den Gedanken, dass man die widerstrebende Wirtschaft dazu zwingen müsse, sich an moralische Regeln zu halten, fällt man noch hinter Platon zurück, der immerhin wusste, dass man niemanden gegen seinen Willen zur moralischen Einsicht und zu moralischem Verhalten bringen kann. Der Gedanke vom Rechtszwang steht Pate bei dem im Prinzip ja löblichen Versuch, das Geschehen in der Wirtschaft zu moralisieren. Das weckt Erinnerungen an die kantische Klage, dass unsere bürgerliche Gesellschaft zwar diszipliniert, zivilisiert und kultiviert, aber eben noch lange nicht moralisiert sei. Es ist die Frage, ob sie das je sein wird und ob das überhaupt wünschenswert sein kann.

Was folgt aus diesem Exkurs in die politische Philosophie? Was für die philosophische Ethik allgemein gilt, das gilt erst recht für die Angewandte Ethik und damit auch für die Wirtschaftsethik. Sie ist Teil eines moralischen Diskurses, der in modernen und demokratischen Gesellschaften stattfindet und in dessen Verlauf Wertfragen geklärt und für die jeweilige Situation und Gesellschaft entschieden werden müssen. Was ein gerechter Lohn ist, wo die Ausbeutung anfängt und an welchem Punkt überhöhte Personalkosten einen Betrieb in den Ruin treiben, das sind Fragen, die nicht unabhängig vom Umfeld, von den empirischen wirtschaftlichen und gesellschaftlichen Bedingungen und von den moralischen Standards einer Gesellschaft beantwortet werden können. Wirtschaftsethik kann nur eine, wenn auch gewichtige Stimme in den Auseinandersetzungen und Klärungsprozessen der Gegenwart sein. Der Ethiker kann dazu beitragen, Normen und Werte zu analysieren und im öffentlichen Bewusstsein präsent zu halten und zu stärken. Er kann auch dafür sorgen, dass der ethische Diskurs fair abläuft. Das Instrument des Wirtschaftsethikers ist die Vernunft. Zwar kann seine Aufgabe durchaus darin bestehen, empfehlend und werbend auf die guten Gründe hinzuweisen, die etwa für moralisches Handeln im Wirtschaftskontext sprechen, aber es ist nicht sein Geschäft, Moral zu predigen. Er kann sicher auch nicht – was eine skandalgeschüttelte und geschockte Öffentlichkeit häufig zu wünschen scheint – als Garantie dafür dienen, dass moralisch gehandelt wird. Aber er kann Menschen, die ihre Vorstellung von Moral und von einem guten Leben realisieren wollen, argumentative Hilfestellung leisten und sie bei der Klärung und Bewältigung der auftauchenden Probleme und Konflikte unterstützen. Das gilt für individuelle Entscheidungen, aber auch für die Gestaltung und Reform der institutionellen Rahmenbedingungen, die moralisches Handeln erst ermöglichen und fördern.

Aufgaben der Wirtschaftsethik

2. Drei Gründe für die wachsende Bedeutung der Moral für die Wirtschaft

Theoretiker der modernen Gesellschaft sprechen von einer zunehmenden Moralisierung der Öffentlichkeit, der Gesellschaft und auch der Märkte (vgl. [I–10]; [I–11]). Das ist auf den ersten Blick kaum zu glauben, wenn man die Fülle der Krisen und Skandale sieht, die uns täglich beschäftigen. Dass aber Vorgänge und Verhaltensweisen, die früher als selbstverständlich hingenommen oder zumindest geduldet wurden, heute öffentliche Empörung auslösen, kann durchaus als Zeichen für moralische Fortschritte in der Gesellschaft gedeutet werden. Die Moral hat in den modernen Gesellschaften an Bedeutung gewonnen, und dennoch kann man mit gutem Grund behaupten, dass der Bedarf an Moral weiterhin wächst und gerade in der Wirtschaft zunimmt. Warum ist das so? Genügt es nicht, sich an die geltenden Gesetze zu halten? Es wird mit Recht immer wieder darauf hingewiesen, dass ein Großteil der Wirtschaftsskandale, die in den letzten Jahren für Empörung sorgten, auf Gesetzesverstöße zurückzuführen seien. Insofern wäre in der Tat schon viel gewonnen, wenn es gelänge, die Einhaltung der bestehenden Gesetze zu erreichen. Ein zweites Argument kommt hinzu: Weil nur die gesetzlichen Regelungen mit Sanktionen geschützt sind und notfalls auch mit Zwang durchgesetzt werden, sind sie allein zumutbar. Moral dagegen sei ein unbestimmter, umstrittener und in der Durchsetzung schwacher Faktor, der im Kontext wirtschaftlichen Handelns wenig erfolgversprechend sei. Wie verträgt sich das mit der These, dass der Moral wachsende Bedeutung zukomme?

Zunächst ist festzuhalten, dass hier nicht der Verlust der Tugend oder das Verschwinden des immer wieder beschworenen ehrbaren Kaufmanns beklagt werden soll. Auch frühere Zeiten kennen reichlich Betrug und kriminelle Machenschaften in der Wirtschaft. Es hat eher Sinn, über die Veränderung der Verhältnisse nachzudenken und sich zu fragen, welche Chancen sich für die Moral aus den Verschiebungen in den Lebensverhältnissen ergeben, die mit der Moderne verbunden sind. Es zeigt sich, dass vor allem drei Faktoren für die zunehmende Bedeutung der Moral auch im Kontext Wirtschaft verantwortlich gemacht werden können: die Erhöhung der Komplexität des Handelns, die erhöhte Bedeutung von Subjektivität und die Verlagerung gesellschaftlicher Verantwortung auf die Wirtschaftsakteure und Unternehmen (vgl. [I–12], S. 13–22).

2.1 Komplexität der Wirtschaftsprozesse und Entscheidungen

Globale wirtschaftliche Vernetzung

In der Gegenwart sind die internationale Arbeitsteilung und die damit verbundene weltweite Kooperation sowie die weltweite Konkurrenz derart fortgeschritten, dass es nahezu keine abgeschlossenen Handlungsräume mehr gibt. Alles hängt buchstäblich mit allem zusammen. Der in der Chaostheorie berühmt-berüchtigte Flügelschlag des Schmetterlings, der Stürme auslöst, oder das Fallen eines Reiskorns, das ein Beben auslöst, sind angemessene Bilder für die Wechselwirkung, die über alle Ländergrenzen, Kontinente und Kulturen hinweg stattfindet und die von den einzelnen lokalen Akteuren nicht selten wie ein unausweichliches Schicksal gesehen wird, das sie kaum beeinflussen können und dem sie mehr oder weniger hilflos ausgeliefert sind. Die Entscheidung der schwedischen Konzernzentrale von Nokia z.B. lässt eine rumänische Stadt aufblühen und beschert vielen einzelnen Familien am neuen Standort Arbeit, Wohlstand und eine veränderte Lebensweise, sie lässt aber gleichzeitig mit der Werksschließung am alten Standort die entlassenen deutschen Arbeiter und unter Umständen eine ganze Region geschockt und relativ ärmer zurück; denn nicht nur das Werk mit der Endmontage eines Produkts ist betroffen. Die Wertschöpfungsketten können sich über viele Länder und Kontinente erstrecken. Damit ist auch die gegenseitige Abhängigkeit all derer gewachsen, die beteiligt sind. Eine Naturkatastrophe in Asien, ein Streik der Transportarbeiter, die betrügerische Manipulation eines Managers im Veredelungsbetrieb, das fehlende Umweltbewusstsein bei einem der Rohstofflieferanten, all dies hat direkte Auswirkungen auf die wirtschaftliche Situation des Herstellers und des Verkäufers eines Produktes. Denn die moralischen Verfehlungen im Verlauf der Wertschöpfungskette werden am Ende diesen zugerechnet, und der Verlust der moralischen Reputation hat wirtschaftlich spürbare Auswirkungen auf das Kaufverhalten der Konsumenten und auf die Investitionsbereitschaft der Kapitalgeber.

Die zunehmende Komplexität der wirtschaftlichen Prozesse und damit auch der Entscheidungen, die getroffen werden müssen, zeigt sich auch in neuen Formen der Kooperation. Wenn zum Beispiel in der Automobilindustrie die Wettbewerber von Opel Bedenken dagegen anmelden, dass der Zulieferer Magna als Investor einsteigen will, weil ihr Zulieferer damit gleichzeitig zum Autohersteller und damit zum Konkurrenten auf dem Markt avanciere, dann klingt das zunächst plausibel. Einem Konkurrenten kann man nicht das technische Know-how und die Kernkompetenzen zur Verfügung stellen, die der Zulieferer in einer auf Gedeih und Verderb verbundenen Produktionskette schon deshalb haben muss, damit die Zusammenarbeit reibungslos funktioniert. Was man also dem Zulieferer schon im eigenen Interesse mitteilen muss, das möchte man aus verständlichen Gründen dem Wettbewerber vorenthalten. Gleichwohl sieht die Realität heute schon so aus, dass viele Firmen diese Doppelrolle als Zulieferer und Wettbewerber in Personalunion spielen. Die US-amerikanische Literatur kennt dieses Phänomen unter dem Namen „Coopetition" (aus *cooperation* und *competition*).

In unserem Zusammenhang ist von Interesse, dass diese neuen Formen der Zusammenarbeit mit Wettbewerbern und des Wettbewerbs mit Zulieferern ganz neue Unsicherheiten im Verhalten und in den Erwartungen mit sich bringen. Da Gesetze und Justiz hier wenig ausrichten können, weil die Verstöße schwer nachweisbar sind und die Mühlen der Justiz zu langsam arbeiten, muss die Moral in die Bresche springen. Es kommt umso mehr darauf an, mit ihrer Hilfe die Verhältnisse zu stabilisieren. Vertrauen, Vertragstreue, Aufrichtigkeit, Verlässlichkeit, Integrität und gewonnene Reputation gewinnen deshalb an Bedeutung, weil es entweder keine Regeln gibt oder aber keine staatliche Instanz in der Lage ist, die notwendigen Garantien für ein regelgerechtes Verhalten zu übernehmen. Moral, gewinnt erstens schon deshalb an Bedeutung, weil die neue Komplexität der Verhältnisse es unmöglich macht, mit den bisherigen Instrumenten Verhaltenssicherheit zu erreichen. Die Situation stellt sich allerdings durchaus ambivalent dar. Unternehmen können versuchen, sich dank der Globalisierung dem Einfluss und den Sanktionsmöglichkeiten von Staaten zu entziehen, indem sie lokale Regelungen bevorzugen, die bedingt vorteilhafter für sie sein können. Diese können sich aber schon nach kurzer Zeit ändern, und außerdem stellen Global Player fest, dass sie, sofern sie z. B. an der US-amerikanischen Börse notiert sind, faktisch weltweit den in den USA geltenden Maßstäben ausgesetzt sind. Ebenso ist heute eine Externalisierung von Kosten immer weniger möglich, dank umfassender gesetzlicher Regelungen und dank einer aufmerksameren Öffentlichkeit, die inzwischen nahezu weltweit funktioniert. Angesichts dieser Entwicklungen liegt eine freiwillige Normeneinhaltung nahe.

2.2 Individualisierung und Zunahme der Subjektivität

Die Bedeutung der Moral wächst zweitens durch die Individualisierung und die Zunahme der Subjektivität, welche die modernen Gesellschaften kennzeichnen.

Die Konsequenzen für das Wirtschaftsleben sind umfassend und lassen sich schon an wenigen Beispielen deutlich machen. Hervorgehoben seien hier nur die veränderte Rolle der Mitarbeiter und die wachsende Bedeutung einer moralisch sensiblen Öffentlichkeit.

Folgen von Arbeitsteilung und Spezialisierung

Im Zuge der zunehmenden Arbeitsteilung und Spezialisierung wächst die gegenseitige Abhängigkeit und damit auch die Bedeutung, welche dem einzelnen Mitarbeiter zukommt. Das beginnt mit dem Schaden, den Einzelne anrichten können, das betrifft aber auch positiv die Kreativität und die Verlässlichkeit jedes Einzelnen, welche erst den wirtschaftlichen und geschäftlichen Erfolg eines Unternehmens ermöglichen. Entsprechend sorgfältig versuchen die Unternehmen, die besten und fähigsten Mitarbeiter zu gewinnen und zu halten. In dem Maße, wie sie selbst flexibel sein müssen, um auf die schnell wechselnden Anforderungen der internationalen Märkte reagieren zu können, sind sie auch auf flexible Mitarbeiter angewiesen, die sich mit dem Unternehmen und seinen Zielen identifizieren. Die großen und mittleren Unternehmen, die früher ihre Mitarbeiter häufig ein Leben lang beschäftigten und mit Vorliebe auch die nächste Generation aus den Familien ihrer Mitarbeiter rekrutierten, konnten sich auf deren Loyalität verlassen, so wie sich umgekehrt die Mitarbeiter auf ihr Unternehmen verlassen konnten und dessen Werte teilten. Heute impliziert die gewünschte Flexibilität auch die Notwendigkeit, dass Mitarbeiter den fortwährenden Anpassungsprozessen des Unternehmens an die Marktlage zum Opfer fallen und freigesetzt werden. Zur Flexibilität gehört deshalb auch die Fähigkeit, sich einen neuen Arbeitsplatz oder einen neuen Beruf zu suchen. Das schwächt die Bereitschaft der Mitarbeiter, sich auf die Ziele des Unternehmens voll und ganz einzulassen. Aus der neuen Flexibilität entstehen Konflikte moralischer Art, die sich je nach Standpunkt sehr unterschiedlich darstellen. Als z. B. der Handy-Hersteller Nokia 2008 überraschend ankündigte, sein Werk in Bochum zu schließen, wirkte jedenfalls der Leitspruch des Unternehmens „Wir verbinden Menschen" auf die von der Schließung Betroffenen wie blanke Ironie. Aus Sicht der Arbeiter und der betroffenen Region, die natürlich sehr lokal ist, verletzt ein Unternehmen, das zunächst Subventionen annimmt, dann aber nach Auslaufen der Verpflichtungen die Region wieder verlässt, obwohl die erwirtschaftete Rendite ordentlich ist, seine Loyalitätspflichten gegenüber der Belegschaft und der Region. Durch die Solidarität der Arbeiter und den Druck der öffentlichen Empörung wurde immerhin erreicht, dass das Unternehmen die sozialen Folgen seiner Entscheidung mit Millionenbeträgen abfedern musste. Aus Sicht des Unternehmens hatte die Entscheidung, die Produktion in ein neues Werk in das EU-Land Rumänien zu verlegen, allerdings nichts Anstößiges. Der Konkurrenzdruck auf dem umkämpften Markt für Mobiltelefone sowie die enormen Risiken, die damit für die beteiligten Firmen verbunden sind, zwingen aus wirtschaftlicher Sicht dazu, alle Möglichkeiten der Effizienzsteigerung wahrzunehmen. Moralisch betrachtet ist auch nicht zu sehen, dass die lokale oder regionale Sicht einer globaleren oder universalen Betrachtungsweise überlegen ist. Im Gegenteil wiegt der Wohlstand, welcher der ärmeren rumänischen Region in Zukunft zufließen wird, vermutlich insgesamt gesehen die Verluste, welche die Ruhrgebietsregion hinnehmen muss, bei Weitem auf. Im Übrigen zeigte aber die Kommunikationspolitik des Unternehmens, dass die Unternehmensleitung auf der einen Seite und Belegschaft und öffentliche Wahrnehmung auf der anderen eine völlig andere Sprache sprachen. Beide redeten lange aneinander vorbei, weil sie offensichtlich auf einem anderen Stern oder besser: in einer anderen „moralischen Landschaft" lebten (vgl. [I–13], S. 32f.).

2.3 Gesellschaftliche Verantwortung der Unternehmen

Im Zuge der Globalisierung greifen nationalstaatliche Regelungen weniger, auch wenn die Regelungsdichte und der Einfluss der großen Wirtschaftsblöcke oder großer Wirtschaftsmächte wie etwa der Vereinigten Staaten von Amerika eher zugenommen haben. Damit erfolgt auch eine Angleichung an die US-amerikanischen Verhältnisse, in denen traditionell die Verantwortung der Firmen stärker betont wurde. Dass dabei Unterschiede zwischen US-amerikanischen und europäischen, speziell auch deutschen Firmen – etwa bei der Ausbildung des Nachwuchses und im Grad der Solidarisierung innerhalb der Belegschaften – bestanden und auch noch weiterhin bestehen, soll gar nicht bestritten werden. Die Debatte um die Corporate Social Responsibility (CSR) hat aber auch in Europa zugenommen und im letzten Jahrzehnt auch deshalb breiten Raum beansprucht, weil die Firmen gerade nicht mehr ihre Verantwortung in der traditionellen Weise wahrgenommen haben. Eine entscheidende Rolle spielten auch hier wieder Skandale in den Vereinigten Staaten wie z. B. der Bankrott der Firma Enron im Dezember 2001, die über Jahre mit Finanzmanipulationen und Bilanzfälschungen ihre Aktionäre und die Öffentlichkeit getäuscht hatte. Die Firmenrichtlinien für das Verhalten der Angestellten (*Codes of conduct*) hatten offensichtlich ganz und gar nicht für die Handlungsweise der führenden Manager gegriffen. Die öffentliche Empörung und der öffentliche Druck führten sehr schnell zu einem umfangreichen neuen Gesetzespaket, dem Sarbanes-Oxley Act (Juli 2002) mit einer Fülle von gesetzlichen Regelungen für das Management von Aktiengesellschaften. Verstöße gegen die neu formulierten Regeln werden in Zukunft mit horrenden Strafen – Geldstrafen für die Unternehmen und Gefängnisstrafen für die beteiligten Manager – geahndet. Entscheidend ist auch hier die Kontrolle durch eine breite Öffentlichkeit, die den Gesetzgeber bzw. die Strafverfolgungsbehörden oder die Konsumenten mobilisiert (vgl. [I–14], S. 211 ff.).

Es ist nicht nur der Verstoß gegen bestehende Gesetze wie im Fall Enron, sondern auch ein öffentlich wahrgenommener Mentalitätswechsel in den Führungsetagen, der das Verhalten der Manager und die moralischen Erwartungen der Bürger aufeinanderprallen lässt und zumindest in Europa die gesellschaftliche Akzeptanz einer liberalen Wirtschaftsordnung in Frage stellt.

Hintergrund dieser Verständigungsprobleme ist sicher nicht nur die Tatsache, dass Unternehmensmanager eine professionelle Ausbildung erfahren haben, die sie in den Kategorien der Ökonomie denken lässt. Auch Arbeitnehmer denken als Konsumenten in Kategorien des Wettbewerbs und sehen

Corporate Social Responsibility

Die liberale Wirtschaftsordnung in der öffentlichen Wahrnehmung

kein moralisches Problem darin, jeweils beim billigsten Anbieter zu kaufen. Es ist dann Sache des Unternehmens, wie es mit diesem Preisdruck umgeht. Konflikte entstehen, wenn die Maßnahmen des Unternehmens moralisch anstößig sind: Lohndumping, Werksschließungen, Ausbeutung der Rohstofflieferanten oder der Arbeiter im Verlauf der Wertschöpfungsketten. Eine moralisch sensibilisierte Öffentlichkeit, welche durch die Presse, über das Internet oder auch durch aktive Nichtregierungsorganisationen (NGOs) sehr schnell mobilisiert werden kann, wird die betroffenen Unternehmen sehr wohl für Missstände in die Verantwortung nehmen. Der öffentliche Druck, der vom Boykottaufruf bis zur Erzwingung neuer politischer Rahmenbedingungen reichen kann, sanktioniert Firmen, die in den Verdacht geraten sind, unmoralisch zu agieren, und verschafft denen Wettbewerbsvorteile, die glaubhaft moralische Reputation erringen können. Man kann aus der Moral Kapital schlagen. Daher sollten Manager in der Lage sein, die normativen Vorgaben einer Marktwirtschaft und die sozialen Vorgaben und Grenzen freien Wirtschaftens zu sehen, in ihrem persönlichen Verhalten zu respektieren und öffentlich zu vertreten. Für eine verstärkte Beschäftigung der Betriebswirtschaft mit der Ethik spricht erstens die Tatsache, dass Ethik in einer modernen, demokratischen Gesellschaft mit einer funktionierenden Öffentlichkeit einen festen Einfluss auf den betrieblichen Erfolg hat. Zweitens verlangt die Tatsache, dass zunehmend Produktionen aufgenommen werden, die langfristig Schaden anrichten, nach einer erhöhten Aufmerksamkeit der Betriebswirtschaft für die Moral. Die ökonomischen, ökologischen und sozialen Nebenfolgen müssen bei der Berechnung von Wirtschaftlichkeit in die Kalkulation einbezogen werden (vgl. [I–15]; [I–16]; [I–17]). Die Frage, ob es nicht genügt, die Aufmerksamkeit auf die Einhaltung rechtlicher Vorgaben (*compliance*) zu lenken, dürfte sich damit erledigt haben. So wichtig die Rechtsordnungen sind: Zu den herkömmlichen Schwierigkeiten des Rechts, wie mangelnde Flexibilität, zu langsame Anpassung an die sich verändernden Verhältnisse und mangelnde Passgenauigkeit für den Einzelfall, kommt der Rückgang an Einfluss, den die Nationalstaaten als Garanten des Rechts hinnehmen müssen, wenn auf der Gegenseite international agierende Konzerne, Großbanken und Kapitalgesellschaften ganze Stäbe beschäftigen, um Rechtsregulierungen auszuhebeln. Die Regulierung nimmt zwar zu, aber das Recht greift in vielen Situationen nicht mehr oder ist nicht durchsetzbar. Daher wächst der Bedarf an freiwilligen Regelungen, auch wenn Zweifel bleiben, ob die Moral die Lücken füllen kann, die der Einflussverlust des Rechts hinterlässt.

Faktische Grenzen der Moral

Es bleibt die Frage, inwieweit die Moral im Bereich der Wirtschaft über ausreichende Gestaltungsmöglichkeiten verfügt. Wenn es zum Schwur kommt, sind der Idealismus und die Integrität der Akteure nicht selten mit einer Realität konfrontiert, in der die Moral auf der Strecke bleibt. Wer z. B. Mitarbeiter, Waren oder erbrachte Leistungen nicht bezahlt, weil er damit rechnet, dass er rechtlich kaum dazu gezwungen werden kann, wird sich auch nicht durch moralische Überlegungen allein zu einem anderen Verhalten umstimmen lassen. Aber er scheut vermutlich die Öffentlichkeit, in der sein Ruf und seine Reputation als ehrlicher Arbeitgeber und Geschäftspartner auf dem Spiel stehen. Wer also auf der anderen Seite als Gläubiger weiß, dass im Zweifelsfall keine Möglichkeit zur rechtlichen Durchsetzung von Ansprüchen besteht, wird umso mehr auf die moralische Reputation sei-

ner Geschäftspartner achten. Berechtigtes Vertrauen in die Ehrlichkeit der
Geschäftspartner gewinnt an Bedeutung.

Ein kritischer Punkt bleibt in jedem Fall die Freiwilligkeit der Moral. Anders formuliert: Die fehlenden Sanktionen bei Fehlverhalten stellen eine
ständige Quelle der Beunruhigung für die Moral dar. Wer einseitig moralische Vorleistungen erbringt, muss befürchten, dass er in einer Wettbewerbsgesellschaft ausgebeutet wird. Allerdings kann das demonstrative Beharren
auf moralischen Standards durchaus auch ein Wettbewerbsvorteil sein.
Wenn führende internationale Firmen, die sich öffentlich verpflichtet haben,
auf jede Form von Korruption beim Wettbewerb um Großprojekte zu verzichten, an bestimmten Bieterverfahren gar nicht erst teilnehmen oder sich
demonstrativ zurückziehen, so ist das nicht nur für NGOs, wie etwa Transparency International, sondern auch für die beteiligten Regierungsinstanzen
und für die Konkurrenten ein Alarmsignal. Firmen, welche die Kosten für die
Korruption gar nicht erst in die Preise einkalkulieren, sind langfristig sicher
die besseren Geschäftspartner.

Problem: Freiwillig-keit der Moral

Es bleibt die Frage, ob wir unsere alltägliche Vorstellung von Moral beibehalten können. Lassen sich die Moralvorstellungen einer Face-to-Face-Gesellschaft, in der man sich kennt, länger und immer wieder miteinander zu
tun hat und in der die Folgen des Handelns jedenfalls im Großen und Ganzen für jeden überschaubar sind, auf moderne pluralistische Großgesellschaften übertragen? Für wirtschaftsethische Überlegungen reicht die Kenntnis traditioneller Moralvorstellungen und ihrer Begründungen allein nicht
aus. So aktuell die klassischen Kardinaltugenden für die Individuen immer
noch sind, wird es angesichts der Unüberschaubarkeit der komplexen Verhältnisse zunehmend schwieriger zu bestimmen, was im Namen der Gerechtigkeit, Tapferkeit, Klugheit oder Mäßigung konkret verlangt wird. Die
neuen Herausforderungen verlangen zumindest nach einer eingehenden Behandlung der Umsetzungsprobleme von Ethik. Es ist notwendig, die Handlungsbedingungen der wirtschaftlichen Akteure sehr viel ausführlicher in die
Überlegungen einzubeziehen, als dies die traditionellen philosophischen
Ethiken tun. Zur Behandlung von moralischen Konflikten im Umfeld der
Wirtschaft sind nicht nur philosophische Kompetenzen, sondern auch genaue Kenntnisse der wirtschaftlichen Abläufe erforderlich.

Klassische Moral-vorstellungen versus wirtschaftsethische Herausforderungen

Wirtschaftsethik ist daher nicht nur eine auf das Gebiet der Wirtschaft
konzentrierte Spezialdisziplin der allgemeinen Ethik, sondern konkrete
Ethik, die – wie oben skizziert – lösungsorientiert und anwendungsorientiert
ist, um im Sinne einer Kohärenztheorie das moralisch Gebotene zu erfassen
und umzusetzen. Wieweit sind die vorhandenen unterschiedlichen Ansätze
von Wirtschaftsethik gewappnet, um diese Herausforderungen zu meistern?

3. Unterschiedliche Ansätze und Stand der wirtschaftsethischen Theorien

Zunächst geht es um die Frage, wie die Gruppe der Manager selbst die Frage
der Vereinbarkeit von Moral und Geschäft sieht. Zweitens soll auf Unterschiede zwischen den US-amerikanischen „Business Ethics" und der konti-
nentalen Wirtschaftsethik aufmerksam gemacht werden. Drittens wird die

Entwicklung der Wirtschaftsethik im deutschsprachigen Raum in repräsentativen Querschnitten vorgestellt.

3.1 Was denken Praktiker?

Die Wirtschaftsethik, die als akademische Disziplin an der Ausbildung zukünftiger Manager beteiligt ist und beratend in die Öffentlichkeit, in Politik und Wirtschaft hineinwirkt, muss in ihren Fragestellungen von der Praxis ausgehen; ihre Antworten müssen für diejenigen plausibel und hilfreich sein, die sich mit konkreten Schwierigkeiten konfrontiert sehen. Selbst wenn der expandierende Büchermarkt und die öffentlichen Anstrengungen der Firmenleitungen und deren Marketing-Abteilungen einen anderen Eindruck suggerieren, zeigen Konflikte wie die schon erwähnte Auseinandersetzung um die Schließung des Nokiawerkes in Bochum im Jahre 2008, dass die Denkweise der Wirtschaft und die einer überwiegend kritischen Öffentlichkeit weit auseinanderklaffen. Die Wirtschaftsmanager berufen sich auf ökonomische Zwänge; in der Öffentlichkeit und bei der betroffenen Belegschaft dagegen zählen politische und soziale Aspekte, verstärkt durch moralische Vorwürfe gegenüber den Managern. Handelt das Management der großen Konzerne also unmoralisch?

Moral in der Wirtschaft? Umfrage 1992

Es gibt zu der Frage der Vereinbarkeit von Markt und Moral eine ältere Befragung aus dem Jahr 1992 von Peter Ulrich und Ulrich Thielemann ([I–18]; [I–19]; [I–20]), aber auch eine neuere Umfrage des Soziologen Eugen Buß ([I–21]; [I–22]). Sie lassen nicht erkennen, dass die theoretischen Bemühungen der Wirtschaftsethiker im Alltag des Wirtschaftsleben durchgehend akzeptiert wären, zeigen aber, dass sich die Einstellung der führenden Manager und Unternehmer in Deutschland in den vergangenen 15 Jahren durchaus geändert hat.

Managerumfrage 1992 (Ulrich/Thielemann), zusammengestellt nach [I– 23]:

88 % Harmonisten			12 % sind sich eines **Konflikt**s bewusst (zwischen **Markt und Moral**)
Darunter:			
33 % **Ökonomisten**	55 % **Konventionalisten**	2 % **Idealisten**	10 % **Reformer/Ordnungspolitiker**
Sachzwänge sind moralisch unproblematisch.	Gültige Normen stehen nicht im Konflikt mit der Systemlogik des Marktes.	Egoismus und Werteverfall sind schuld an ökologischen und gesellschaftlichen Fehlentwicklungen.	Man muss ökonomische Sachzwänge akzeptieren, aber durch eine Verbesserung der Rahmenbedingungen kann Ethik die Basis einer erfolgreichen Unternehmensführung sein.
→ Vertrauen auf die „Metaphysik des Marktes"	→ allenfalls Konflikt zwischen Pflicht und Neigung	→ systematischer Konflikt zwischen Markt und Moral	→ Notwendigkeit politischer und rechtlicher Regelungen

Für die Studie von 1992 (veröffentlicht 1993) ergab die empirische Umfrage, dass die Relevanz dieser Fragestellung von den Praktikern nur sehr begrenzt gesehen wurde. Nahezu 9 von 10 Managern empfinden ihr Handeln als moralverträglich, nur 12 % sehen sich überhaupt mit einem Konflikt zwischen Markt und Moral konfrontiert. Von der großen Mehrheit derer, welche die Harmonie-These vertreten, sieht der kleinere Teil die Sachzwänge der Ökonomie, wie z. B. die Entlassung von Personal, als moralisch völlig unproblematisch an; der größere Teil ist immerhin der Auffassung, dass die gültigen Normen der Moral nicht im Konflikt mit der Systemlogik des Marktes stehen. Was sie sehen, ist aber, dass die Pflicht sie zwingt, Maßnahmen zu ergreifen, die ihrer Neigung widersprechen. Auch sie würden persönlich lieber Personal halten, sehen sich aber der Firma insgesamt verpflichtet und weisen auf die Folgen hin, die eine Untätigkeit des Managements nach sich ziehen würde. Von den Wenigen, welche einen Konflikt zwischen Markt und Moral sehen (12 %), geben 2 % dem Werteverfall und einem wachsenden Egoismus die Schuld; 10 % sehen und akzeptieren die ökonomischen Zwänge, plädieren aber für eine Verbesserung der Rahmenbedingungen, damit die Ethik zur Basis einer erfolgreichen Unternehmensführung werden könne. Die Umfrage von 1992 lässt erkennen, dass ökonomisches Denken dominiert und dass die Marktakzeptanz als das wesentliche Kriterium erfolgreichen Handelns angesehen wird. Da aber der Sanktionsmechanismus des Marktes immer an den direkten, unmittelbaren Handlungsfolgen ausgerichtet ist, bedeutet das im Klartext, dass der Erfolg die Mittel heiligt. Erst im Nachhinein steht fest, ob erfolgreich und damit richtig und „gut" gehandelt wurde. Nachhaltiges Handeln kann in dieser Sicht zu einer Gefahr für den Manager und sein Unternehmen werden, wenn kein Geld oder zu wenig Geld verdient wird. Es kann allerdings auch das Standvermögen eines Vorstandsvorsitzenden bestätigt werden, der gegen die Ratschläge der Analysten an einer breiten Diversifikation in seinem Konzern festhält. So hat z. B. der Siemensvorstand in den 1990er Jahren eine ausschließliche Konzentration auf die Kommunikationstechnik, die damals höhere Renditen aufwies, abgelehnt und stattdessen damals notleidende, aber heute das Geld verdienende Sparten wie die Medizintechnik aufrechterhalten und gefördert. Da derartige Geschäftsentscheidungen mit weitreichenden Konsequenzen verbunden sind, die – wie im Fall Siemens – tausende Mitarbeiter betreffen können, haben sie immer auch eine moralische Dimension. Die hohe Kunst besteht darin, Geschäft und Moral miteinander in Einklang zu bringen, und es ist die Frage, ob die 88 % der Manager recht hatten, die 1992 jedenfalls keinen Konflikt erkennen konnten.

Hat sich diese Sicht der Dinge in den letzten zwei Jahrzehnten, d. h. mit dem Ende des Kalten Krieges, dem Siegeszug der Marktwirtschaft und des Kapitalismus und der zunehmenden Globalisierung der Weltwirtschaft wesentlich verändert?

Die Erhebung von 2007, in der eine repräsentative Anzahl von Vorstandsmitgliedern der hundert größten Unternehmen in Deutschland befragt wurde, zeigt insofern eine Verschiebung, als jetzt immerhin ein Drittel die Auffassung vertritt, dass die Moral in der Wirtschaft eine große Rolle spiele und dass sie ein um ihrer selbst willen erstrebenswertes Gut sei. Ein weiteres Drittel betrachtet den Stellenwert der Moral als ambivalent. Sie sehen also

Moral in der Wirtschaft? Umfrage 2007

Managerumfrage 2007 (Buß):

~ ein Drittel	~ ein Drittel	~ ein Drittel
Moral spielt eine große Rolle in der Wirtschaft.	Der Stellenwert der Moral ist ambivalent.	Moral hat eine geringe Bedeutung.
• Nur wer moralisch sauber ist, kann auf lange Sicht Geschäfte machen. • Ökonomische Notwendigkeiten und moralische Grundsätze müssen ausbalanciert werden.	• Moral muss in bestimmten Situationen und Ländern Ermessensfrage bleiben. • Der Manager muss Dinge tun, die streng moralisch gesehen nicht richtig sind.	• Wirtschaft erfordert Amoralität (12,5 %). • Moral ist letztlich nicht durchsetzbar. • Diskussionen über Moral haben eine Feigenblattfunktion.

die Bedeutung der Moral, fühlen sich aber durch ökonomische Zwänge gedrängt, in bestimmten Situationen Moral als Ermessensfrage zu behandeln. Es bleibe nichts anderes übrig, als sich z. B. in bestimmten Ländern auf „unmoralische Selbstverständlichkeitsriten" einzulassen oder Dinge zu tun, die gemessen an strengen moralischen Maßstäben nicht richtig seien. Das letzte Drittel schließlich spricht den moralischen Fragen in der Praxis eine nur geringe Bedeutung zu. Man werde am Erfolg gemessen, daher sei Moral letztlich nicht durchsetzbar und die Diskussionen über Moral hätten eher eine Feigenblattfunktion. 12 % von ihnen gehen sogar so weit zu behaupten, dass die erfolgreiche Tätigkeit in der Wirtschaft geradezu Amoralität erfordere. Immerhin sind aber der Mehrzahl der Spitzenmanager die ethischen Rahmenbedingungen nicht gleichgültig. Die Hochschätzung ökonomischer Kriterien bedeutet nicht automatisch die Geringschätzung ethischer Fragestellungen, auch wenn die Erfolgsaussichten einer Ausbalancierung von ökonomischen Notwendigkeiten und moralischen Grundsätzen unterschiedlich eingeschätzt werden. Immerhin ein Drittel steht zu der Überzeugung, dass nur der, welcher moralisch sauber ist, auf lange Sicht Geschäfte machen kann; denn wer sich erst einmal auf eine unmoralische Aktion einlasse, korrumpiere damit sich selbst und sein Unternehmen.

Lässt sich dieses Bild von der Auffassung der Spitzenmanager vereinbaren mit der zuvor behaupteten Bedeutungszunahme der Moral für die Wirtschaft? Immerhin scheint die Sensibilität für die Problematik gewachsen zu sein, wozu vermutlich die Krisen und öffentlichen Skandale der letzten zwei Jahrzehnte mitsamt den verhängten Strafen erheblich beigetragen haben. Kann unter diesen Umständen auch von einer wachsenden Verantwortung der Unternehmen die Rede sein? Es bleibt dabei, dass die Chance, moralisch zu agieren, für die gutwilligen Unternehmen dann steigt, wenn sie sich ihre Bedingungen selber schaffen können. Das ist freilich nur bedingt möglich. Der skeptische Realismus der Manager ist in diesem Punkt nachvollziehbar. Dabei hängt die Zukunft der Menschheit mehr denn je davon ab, dass es gelingt, nachhaltiges Wirtschaften in ökonomischer, sozialer und ökologischer Hinsicht zu erreichen. Sich auf moralische Regeln festzulegen, kann und sollte ein Wettbewerbsvorteil sein. Das gemischte Bild, welches die Meinungsumfragen geliefert haben, spiegelt aber die Ambivalenz einer Situation wider, in der alle um die schädlichen Nebenfolgen des eigenen Tuns und der eigenen Lebensweise wissen, aber längst nicht alle davon überzeugt sind, dass der eigene Verzicht oder Beitrag zum Umsteuern notwendig ist oder hinreichend wirkungsvoll sein wird. Die einen glauben, dass der eigene Beitrag nicht so gravierend ist, dass ausgerechnet daran der Erfolg des Ganzen hängt. Warum also sich selbst schaden und Opfer bringen? Die anderen zögern mit ihrem Beitrag, weil sie sehen oder befürchten, dass viele doch nicht mitmachen, sie also mit erheblichen Nachteilen rechnen müssen. Es stellt sich die Frage, ob sich der Unternehmer oder Kaufmann Moral überhaupt leisten kann. Die sarkastische Feststellung, dass Wirtschaftsethiker gut reden haben, ist dann nicht mehr weit, und der Satiriker kann mit Beifall rechnen, wenn er feststellt: „Streng nach ethischen Kriterien können nur Menschen außerhalb der ökonomischen Zwänge leben: Sehr junge, sehr alte, sehr reiche, sehr arme, Außenseiter und Verrückte. Und Philosophen, die mit Ethik Geld verdienen" (Gabriel Laub, zit. nach [I–24], S. 30). Wer allerdings den Schluss zieht, dass sich die Wirtschaft oder die Unternehmen Moral schlichtweg nicht leisten können und daher auf die Moral verzichten dürfen, muss sich die Gegenfrage gefallen lassen: Können sie bzw. können wir uns denn eine Wirtschaft ohne Moral leisten?

3.2 US-amerikanische Ansichten im Unterschied zu kontinentaleuropäischen

Die Entstehung der neuen akademischen Disziplin ist eng verflochten mit Auswüchsen und öffentlichen Skandalen in den USA der 1970er Jahre, welche den Ruf nach Business Ethics auslösten. Drastisch ausgedrückt könnte man von der Geburt der Business Ethics aus dem Sumpf der Skandale sprechen; denn neben der Ratlosigkeit, welche den Ruf nach Ethik fördert, ist es vor allem die Empörung, die ethische Initiativen hervorbringt. Das Besondere lag in diesen Fällen nicht nur im Ausmaß oder in der besonderen Dreistigkeit der offenbar gewordenen Korruption, sondern auch in der Heftigkeit und Nachhaltigkeit der Reaktion der US-amerikanischen Öffentlichkeit, die im Zuge des Vietnamkrieges, der Watergate-Affäre und der ökonomischen Krisen (wie der Ölkrise 1972) das Vertrauen in die politischen und wirtschaftlichen Eliten verloren hatte. Diese Skandale hatten nicht nur Folgen für die Ausbildung und Forschung an den Universitäten, sondern führten zu öffentlichen Debatten, in deren Gefolge politische Kampagnen gestartet und strengere gesetzliche Auflagen durchgesetzt wurden.

Besonders folgenreich für die Wirtschaft war z.B. eine Korruptionsaffäre, in welche die Firma Lockheed verwickelt war. Um die japanische Regierung zur Bestellung von Flugzeugen zu bewegen, waren führende Mitglieder der japanischen Regierung bestochen worden. Um seinerzeit den Auftrag über 430 Millionen Dollar zu bekommen, waren 12,5 Millionen Dollar an Bestechungsgeldern und zweifelhaften Kommissionszahlungen geflossen. Als das bekannt wurde, musste die japanische Regierung zurücktreten. Schon damals führte – wie schon bei dem zuvor erwähnten späteren Sarbanes-Oxley Act (SOA) im Gefolge des Enron-Skandals 2002 – der öffentliche Druck in den USA zu einer Gesetzesinitiative, welche in der Folgezeit einen grundlegenden Wandel in der Einstellung und in den Geschäftspraktiken der großen Firmen erzwang. Mit dem Foreign-Corrupt-Practice Act (FCPA) von 1977 wurde die Bestechung ausländischer Regierungen ausdrücklich zum Straftatbestand gemacht, und Verstöße gegen das neue Gesetz wurden mit empfindlich hohen Strafen geahndet.

Die neue Verhaltensweise der Unternehmen ist also zunächst einmal dem Druck der Öffentlichkeit und der neuen Gesetzeslage geschuldet. Diese führten dazu, dass die Unternehmen gezwungen waren, ihrerseits intern ein Umdenken herbeizuführen und extern auf die eigene Regierung Druck auszuüben, damit durch Abkommen und Regierungsvereinbarungen auch die internationalen Konkurrenten gezwungen wurden, sich an dem Antikorruptionsprojekt zu beteiligen. Parallel dazu setzten auf der akademischen Ebene umfangreiche Bemühungen ein, die Rolle der Moral im Wirtschaftsleben zu thematisieren und ihre Bedeutung zu stärken. Für die Eigenart der seit den 70er Jahren als eigene akademische Disziplin entstehenden Business Ethics ist es kennzeichnend, dass der Fokus auf die Praktiken der Unternehmen und auf das individuelle Verhalten bzw. Fehlverhalten von Managern gelegt wird. Es gibt feste Kurse im Ausbildungsprogramm der Business Schools und entsprechend eine Reihe von Lehrbüchern, die versuchen, angehende Geschäftsleute und Wirtschaftsmanager auf die Konflikte vorzubereiten, mit denen sie in der Praxis zu rechnen und die sie zu bewältigen haben (vgl. [I–14]; [I–25]; [I–26]). Die Vertreter der US-amerikanischen Business Ethics konzentrieren sich daher im Allgemeinen auf Entscheidungen, die im Rahmen der vorgegebenen Bedingungen eines marktwirtschaftlichen Kapitalismus zu treffen sind. Dabei werden – im Unterschied zur kontinentaleuropäischen Zugangsweise – die Zwänge, die mit den Rahmenbedingungen selbst verbunden sind, nur wenig thematisiert. Dafür dominiert ein ausgeprägter Praxisbezug, der mit Besonderheiten des US-amerikanischen Denkens und des US-amerikanischen Ways of Life zusammenhängt. Darauf soll zumindest kurz eingegangen werden, um die Unterschiede zu den europäischen Versionen von Wirtschaftsethik zu erfassen, die ein Jahrzehnt später, seit den 1980er Jahren, entwickelt wurden. Selbst wenn diese Unterschiede im Zuge der fortschreitenden Globalisierung und einer zunehmenden Vereinheitlichung der Unternehmenskulturen in international aufgestellten Unternehmen an Bedeutung verlieren, so sind sich doch die Experten weitgehend darin einig, dass es solche Unterschiede gibt und dass sie weiterhin wirksam sind (vgl. [I–27], S. 27 ff.; [I–28]). Zunächst einmal bietet sich dem Beobachter der US-amerikanischen Szene ein verwirrendes Bild. Das liegt an der Vielzahl der erschienenen Veröffentlichungen, auch an der unterschiedlichen methodischen Zugangsweise der Wissenschaftler, die sich mit Business Ethics befassen und die aus den Geisteswissenschaften, der Theologie oder den Wirtschaftswissenschaften stammen. Am meisten trägt aber zu diesem verwirrenden Eindruck bei, dass es immer um Einzelfälle zu gehen scheint, die gerade aktuell sind und moralische Herausforderungen unterschiedlicher Art darstellen: Korruption, Bilanzfälschungen, Insider-Handel, unlauteres Marketing, Diskriminierung von Personen oder Personengruppen oder die Gefährdung von Personen durch die Vernachlässigung von Sicherheitsbestimmungen und Sorgfaltspflichten – die Liste der Verfehlungen ist umfangreich und erscheint beliebig erweiterbar. Die Praxisnähe und die Aktualität der Beispiele werden erkauft mit einer geringen Systematik der theoretischen Auseinandersetzung und einer hohen Abhängigkeit vom Common Sense. Sofern klassische philosophische Ethikansätze vorgestellt werden, was in der Regel auch geschieht, dominieren drei Ansätze, welche in der Argumentation miteinander kombiniert werden: der Utilitarismus, der lehrt, auf den Gesamtnutzen zu sehen, die Vertragstheorie, welche einen fairen Interessenausgleich nahelegt, sowie die Tugendethik, welche die Integrität des Handelnden zum zentralen Punkt macht. Auffällig ist auch die Fülle empirischer Untersuchungen, welche dem konkreten Verhalten wirtschaftlicher Akteure gewidmet werden. Was interessiert, sind weniger die normativen Begründungen der moralischen Grundsätze, sondern die Stufen im Prozess der konkreten Entscheidungsfindung sowie die Einflüsse, welche von der Situation und der Verfasstheit der Handelnden ausgehen (vgl. [I–14], S. 5 ff.).

Die pragmatische Ausrichtung bedingt, dass die moralischen Grundwerte selbst nicht in Frage gestellt, sondern als selbstverständlich vorausgesetzt werden. Damit sie freilich in konkretes moralisches Verhalten übersetzt werden können, bedarf es der Vermittlung mit den Background Beliefs, welche die historischen, kulturellen, sozialen, ökonomischen und rechtlichen Bedingungen bilden. George G. Brenkert von der Georgetown University in Washington D. C. hat in einer Studie aus dem Jahr 2006 [I–29] nahegelegt, diese drei Ebenen sorgfältig zu unterscheiden. Zu den US-amerikanischen Basiswerten zählt er als Erstes die individuelle Freiheit, die vor allem auch Freiheit von staatlichen Zwängen meint. Darunter fallen Schutz der Privatsphäre, Wettbewerb und die Freiheit, Verträge einzugehen bzw. auch zu kündigen, was z.B. das Recht auf schnelle Kündigungen beinhaltet. Als Zweites nennt er das Recht auf individuelles Eigentum, was auch den Schutz geistigen Eigentums einschließt, sowie das Recht, frei über sein Eigentum bestimmen zu können. Ein dritter Grundwert ist das Prinzip der Gerechtigkeit, verstanden als Chancengleichheit und als ein Recht auf fairen Anteil am Gewinn entsprechend der eingebrachten Arbeit, der spezifischen Leistung oder gemäß dem geleisteten Beitrag. Als Viertes steht der Grundwert individueller Verantwortung für die eigene Lebenssituation sehr hoch im Kurs, allerdings gepaart mit der Verantwortung für die gesellschaftlichen Gruppen, zu denen man gehört, und für die Kommunen, in denen man lebt. Das drückt sich z.B. darin aus, dass das Unternehmertum sehr hoch geschätzt wird und dass in der Wirtschaft der Gedanke des ehrenamtlichen Einsatzes (*volunteerism*) und die Bereitschaft, der Gemeinschaft etwas zurückzugeben, eine große Rolle spielen. Als fünften und letzten Grundwert nennt Brenkert die allgemeine Überzeugung, dass ein gutes Leben ein aktives Leben sei, zu dem wesentlich materieller Erfolg und individuelle Erfüllung gehören. Die Wertschätzung, die ein Individuum erfährt, beruht wesentlich auf Charaktereigenschaften wie Mut, Loyalität, Vertrauen, Stärke und Ehrlichkeit.

Um zu sehen, dass dieser Kern von fünf Grundüberzeugungen und Grundwerten die Basis des moralischen Verhaltens im US-amerikanischen Wirtschaftsleben ausmacht und den konkreten Verhaltensweisen zugrunde liegt, muss man sich klarmachen, dass es eine Schicht von Hintergrundüberzeugungen und Werten (Background Beliefs and Values) gibt, welche die Umsetzung dieser Grundwerte vermitteln. Es handelt sich um stillschweigende Überzeugungen, institutionelle Regelungen und selbstverständliche Annahmen der US-amerikanischen Wirtschaft über die eigene Rolle, über die Natur, den Staat und die Gesellschaft. Zu dieser Ebene von Background

3 Ebenen: Basiswerte, konkrete Verhaltensmuster, vermittelnde Background Beliefs

Beliefs, die selbst nicht notwendig moralischer Natur sind, aber die Umsetzung moralischer Werte entscheidend bestimmen, gehören religiöse, metaphysische und auch ökonomische Vorstellungen. Ohne den Anspruch auf systematische Vollständigkeit nennt Brenkert vier derartige Hintergrundüberzeugungen der US-amerikanischen Gesellschaft. US-Amerikaner neigen erstens zu der Auffassung, dass es universale, in der menschlichen Natur verankerte absolute Werte gibt. Sie gehen zweitens von metaphysischen Paradigmen aus, welche die wirtschaftliche Tätigkeit beflügeln und als sinnvoll legitimieren. Ein solches Axiom ist etwa die Annahme, dass Individuen autonom über sich selbst bestimmen können. Auch wenn sie dabei ein gesundes Selbstinteresse bedienen, sind sie nicht nur von Selbstinteresse bestimmt. In der Konsequenz folgt daraus die Überzeugung, dass Geschäftssinn und Moral sich nicht nur nicht ausschließen, sondern miteinander harmonieren. Das kann sogar so aussehen, dass zunächst sehr raue, mit der Alltagsmoral kaum vertretbare Geschäftspraktiken im Nachhinein den Segen der Moral bekommen, weil die Gewinne in Form von Stiftungen und Schenkungen wieder an die Gesellschaft zurückfließen. In eine ähnliche Richtung wirkt die Grundüberzeugung, dass Fortschritt möglich ist und dass speziell durch technologische Entwicklungen individuelle und gesellschaftliche Probleme gelöst werden können. Dieser spezifisch US-amerikanische Optimismus glaubt an die Möglichkeit, Menschen besser zu machen, und sieht sich selbst in der Verantwortung, an dieser Verbesserung der Menschheit mitzuwirken. Eine dritte derartige Selbstverständlichkeit ist eine pragmatische Sicht von Wissen und Wahrheit. Wissen ist nicht Selbstzweck, sondern soll zu etwas nütze sein. Insofern erfolgen Wissenserwerb und Forschung sehr gezielt, und entsprechend ist auch die Wirtschaftsethik sehr stark ergebnisorientiert. Zu den Hintergrundannahmen gehört viertens auch die Ansicht, dass Wettbewerb wünschenswert ist. Er führt nach dieser Auffassung nicht nur dazu, dass das Individuum sein Bestes gibt und sich selbst optimal entfalten kann, sondern lässt auch die Gesellschaft insgesamt am besten fahren. Das Eingreifen der Regierung wird daher häufig mit Argwohn und Misstrauen gesehen, getreu der immer wieder zitierten Ansicht von Thomas Jefferson, nach der „the government that governs best, governs least" (Thomas Jefferson, zit. nach [I–29], S. 21).

Es kommt hier nicht auf die Vollständigkeit der Grundwerte und gesellschaftlichen Hintergrundannahmen an. Es geht darum, die konkreten Maßnahmen und Praktiken, welche die Eigenart der US-amerikanischen Auffassung von Moral in der Wirtschaft sichern sollen, besser zu verstehen und als besondere Ausprägung einer moralischen Absicht und moralischer Überzeugungen zu erfassen. Brenkert versucht das an drei Beispielen deutlich zu machen, die in ihrer Eigenart typisch US-amerikanisch sind: 1. die Ethikprogramme und Ethikkodizes, über welche fast alle Firmen verfügen, 2. Whistleblowing als eine spezifische Form moralischen Heldentums und 3. die zahlreichen Programme zur Unterstützung ehrenamtlicher Tätigkeit (*volunteering*) durch US-amerikanische Firmen.

Von außen betrachtet ist es nicht immer leicht, den moralischen Kern in diesen US-amerikanischen Verhaltensmustern zu sehen oder angemessen zu würdigen, zumal wenn man sieht, dass sie gleichzeitig mit der Wirklichkeit eines wenig rücksichtsvollen Geschäftsalltags gepaart sind – daher die

Skepsis europäischer Stimmen: Der Kampf einzelner moralischer Helden gegen ungerechte Machenschaften von Konzernen nötigt zwar Respekt und Bewunderung ab, ändert aber nichts daran, dass der Einzelne auf verlorenem Posten steht und David nur im Ausnahmefall gegen Goliath gewinnt. Wenn man ein Held sein muss, um das moralisch Richtige zu tun, dann erhebt sich der Verdacht, dass es sich bei den aufgedeckten unmoralischen Praktiken nicht nur um Einzelfälle handelt, sondern dass die Verhältnisse insgesamt nicht in Ordnung sein können. Ähnlich skeptisch denkt ein Großteil der Bundesdeutschen über die Arbeit und den Einsatz von Freiwilligen. Wo der US-Amerikaner sich selbstverständlich aufgerufen fühlt, die Dinge selbst in die Hand zu nehmen und auf diese Weise dem Gemeinwesen etwas von dem zurückgeben will, was er selbst einmal erhalten hat, da können Skeptiker nur die Kompensation oder Kaschierung eines Versagens des Staates sehen, der eigentlich die Dinge zu richten habe. Die Gespaltenheit lässt sich z. B. in der Bundesrepublik an der öffentlichen Reaktion auf den Erfolg der Tafeln ablesen, die mit viel freiwilligem Einsatz kostenlose oder spottbillige Mahlzeiten für Bedürftige zur Verfügung stellen, dafür gespendete Lebensmittel, deren Haltbarkeitsdatum zu Ende geht, in den Supermärkten einsammeln, Mahlzeiten davon zubereiten und den Rest der Lebensmittel auch verteilen. Zumindest in Teilen der öffentlichen Reaktion wird nicht etwa der gewachsene Bürgersinn gelobt, der sich solidarisch gegen die Armut und Ausgrenzung derer wendet, die von Not betroffen sind. Stattdessen wertet man den Erfolg und die wachsende Beanspruchung der Tafeln als Indiz für das Versagen des Staates und die ehrenamtliche Arbeit entsprechend als Vertuschung dieses Versagens und als Entmündigung derer, die versorgt werden. Charity, als moralisch hoch angesehene freiwillige Leistung von Einzelpersonen und Firmen, wird aus dieser Sicht zum Indiz für das Versagen des Staates und der Gesellschaft insgesamt. Man vergleiche damit die amerikanische Mentalität, die eine Zeitungsnotiz der Westfälischen Nachrichten über die Gestaltung des Thanksgiving-Days in New Yorker Manhattan (am 26. 11. 2009) erkennen lässt: Eine Catering-Firma bereitet unter Leitung eines Starkochs 10000 kostenlose Mahlzeiten für die Armen vor. Die Heilsarmee, die das traditionelle Truthahnessen organisiert, hat im Krisenjahr 2009 zehnmal mehr Mahlzeiten als im Vorjahr angefordert. Dreihundert Freiwillige des Finanzinstituts Goldman Sachs sorgen für Service und Sauberkeit und räumen die Tische ab. Der Mentalitätsunterschied, der sich bei der unterschiedlichen Bewertung des Ehrenamtes bzw. von *volunteering* zeigt, ist auch symptomatisch für die unterschiedlichen Zugangsweisen zu wirtschaftsethischen Fragen. Charakteristisch sind eine ausgeprägte Praxisorientierung, ein weitgehender Verzicht auf Normenbegründung und die Vernachlässigung der institutionell-ethischen Dimension (vgl. [I–30], S. 183). Hinter der theoretischen Profillosigkeit und der Unübersichtlichkeit der Phänomene steht positiv gesehen aber die Bereitschaft, möglichst viele Auffassungen zu integrieren und von konkreten praktischen Phänomenen auszugehen, bevor man sich prinzipiellen Problemen der Unternehmensethik zuwendet. Hinter allem steht ein ausgeprägtes Vertrauen auf die Fähigkeit und Bereitschaft der Individuen, sich selbst und die eigene Moral zu verbessern. Wo wir Kontinentaleuropäer eher Angst davor haben, dass der Einzelne moralisch überfordert werden könnte, und daher nach institutionellen

Lösungen rufen, wird in den USA eher auf ein persönliches Umdenken der Bürger gesetzt. Aber auch wenn Kapitalismus und Individualismus weitgehend unbestritten sind, bedeutet das nicht, dass von den Unternehmen nicht erwartet würde, ethisch aktiv zu werden. Dieser Erwartung wird im Zweifelsfall auch mit drastischen gesetzlichen Strafandrohungen nachgeholfen, wie z.B. die 1997 erlassenen *Sentencing Guidelines* belegen.

3.3 Zwischen Moralismus und Amoralismus: wirtschaftsethische Ansätze im deutschsprachigen Raum

Während es sich bei den Business Ethics im angelsächsischen Kontext schon seit einigen Jahrzehnten um eine akademisch etablierte Disziplin handelt, wird die Entwicklung im deutschsprachigen Raum erst im Verlauf der 1980er Jahre aufgenommen. Im akademischen Raum führt die Wirtschaftsethik trotz erfreulicher Ansätze bis heute eher ein Schattendasein. Es gibt keine etablierte einheitliche Wissenschaft Wirtschaftsethik, sondern unterschiedliche Ansätze, die ihren Ausgang von der christlichen Soziallehre oder von philosophischen Schulen genommen haben. Dafür gibt es historische Gründe. Der Anspruch der Werturteilsfreiheit bestimmte lange das Selbstverständnis der Ökonomik. In der Tradition Max Webers ist sie nach dem Werturteilsstreit schon am Anfang des 20. Jahrhunderts bemüht, sich wertender Aussagen zu enthalten, um objektiv zu sein. Moral kann das aber nicht.

Moral sieht man daher weitgehend als Sache der Theologie und der geisteswissenschaftlich ausgerichteten Philosophie an, die Ökonomik dagegen versteht sich traditionell als Sozialwissenschaft, die zudem die Präzisierung und Überprüfbarkeit ihrer Aussagen von der Mathematik erhofft. Auch wenn, wie seit einigen Jahren in der Spieltheorie, versucht wird, mit mathematischen Mitteln zu zeigen, dass es klug ist, moralisch zu sein, ändert der Versuch eines „natürlichen" oder logisch-mathematischen Übergangs zur Moral prinzipiell nichts am Selbstverständnis einer sich als neutral verstehenden Wissenschaft.

Nach einer Rehabilitierung der praktischen Philosophie in den 1980er Jahren setzte in den hiesigen akademischen Diskussionen zunächst eine Auseinandersetzung um unterschiedliche Begründungsansätze ein. Das änderte sich mit dem Ende des Kalten Krieges, mit dem Zusammenbruch des kommunistischen Ostblocks und mit dem Sieg des Kapitalismus auf der ganzen Linie. Die Planwirtschaft, so hatte sich gezeigt, war der Komplexität moderner Gesellschaften nicht gewachsen; stattdessen dominierte die Idee der Marktwirtschaft. Die rasant fortschreitende wirtschaftliche Globalisierung, aber auch die wachsende Einsicht in die globale Bedrohung durch die ökonomischen, ökologischen und sozialen Folgen verlangten indes nach umfassenderen Untersuchungen auch der normativen Voraussetzungen der Gesellschaft.

Der Stand der akademischen Forschung zur Wirtschaftsethik in Deutschland lässt sich an zwei Gemeinschaftsunternehmen ablesen, die im Abstand von wenigen Jahren jeweils versuchten, den Sachverstand von theologischer und philosophischer Ethik mit der Sachkompetenz der Sozialwissenschaftler und Wirtschaftswissenschaftler zusammenzubringen und zu bündeln. 1993 erschien das *Lexikon der Wirtschaftsethik* mit dem Ziel, „aus verschiedenen Perspektiven die zentrale Frage an(zu)gehen, wie ethische Gesichtspunkte und Prinzipien in der modernen Wirtschaft zur Geltung gebracht werden können." In 200 Artikeln, von „Abfall" bis „Zins", versuchen unterschiedliche Autoren die Basis zu legen, um „wirtschaftliche Zusammenhänge für ethische Fragestellungen durchsichtig zu machen und ethische Überlegungen in die wirtschaftlichen Sachzusammenhänge zu integrieren" ([I–31], S. V).

Lexikon der Wirtschaftsethik – 1993

Auf der akademischen Ebene findet so eine Arbeit, die auf der Ebene der Verbände und kirchlichen Akademien schon eine lange Tradition hat, ihren Niederschlag. Für Streitgespräche und Dialoge im Dreieck von Religion, Politik und Wirtschaft gab es auf der Verbandsebene schon seit dem Wiederaufbau der Bundesrepublik ein breites Forum. Aber wie die Verbände und die Vertreter der Politik steht die philosophische Ethik vor der Schwierigkeit, dass die Maßstäbe individueller Moral zwar für alle Menschen gelten und damit auch für den Ökonomen, aber gleichzeitig das Alltagsverständnis einer Face-to-Face-Gesellschaft offensichtlich wenig geeignet ist, die moralischen Herausforderungen zu erfassen, welche sich in der modernen Wirtschaft stellen.

Das von der Görresgesellschaft getragene *Handbuch der Wirtschaftsethik* erschien nur sechs Jahre später. Es handelt sich um ein wesentlich umfangreicheres Unterfangen, an dem sich etwa 120 Wissenschaftler beteiligt haben. Den Herausgebern ist bewusst, dass die Wirtschaftsethik inzwischen zu einem zentralen Thema der öffentlichen und der wissenschaftlichen Auseinandersetzungen avanciert ist. Diese finden gerade deshalb statt, weil es hinter den Stand der Moderne kein Zurück gibt. Als das entscheidende Charakteristikum der modernen Wirtschaft wird ihre Innovationskraft und Dynamik gesehen, die sie von allen bisherigen geschichtlichen Formen menschlichen Wirtschaftens abhebe, zu einer immensen Steigerung der Möglichkeiten in fast allen Lebensbereichen geführt habe und die weltweite, nahezu unwiderstehliche Faszinationskraft auch für ganz unterschiedliche Kulturen erkläre. Der Fortschritt in der Steigerung der menschlichen Produktivität hat aber seinen Preis. Er ist das Ergebnis wissenschaftlicher Spezialisierung und einer weitreichenden Diversifizierung auf der Handlungsebene. Die Wirtschaft gewinnt also „ihre Effizienz gerade aus der Begrenzung ihrer Aufgabenstellung" ([I–32], Bd. 1, S. 23 f.), was auch die Begrenzung ihrer moralischen Zuständigkeit einschließt. Zur Funktionsfähigkeit der Wirtschaft gehört, wie anerkannt wird, ihre relative Autonomie. Ihre Aufgabe ist die Beschaffung, Herstellung und Verteilung von Gütern. Das geschieht mittels Unternehmen, die dem Diktat der Rationalität, Produktivität und Rentabilität unterliegen und die sich in Volkswirtschaften behaupten müssen, in denen Markt und Wettbewerb herrschen. Die erreichte Ausweitung der modernen Lebenswelt macht es weder wünschenswert noch möglich, hinter diese Autonomie der Wirtschaft zurückzufallen. Gleichwohl entstehen neue Konfliktfelder, die ohne eine gesellschaftliche Steuerung nicht zu ordnen und zu befrieden sein dürften. „Insofern holt also die ethische Frage diese moderne Wirtschaft am Ende in einem umfassenden Sinne doch wieder ein" ([I–32], Bd. 1, S. 23 f.). Es bleibt allerdings die Frage, was die Ethik zu diesem erforderlichen Steuerungsprozess sinnvoll beitragen kann. Die Herausgeber

Handbuch der Wirtschaftsethik – 1999

sind sich darüber im Klaren, dass direkte Appelle an den Altruismus der ökonomisch Handelnden wenig hilfreich und eher geeignet sind, die Bedingungen der Leistungsfähigkeit der modernen Wirtschaft, Selbstinteresse und
Wettbewerb, zu zerstören. Die Aufgabe einer Wirtschaftsethik besteht also
auch darin, die Konzeptionen der Ethik einer Revision zu unterziehen und
sich zu fragen, ob unter den gesellschaftlichen Bedingungen der modernen
Welt nicht eine moralische Neubewertung des Eigeninteresses geboten ist.
Die landläufig übliche Gleichsetzung von Moral und Altruismus muss insofern korrigiert werden, als zu prüfen ist, ob sich unter den neuen Voraussetzungen nicht gerade „das Eigeninteresse zugleich als Produktivfaktor zum
Vorteil des Nächsten erweisen kann" ([I–32], Bd. 1, S. 23f.).

Im Bewusstsein der Defizite sowohl auf Seiten der Ethik wie auch auf Seiten der Ökonomik sehen die Herausgeber des Handbuches ihre Aufgabe darin, das Verständnis für den geschichtlichen und systematischen Zusammenhang von Wirtschaft und Ethik zu fördern. Die erhebliche Spannung, die
zwischen dem Universalitätsanspruch der Menschenwürde und dem Funk-
tionalitätsanspruch ökonomischer Effizienz zweifellos bestehe, müsse neu
bedacht und solle theoretisch überbrückt werden.

Der gesamte erste Band (von vier Bänden) mit einem Umfang von nahezu
900 Seiten widmet sich entsprechend der Aufgabe, das Verhältnis von Wirtschaft und Ethik zu bestimmen. Im zweiten Band werden ethische Fragen
thematisiert, die mit der Institutionalisierung von wirtschaftlichen Prozessen
in Staaten und zwischen Staaten auftauchen, der dritte Band wendet sich
den Unternehmen zu, während im vierten Band dann einige der Konfliktfelder beleuchtet werden, die gegenwärtig die Diskussion bestimmen. Ziel speziell des vierten Bandes ist es, auf diese Weise die konkreten Herausforderungen der Wirtschaftsethik aufzunehmen. Die Herausgeber sind sich in ihrem Anliegen einig; sie sind sich aber auch darüber im Klaren, dass das ganze Projekt eher eine Einladung zur Diskussion und zum Dialog ist als die
Einlösung der Hoffnung auf eine einheitliche, systematische Form der Wirtschaftsethik.

Moral und Kapital –
2008

Noch ein dritter Querschnitt zum „state of the art" der Wirtschaftsethik in
Deutschland: Im Rahmen einer Ringvorlesung, zu der das *Kieler Forum für
Wirtschaftsethik und politische Philosophie* im Wintersemester 2007/08 führende deutsche Wirtschaftsethiker eingeladen hatte, formuliert der Herausgeber dieser Vorträge, Wolfgang Kersting, sein Resümee. Seine Sicht der
Dinge ist vor allem unter zwei Gesichtspunkten bemerkenswert. Zum einen
unterscheidet er deutlich das Anliegen und die Aufgaben einer mit wissen-
schaftlichem Anspruch auftretenden Wirtschaftsethik von einer gängigen
und zum Teil ziemlich wohlfeilen öffentlichen Schelte des Kapitalismus und
seiner gierigen Vertreter. Zum anderen sieht der Sozialphilosoph die spezifische Aufgabe einer Wirtschaftsethik im engeren Sinne im Aufbau einer institutionellen Ethik, die eng an den Prozess öffentlicher Vernunftkritik, der in
modernen Gesellschaften permanent stattfinde, angebunden sein müsse.
Angesichts der globalen Umwälzungen nach dem Zusammenbruch des Ostblocks sei die Gesellschaft geradezu süchtig nach Moral, nach Weisung und
Orientierung. Diese Konjunktur der Moral und der moralischen Empörung
bedeute aber nicht gleichzeitig eine Aufwertung der normalen praktischen
Philosophie, die viel stärker an die „Gegebenheiten menschlicher und insti-

tutioneller Wirklichkeit" gebunden sei als ein in diesem Punkt unbekümmerter, in den Medien und an den Stammtischen vorgetragener „geschwätziger Moralismus". Entsprechend dürfe Wirtschaftsethik nicht mit Globalisierungs- und Neoliberalismuskritik gleichgesetzt werden. Worin liegt der Unterschied?

Aufgabe der Wirtschaftsethik sei es nicht, „das kapitalistische Raubtier mit kategorischem Imperativ und Tugendpredigt in einen Pflanzenfresser (zu) verwandeln. [...] Dem homo oeconomicus Moral zu predigen, ist so sinnvoll wie ins Wasser zu schreiben" ([I–33], S. 11). Gegen eine moralisierende Wirtschaftsethik spricht nicht nur die zu erwartende Erfolglosigkeit, sondern auch das Ergebnis einer Dauerüberforderung der Individuen durch unrealistische, moralische Appelle und Forderungen. Eine individualistische Ethik steht außerdem vor der Schwierigkeit, dass sie offensichtlich nicht in der Lage ist, für die Gesellschaft insgesamt einen moralisch wünschenswerten Zustand zu erreichen. Wirtschaftsethik ist daher, so das Fazit von Kersting, nur noch als institutionelle Ethik sinnvoll (vgl. [I–33], S. 16). Ihre Aufgabe besteht nicht darin, beim Individuum auf eine Verhaltensänderung hinzuwirken, sondern ein institutionelles Rahmenwerk zu etablieren, welches dafür sorgt, dass die persönliche Klugheit des Einzelnen nicht nur dem eigenen Vorteil dient, sondern auch dem Wohl der Gesellschaft insgesamt. Wirtschaftsethik ist nach dieser Auffassung in erster Linie mit Problemen des kollektiven Handelns beschäftigt und gleicht darin der neuzeitlichen politischen Philosophie, die seit Hobbes vor der Frage steht, wie die Interessenkonflikte der Individuen so ausgetragen werden können, dass darüber nicht der Bestand der Gesellschaft insgesamt gefährdet ist. Wenn die Harmonie des Ganzen nicht mehr selbstverständlich ist und sich nicht gleichsam natürlich herstellt, dann bedarf es der Herstellung einer politischen Ordnung, welche einen fairen Ausgleich der widerstreitenden Interessen möglich macht. Kant, der mit dem paradoxen Begriff von der „ungeselligen Geselligkeit" ([I–34], S. 37) auf die widersprüchliche menschliche Natur hingewiesen hat, zitiert in seiner Kritik der praktischen Vernunft einen populären Spottvers über ruinöse Paarbeziehungen: „Oh wundervolle Harmonie, was er will, will auch sie ..." ([I–35], S. 137). Die Doppeldeutigkeit des Verses beleuchtet die Ambivalenz einer Situation, in welcher die Eintracht zwischen Individuen, die prinzipiell auch eigene Interessen haben, erst durch eine gemeinsame Willensbildung hergestellt werden muss. Die Ziele der Individuen sind nicht deckungsgleich, und daher muss es geeignete Regeln oder Verfahren geben, um die Einheit herzustellen; denn die Natur stellt die Harmonie allenfalls vorübergehend, z. B. in Form von Verliebtheit oder Herdentrieb, zur Verfügung, sie garantiert aber den sozialen Zusammenhalt nicht automatisch und vor allen Dingen nicht dauerhaft verlässlich. Wie die neuzeitliche politische Philosophie muss auch die Wirtschaftsethik versuchen, eine adäquate Antwort „auf die spezifischen Ordnungs-, Integrations- und Kohärenzprobleme [...] einer Gesellschaft von Individuen" zu finden ([I–33], S. 17).

Am Anfang des Kapitels wurde schon darauf hingewiesen, dass es gute Gründe dafür gibt, die Erwartungen an die Wirtschaftsethik zu dämpfen, indem man sich vor Augen führt, was Angewandte Ethik leisten und was sie nicht leisten kann. An dieser Stelle ist vielleicht eine andere Warnung angebracht. Auch eine sich als politische Philosophie oder Ökonomie verstehende Wirtschaftsethik kann sich allenfalls darum bemühen, dem System wirtschaftlichen Handelns, das sich in der Neuzeit „aus den Bindungen der tugendhaften Verfassung" ([I–33], S. 20) befreit hat, wieder eine ethische Verfassung zu geben. Zu Recht wird betont, dass die Aufgabe einer modernen Wirtschaftsethik vor allem darin besteht, die Verantwortung für die Nebenfolgen wirtschaftlichen Handelns wieder in den Blick der politischen und wirtschaftlichen Akteure zu holen. Gegen ein kurzfristig ausgerichtetes zweckrationales Denken muss daher Wirtschaftsethik versuchen, die Wirtschaft wieder „zur Vernunft" zu bringen.

In der gegenwärtigen deutschsprachigen akademischen Landschaft sind sich die führenden Richtungen der Wirtschaftsethik einig in ihrer Kritik an einer ökonomischen Vernunft, die nur noch als Instrument zur möglichst effizienten Erreichung von selbst nicht mehr vernünftig überprüften Zielen dient. Schwieriger ist es, positiv zu bestimmen, was genau „vernünftig" heißen soll. Die Orientierung an einem vormodernen Vernunftbegriff (Prämodernismus) hat genauso ihre Schwierigkeiten wie der Versuch, an den Begriff der wissenschaftlichen Rationalität anzuknüpfen und Moral als langfristiges Vorteilsdenken fassen zu wollen (Ökonomismus). Kersting selbst favorisiert daher eine für die Moderne typische Diskursrationalität. Die öffentliche Debatte über die Ziele und das Selbstverständnis der modernen Gesellschaften, an der sich die unterschiedlichen Gruppen beteiligen können und sollen, greift auch auf die Märkte über. Die „Moralisierung der Märkte" – so der Titel einer soziologischen Untersuchung [I–10] – bietet auch Einflussmöglichkeiten für eine Wirtschaftsethik, welche philosophische Kompetenzen in diese gesellschaftliche Debatte einbringen kann und ihre Aufgabe darin sieht, Argumente zu prüfen, Rechtfertigungen zu leisten und so Aufklärung zu betreiben. Wirtschaftsethik stellt in dieser Sicht das rationale Gewissen in einem öffentlichen Diskurs über die Moral oder Unmoral wirtschaftlichen Handelns dar. Sie kann aber kein Machtwort sprechen, sondern dient als „philosophische Oberstimme in den polyphonen Selbstverständigungsdiskursen unserer Gesellschaft" ([I–33], S. 13).

Aufgaben und Ziele einer Einführung

Die drei Querschnitte, die den Stand der akademischen Forschung in den Jahren 1993, 1999 und 2008 darstellen, bestätigen den Eindruck, dass die Bedeutung der wirtschaftsethischen Fragen für die gesellschaftlichen Debatten zunimmt. Die wachsende öffentliche Aufmerksamkeit und die zunehmenden akademischen Bemühungen um den Aufbau einer Disziplin Wirtschaftsethik lassen aber auch erkennen, dass erstens die öffentlichen Erwartungen und das akademische Selbstverständnis noch weit auseinanderklaffen und dass zweitens, trotz der gemeinsamen Projekte und der breiten Gesprächsbasis auf der akademischen Ebene, weiterhin gravierende Meinungsverschiedenheiten über die Aufgabenstellung und die richtige Verfahrensweise bestehen. Ergänzend zu den bisher angesprochenen Themenstellungen muss auch noch der Bereich der Unternehmensethik im engeren Sinne einbezogen werden, der sowohl in der akademischen Betriebswirtschaft ([I–16]; [I–17]) wie in ausgewählten Bereichen der Unternehmensberatung (vgl. [I–12]) an Bedeutung gewonnen hat.

Was folgt aus diesem Spektrum von Fragestellungen und unterschiedlichen Ansätzen für das Vorhaben einer Einführung in die Wirtschafts- und

Unternehmensethik? Das Ziel der Einführung soll einerseits darin bestehen, den Stand der gegenwärtigen wirtschaftsethischen Bemühungen darzustellen. Das kann aber nicht rein beschreibend geschehen. Die normativen Ansprüche, die mit der Wirtschaftsethik verbunden werden, sind daher gegen gängige Einwände als berechtigt und verpflichtend zu erweisen. Daher werden in den folgenden Kapiteln zunächst der Moralanspruch selbst und die wichtigsten Strategien zur Begründung moralischer Urteile erörtert (II, III). Über diese normative Seite hinaus müssen auch die individuellen und institutionellen Bedingungen des Handelns angesprochen werden, die gelebte Moral erst ermöglichen. Moral ist nicht nur die Sache des seine Ziele verfolgenden und Erfolg suchenden Individuums, sondern findet sich – institutionell verfestigt – auch beim Staat, im Markt, im Unternehmen und in der Institution der Öffentlichkeit. Erst im Zusammenwirken dieser Faktoren entsteht die Macht der Moral (IV). Die unterschiedlichen Richtungen der Wirtschaftsethik, die im Kapitel V genauer behandelt werden, lassen sich danach unterscheiden, ob sie stärker die institutionellen Rahmenbedingungen oder die individuelle Ethik fokussieren. Ein Ausblick auf die Unternehmensethik im engeren Sinne thematisiert das Verhältnis von Profit und Moral, fragt nach der besonderen sozialen Verantwortung von Unternehmen und stellt Instrumente eines Wertemanagements vor.

4. Zusammenfassung, Lektürehinweise, Fragen und Übungen

Zusammenfassung

Ethik und Moral sind zwar vom Wortursprung her gleichbedeutend, aber heute ist die Differenzierung zwischen der Moral als gelebter Sittlichkeit und der Ethik als Theorie der Moral üblich geworden. Wirtschaftsethik wurde eingeführt als eine Angewandte Ethik. Sie kann in der favorisierten Form des Kohärentismus nur beraten und als Teil eines moralischen Diskurses argumentative Hilfestellung leisten. Das ist aber nicht wenig, zumal der Bedarf an Moral in der Gesellschaft allgemein und in der Wirtschaft speziell zunimmt, während gleichzeitig das Recht in einer globalisierten Welt an seine Grenzen stößt.

Diese wachsende Bedeutung der Moral verdankt sich Veränderungen im Zuge der Moderne: der zunehmenden Komplexität der Wirtschaftsprozesse und der zu fällenden Entscheidungen, der Individualisierung und der zunehmenden Subjektivierung, schließlich der im Zuge der Globalisierung wachsenden Verantwortung der Unternehmen, deren Aktionsradius nationalstaatliche Regelungen sprengt. Wirtschaftsethik versucht, in diesem Prozess der Moralisierung eine Orientierung über das im Kontext der Wirtschaft Gebotene zu geben.

Mit dem Bedarf an Moral in der Wirtschaft wächst auch die Notwendigkeit, sich trotz persönlicher und kultureller Unterschiede über moralische Fragen zu verständigen. Wirtschaftsethik als Angewandte Ethik soll dies ermöglichen, muss dazu aber plausibel machen, dass wirtschaftliches und moralisches Denken keinen Gegensatz darstellen. Das scheint dem Augenschein zu widersprechen, ist aber die „Geschäftsbasis" der unterschiedlichen Versionen, in denen heute Wirtschaftsethik vertreten wird. Eine Einführung in die Wirtschaftsethik versucht, einen ersten Überblick über die unterschiedlichen Ansätze zu geben. Zugleich wirbt sie für die Einnahme eines „moral point of view" und versucht konkret zu zeigen, wie wirtschaftliches und moralisches Handeln zusammen gedacht und im Konfliktfall auf einen Nenner gebracht werden können.

Um zu prüfen, wieweit Wirtschaftsethik in den moralischen Debatten der Gegenwart zur Klärung beitragen kann, wurden verschiedene Faktoren untersucht: Zwei Umfragen unter Managern im Abstand von 15 Jahren (1992 und 2007) zeigen, dass die Bedeutung der Moral für die Wirtschaft gestiegen ist. Aus der skeptischen Sicht vieler Praktiker stellt sich allerdings die Frage, ob sie sich Moral leisten können. Dagegen steht die Überzeugung des Ethikers, dass sich eine Gesellschaft eine Wirtschaft ohne Moral erst recht nicht leisten kann.

Der Vergleich mit den in den USA entwickelten Business Ethics zeigt deren große Nähe zur Praxis und die Konzentration auf aktuelle Fragen. Es bestehen auch Unterschiede in der Auswahl der Basiswerte, in konkreten Verhaltensmustern und Grundüberzeugungen. Der Mentalitätsunterschied wirkt sich auf die Art und Weise aus, wie Wirtschaftsethik betrieben wird. Die Ausweitung der Forschungsanstrengungen im deutschen Sprachraum und die Annäherung zwischen akademischen Vertretern der christlichen Soziallehre und Fachvertretern der Wirtschaftswissenschaften lassen sich an Gemeinschaftsprojekten wie dem *Lexikon der Wirtschaftsethik* oder dem *Handbuch der Wirtschaftsethik* ebenso ablesen wie an Tagungsbänden, in denen Vertreter unterschiedlicher Fakultäten zusammenarbeiten. Hinter den wirtschaftsethischen Bemühungen im deutschsprachigen Raum steht das gemeinsame Anliegen, eine Antwort auf die Ordnungs- und Integrationsprobleme zu finden, mit denen sich eine individualisierte Gesellschaft konfrontiert sieht. Wirtschaftsethik kann sich daher nicht auf eine individualistische Ethik beschränken, sondern ist nur als institutionelle Ethik sinnvoll. Die unterschiedlichen Schulen in Deutschland sind sich einig in dem Anliegen, den auf einen instrumentellen Gebrauch verengten Begriff von wirtschaftlicher Rationalität wieder so weit zu fassen, wie es nötig ist, um die Wirtschaft „zur Vernunft" zu bringen.

Lektürehinweise

– Zur Eigenart Angewandter Ethik ist außer den schon genannten Arbeiten von Bayertz [I–5], [I–6] vor allem das erste Kapitel von Vieth [I–3] zu empfehlen. Eine ausführliche Darstellung auch bei Nida-Rümelin [I–36].
– Zum Kohärentismus bieten sich die Arbeiten von Badura [I–37], [I–38] an. Gezielt informieren auch Vieth ([I–3], S. 50–59) und – bezogen auf die Wirtschaftsethik – Rippe ([I–39], S. 53 ff.), der auf Audi [I–26] als Beispiel verweist.
– Als Stichworte zur Charakterisierung der Moderne kann nur eine kleine Auswahl aus der zahlreichen Literatur genannt werden: Für van der Loo/van Reijen [I–40] ist der Prozess der Modernisierung durch Differenzierung, Rationalisierung, Individualisierung und Domestizierung gekennzeichnet. Bei Taylor [I–41] steht neben der Fragmentierung und Bürokratisierung vor allem die Individualisierung im Blickpunkt. Giddens [I–42] betont die Schwierigkeit, auf abstrakte Systeme zu vertrauen, und verweist auf die Reflexivität als entscheidende Konsequenz der Moderne. Die unter Soziologen diskutierte reflexive Modernisierung [I–43] betrifft besonders das Selbstverständnis von Wirtschaftsethik.
– Für einen Vergleich der US-amerikanischen und kontinentaleuropäischen Ansichten zur Wirtschaftsethik bieten sich außer den schon genannten Arbeiten [I–27], [I–28], [I–29], [I–30] noch zwei weitere an: [I–44], [I–45].

Fragen und Übungen

– In welchen Punkten unterscheiden sich angewandte Ethiken von der allgemeinen Ethik?
– Was spricht für den Kohärentismus als Verfahren der Wirtschaftsethik und inwiefern unterscheidet er sich von einem deduktionistischen oder kontextualistischen Modell?

– Welche Gründe sprechen dafür, dass die Bedeutung der Moral im Kontext der Wirtschaft zunimmt?
– Nennen Sie charakteristische Grundzüge der gängigen wirtschaftsethischen Einstellung in den USA! Unterscheiden Sie dabei zwischen Basiswerten, Hintergrundannahmen (Background Beliefs) und konkreten Verhaltensmustern!
– Welche Ziele verfolgen die vorgestellten Gemeinschaftsprojekte der Wirtschaftsethiker in Deutschland?
– Formulieren Sie in einigen Sätzen die Erwartungen, die Sie persönlich gegenüber der Wirtschaftsethik haben, und vergleichen Sie diese mit den am Ende des ersten Kapitels skizzierten Fragestellungen

II. Individualethik –
klassische moralische Begründungen

Normative Ethik setzt Handlungsfreiheit voraus und verlangt, dass moralische Urteile gerechtfertigt werden können. Im Unterschied zu einer deskriptiven Ethik bleibt normative Ethik nicht theoretisch distanziert, sondern stellt Forderungen an den Handelnden und verlangt eine persönliche Entscheidung. Die Vorwürfe, sie sei zu abstrakt oder zu theoretisch, werden widerlegt. Nach der Klärung dieser Voraussetzungen beginnt das zweite Kapitel mit der Vorstellung klassischer philosophischer Positionen, die bis heute zur Begründung moralischer Urteile dienen: Die Tugendethik beruft sich auf Tugenden und Werte der Person, die Pflichtethik (deontologische Ethik) konzentriert sich auf die Motivation und den spezifischen Charakter einer Handlung.

1. Handlungsfreiheit, Verantwortung, Orientierung durch Normen

Moral setzt Handlungsfreiheit voraus

Man muss – so die allgemeine wie auch die gängige philosophische Auffassung – kein Gelehrter sein, um Gut und Böse unterscheiden zu können. Vor allem sind wir uns schnell einig, wenn es darum geht, unmoralisches Tun anzuprangern. Es ist schon erheblich schwieriger auszumachen, was moralisches Handeln positiv kennzeichnen soll. Unsere Empörung über unmoralisches Verhalten zeigt allerdings eines: Wir machen unsere Mitmenschen für ihr Tun verantwortlich und verlangen von ihnen Rechenschaft. Das ist nur sinnvoll, wenn wir die Ereignisse nicht als naturgegeben und als Konsequenzen eines unausweichlichen und unerbittlichen Schicksals, sondern als von Menschen verursacht ansehen. Die zunehmende Moralisierung, die wir in den öffentlichen Debatten der modernen Gesellschaften feststellen können, hängt damit zusammen, dass wir unsere Lebensbedingungen und die sozialen Verhältnisse als Ergebnis menschlicher Handlungen oder zumindest menschlicher Unterlassungen begreifen, welche moralischen Standards zu genügen haben. Wir unterstellen, dass mit Absicht und Vorsatz gehandelt wurde und dass die Möglichkeit bestanden hätte, auch anders zu handeln. Im Rahmen der Möglichkeiten, die andere und natürlich dann auch wir selbst hatten oder gehabt hätten, sind wir auch dafür verantwortlich, dass wir etwas getan oder nicht getan haben. Dass Menschen ihr Tun verantworten müssen, bedeutet nicht nur, dass sie anderen die Gründe für ihr Verhalten mitteilen können, sondern auch, dass sie glaubhaft machen können, dass es richtig war, so und nicht anders zu entscheiden, und dass sie für die Folgen ihres Handelns persönlich einstehen. Auch wenn wir über die Grenzen menschlicher Freiheit, über die Größe der Spielräume und über das Ausmaß der Verantwortung lange streiten können – unser menschliches Zusammenleben beruht auf der Voraussetzung, dass prinzipiell Handlungsfreiheit und damit auch Verantwortung besteht. Sosehr wir auch im Einzelfall geneigt sein mögen, uns als Opfer der Verhältnisse darzustellen und unsere Rolle als aktiv Handelnde herunterzuspielen: Eine Gesellschaft, die nur noch aus Marionetten bestehen würde, wäre keine menschliche Gesellschaft mehr.

Die philosophische Ethik beschäftigt sich seit jeher mit der Frage, was die Kriterien guten Handelns sind. Sokrates, der in einer allgemeinen Umbruchsituation im 5. Jahrhundert vor Christus den Anfang mit der griechischen Aufklärung machte, begründete eine Tradition kritischen Fragens, als er sah, dass die herkömmlichen Antworten der Tradition nicht länger Bestand haben konnten. Angesichts der Ausweitung des Blickwinkels von der Welt griechischer Stadtstaaten auf das westliche Mittelmeer, auf das persische Großreich und später auf die hellenistischen Reiche bis Ägypten, Arabien und Indien stellten sich die Fragen der Moral, der Politik und der Wirtschaft völlig neu. Am Anfang dieser frühen Form von Globalisierung geht Sokrates auf den Markt von Athen und befragt seine Mitmenschen: Was ist Gerechtigkeit, Tapferkeit, Frömmigkeit? Die philosophische Ethik entsteht aus der Notwendigkeit, in einer Gesellschaft, in der die Regeln des Verhaltens nicht mehr selbstverständlich sind, über die Gründe des eigenen Handelns auch öffentlich Rechenschaft abzulegen. Wenn es gute Gründe sind, leuchten sie auch anderen ein und bedeuten auch für andere eine Verpflichtung. An diesem Punkt kommt ein Aspekt ins Spiel, welcher der Aussage, dass Moral Freiheit und Freiwilligkeit voraussetzt, scheinbar widerspricht. Sicher beruht moralisches Handeln auf Freiwilligkeit. Derjenige, der moralisch handelt, handelt aus eigener Einsicht und aus freien Stücken. Das kann aber nicht bedeuten, dass moralische Urteile keine Verbindlichkeit beanspruchen könnten, wenn man denn einmal zu einer begründeten Einsicht gelangt ist. Moralische Urteile unterscheiden sich in diesem Punkt grundlegend von Geschmacksurteilen, über die man bekanntlich nicht streiten kann. Wenn wir unmoralisches Verhalten als falsch und verwerflich bezeichnen, dann verlangen wir von uns selbst, aber auch von anderen, derartiges Verhalten zu unterlassen. Die Freiheit der Moral besteht also nicht darin, keinerlei Regeln unterworfen zu sein und jederzeit nach Belieben zu agieren, sondern in dem Privileg, nur solchen Regeln zu folgen, die man als richtig eingesehen hat. Was Rousseau für den politischen Zusammenhang formuliert hat, das gilt auch für die Moral: Freiheit besteht darin, selbstgegebenen Gesetzen zu folgen (vgl. [II–1], S. 24). In ruhigen Momenten vernünftiger Überlegung sind wir zu Einsichten fähig, die uns wenig später schon lästig sein können und die wir dann als Zwang empfinden, wenn es uns Mühe kostet, z. B. gegebene Versprechen einzuhalten oder selbst die Forderungen zu erfüllen, die wir anderen gegenüber erhoben haben. Akzeptiert man diesen verpflichtenden Charakter von Moral, so ergibt sich, dass die philosophische Ethik es vor allem mit normativen Behauptungen und ihren Begründungen zu tun hat. Wir fragen, was wir tun *sollen*, und begründen diese moralischen Vorschriften, Regeln oder Gesetze mit Argumenten. Du sollst nicht lügen; denn Lügen haben kurze Beine und daher sollte derjenige, der sich nicht über kurz oder lang selbst schaden will, nicht auf Lügen zurückgreifen. Du sollst nicht lügen; denn die Achtung, welche du anderen gegenüber schul-

Das Anliegen philosophischer Ethik seit ihren Anfängen

Verbindlichkeit moralischer Urteile

dest, gebietet es, sie nicht durch Lügen zu täuschen. Du sollst nicht lügen; denn als anständiger Mensch von Charakter hast du es nicht nötig, dir durch Lügen oder Täuschung Vorteile verschaffen oder Unannehmlichkeiten ersparen zu wollen. Sofern sich Ethik mit den Prinzipien beschäftigt, die unser Leben leiten sollen, um ihm Ordnung, Beständigkeit und Sinn zu geben, sprechen wir von normativer Ethik. Sie formuliert, prüft und begründet Forderungen, die sich angesichts der Unzulänglichkeiten des menschlichen Handelns aufdrängen und die in der Realität erst durch moralisches Handeln verwirklicht werden müssen.

Normative Ethik   Im modernen Denken hat sich der normative Aspekt der Moral in den Vordergrund geschoben. Moral fordert vom Individuum ein bestimmtes Verhalten, das die Einschränkung der eigenen Wünsche zugunsten der Rücksicht auf die anderen bedeutet. Dieser scheinbar repressive Charakter der Moral hat Autoren von einer „moralischen Schizophrenie" im modernen Verständnis von Moral sprechen lassen: „Es koppelt die moralischen Anforderungen, die an jedes Individuum gestellt werden, von den motivationalen Quellen des Handelns ab" ([II–2], S. 50 f.). Was damit gemeint ist, drückt in zugespitzter Form schon Friedrich Schiller aus, der sich über den Rigorismus der modernen Pflichtethik mokiert: „Gerne dien ich den Freunden, doch tu ich es leider mit Neigung, und so wurmt mir oft, dass ich nicht tugendhaft bin. – *Decisium:* Da ist kein anderer Rat, du musst suchen, sie zu verachten, und mit Abscheu alsdann tun, was die Pflicht dir gebeut" ([II–3], Bd. 1, S. 357). Das ist zwar maßlos übertrieben, trifft aber den wunden Punkt der Angestrengtheit in der modernen Moralisierung, für die alles, was Spaß macht, frei nach Winston Churchills Ausspruch, entweder verboten und unmoralisch ist oder dick macht. Wenn das stimmt, wäre das speziell für die Wirtschaftsethik fatal. Auf ihrem Feld zeigt sich besonders, dass es mit Forderungen und schlüssigen Begründungen allein nicht getan ist, sondern dass die subjektive Motivation und die Bedingungen, unter denen Moral praktiziert werden soll, eine entscheidende Rolle für die konkrete Ausgestaltung des moralisch guten Handelns spielen. Es stellt sich die Frage: Wie selbstverständlich ist eigentlich moralisches Handeln und wie erreicht man, dass es selbstverständlich wird?

Deskriptive Ethik   Wenn moralische Forderungen nicht gleichsam im luftleeren Raum erhoben werden sollen, muss sich Ethik folglich auch mit der genauen Erfassung der Wirklichkeit menschlichen Handelns befassen. Das tut sie als beschreibende Ethik, wie wir im Kapitel IV genauer sehen werden. Eine derartige, deskriptive Ethik ist vor allem das Feld der Historiker, der Soziologen, Ethnologen und Entwicklungspsychologen. Für den Historiker geht es darum zu beschreiben, wie sich Menschen in früheren Zeiten verhalten haben und nach welchen Vorstellungen und Vorschriften sie lebten. Die Ethnologie vergleicht die Sitten und gesellschaftlichen Normen in unterschiedlichen Kulturen und Gesellschaften, nimmt deren Verpflichtungscharakter allerdings nur jeweils relativ zu der jeweiligen Gesellschaft in den Blick. Entsprechend fragt auch der Soziologe nach der Funktion gesellschaftlicher Einrichtungen und Normvorstellungen für eine bestimmte Gesellschaft, ohne dazu wertend Stellung zu nehmen. Beispielsweise kann ich die Funktion der Polygamie in bestimmten afrikanischen Gesellschaften, die ökonomische Effizienz einer Sklavenhaltergesellschaft oder die Rolle der Leibeigenen in der mittelalterlichen Feudalgesellschaft untersuchen, ohne deshalb als Befürworter oder Gegner dieser Einrichtungen auftreten zu müssen. Dasselbe gilt übrigens auch für die beschreibende Vorstellung unterschiedlicher ethischer Theorien. Derartige theoretische Distanz, die für die Haltung des Wissenschaftlers geradezu Voraussetzung ist, kann sich der Praktiker, der mitten in einem gesellschaftlichen Konflikt steht, nicht leisten. Als Handelnder muss er urteilen, sich entscheiden und Partei ergreifen. Wenn ich als Unternehmer oder Manager eines international operierenden Unternehmens zu entscheiden habe, ob ich z. B. unter den Bedingungen der Apartheid im Südafrika (bis Anfang der 1990er Jahre) weiterhin Geschäfte machen oder eine neue Niederlassung gründen will, stellt sich die Frage: Ist es moralisch vertretbar, unter diesen Bedingungen Geschäfte zu machen? Ich habe mich zu entscheiden: Ziehe ich mich zurück und verzichte damit auf mögliche Geschäfte oder lasse ich mich zum Täter machen, der an der systematischen Erniedrigung, Unterdrückung und Ausbeutung einer Bevölkerungsgruppe oder sogar der Mehrheit zumindest indirekt mitwirkt und seinen Vorteil daraus zieht? Wenn die Alternative so zugespitzt formuliert wird, legt die Wortwahl schon nahe, dass die zweite Möglichkeit aus moralischer Sicht ausscheidet.

Allerdings bleibt umstritten, was im Namen der Moral berechtigterweise gefordert werden kann. Sind wir verpflichtet, von unseren eigenen Interessen abzusehen? Sind wir überhaupt zu einer objektiven und neutralen Sicht der Dinge fähig? Ergeben sich aus dieser neutralen Sicht moralische Normen, die allgemeine Verbindlichkeit beanspruchen können? Diese grundsätzlichen Fragen nach der Eigenart und dem verpflichtenden Charakter einer moralischen Sicht der Dinge kommen (am Ende von Kapitel III) erneut zur Sprache, wenn die wichtigsten normativen Theorien behandelt sind. Zunächst sollen noch zwei weitere allgemeine Einwände gegen das Unternehmen einer normativen Ethik zur Sprache kommen.

Von Praktikern und Pragmatikern wird häufig eingewendet, dass die normative Ethik zu abstrakt und realitätsfern sei und daher weder die konkreten Menschen noch die bestehenden Verhältnisse genügend berücksichtigt würden. Das führt dazu, dass auf Theorie verzichtet und weitgehend mit Beispielen oder Fallstudien operiert wird. Die Gefahr besteht dann aber darin, dass jeder Fall anders ist. Da – bildlich gesprochen – niemand zweimal in denselben Fluss steigt, haben Beispiele aus der Vergangenheit nur begrenzten Wert. Wer für ein selbständiges moralisches Urteilsvermögen plädiert, kommt mit Beispielen allein nicht weiter und muss sich um systematisches Wissen bemühen. Das bedeutet aber, dass nicht alle Aspekte einer Sache, sondern nur die wesentlichen und die, welche im Gesamtzusammenhang wichtig sind, in den Blick genommen und festgehalten werden. Der Blick des Praktikers kann daher, wenn er nicht durch Lebenserfahrung und ein ausgeprägtes Urteilsvermögen geschult ist, sehr begrenzt sein und an vordergründigen Eindrücken haften. In einem Textfragment mit dem Titel *Wer denkt abstrakt?* ([II–4], Bd. 2, S. 575–581) erzählt der Philosoph Georg Wilhelm Friedrich Hegel (1770–1831) die Geschichte einer Marktfrau, die Eier verkauft und nach der Bemerkung einer Kundin, ihre Eier seien faul, diese maßlos beschimpft und nur noch von dem einen Gedanken besessen ist, dass es jemand gewagt hat, ihre Eier faul zu nennen. Jedes Geschäft, jede objektive Prüfung des Vorwurfs und jede weitere Kommunikation werden

Vorwurf eins: Normative Ethik ist abstrakt und realitätsfern blockiert von dem einen, alles überlagernden Aspekt: Diese Frau hat meine Eier faul genannt. Weil alle anderen Aspekte ausgeblendet werden, so die Argumentation des Philosophen, sei die Fixierung der Marktfrau auf einen einzigen konkreten Punkt, der aus dem Gesamtzusammenhang herausgenommen, also abstrahiert werde, in Wirklichkeit „abstrakt" zu nennen. Sie verfehlt den umfassenderen Blick auf das Ganze, der nötig sei, um auch den einzelnen Gegenstand oder Sachverhalt in seiner Besonderheit, also konkret, richtig erfassen zu können. Dieser Hinweis auf die Notwendigkeit, den Sprachgebrauch von „abstrakt" und „konkret" in der Alltagssprache zu überprüfen und eventuell auch zu korrigieren, dient in unserem Zusammenhang als Warnung. Der Vorwurf, Ethik sei zu abstrakt, übersieht, dass erst die Formulierung von Regeln, welche auf den wesentlichen Kern einer Verhaltensweise abzielen, eine angemessene moralische Beurteilung vergleichbaren Verhaltens ermöglicht. Die einprägsamen Bilder, mit denen in einer Mediengesellschaft wirksam Stimmung und Politik gemacht werden kann, sagen zwar manchmal mehr als tausend Worte, aber sie sprechen nicht automatisch für sich, sondern bedürfen der Einordnung und der Überprüfung, ob sie wirklich als repräsentativ gelten können. Ethik bedarf insofern der Distanz zum Einzelfall.

Vorwurf zwei: Theorie schafft keine Veränderungen in der Praxis

Machen die Probleme, welche die ethischen Theorien mit der Implementierung von Moral in das konkrete Handeln haben, die Theorie überflüssig? Führende Wirtschaftsethiker erheben den Vorwurf, dass sich die traditionelle philosophische Ethik zu sehr mit Prinzipienwissen und Begründungen befasse, also zu theoretisch sei, und zu wenig die Aufmerksamkeit auf die Fragen der Implementierung bzw. der Implementierbarkeit moralischer Regeln oder Vorschriften richte. Die Beschäftigung mit den Begründungsstrategien habe nur dann wirklich Sinn, wenn das faktische Verhalten dadurch auch positiv beeinflusst werde. Anders als Platon gelehrt habe, reiche das Wissen um das Gute noch nicht aus, um es auch zu tun. Der Einwand ist im Kern berechtigt, und deshalb wird dieser Aspekt später, im Kontext der Unternehmensethik, noch weiter verfolgt werden. Aber der Hinweis darauf, dass die ethische Theorie nicht Selbstzweck ist und dass wir philosophieren, um bessere Menschen zu werden – so schon Aristoteles (NE II2, 1103b26f.; [II–5], S. 75) –, macht nicht die Theorie und die Reflexion überflüssig. Der Vorwurf der fehlenden Praxisrelevanz begleitet zwar das Denken der Moderne, aber er übersieht, dass gerade erst die Distanz zur Alltagspraxis die Erfolge moderner Wissenschaft, moderner Technik und moderner Gesellschaftspolitik möglich gemacht hat. Das übersieht auch der junge Karl Marx, der in der 11. Feuerbachthese behauptet und moniert: „Die Philosophen haben die Welt nur verschieden *interpretiert*, es kömmt drauf an, sie zu *verändern*" ([II–6], Bd. 3, S. 7; Version der 11. These von 1845 im Notizbuch von Marx). Damit wird ein künstlicher Gegensatz aufgebaut, der die welterschließende Rolle der jeweiligen theoretischen Einstellung unterschätzt und der, wenn denn die Rolle der Theorie zugunsten der Praxis gestrichen wird, die Praxis weitgehend „kopflos" zurücklässt. Jede Revolution und jede politische Veränderung hat aber ihren Ausgangspunkt zunächst einmal in den Köpfen der Beteiligten. Insofern ist die Veränderung des Bewusstseins eine notwendige Bedingung, die jeder Veränderung vorausgeht (vgl. [II–7]). Das gilt auch für normative ethische Theorien. In einer Welt, in der eine Vielzahl von moralischen Konzeptionen und Lebensentwürfen miteinander konkurrieren und in der Öffentlichkeit argumentativ miteinander wetteifern, sind sie eine unverzichtbare Orientierungshilfe. Wir brauchen sie, um uns moralisch artikulieren und mitteilen zu können. Wenn wir vor einem ethischen Dilemma in der Wirtschaft stehen, stellen die normativen ethischen Theorien gleichsam ein Prisma dar, das uns durch verschiedene Grade der Brechung erlaubt, die Dinge im Licht unterschiedlicher, aber moralisch relevanter Faktoren genauer zu betrachten (vgl. [II–8], S. 104).

Drei Grundrichtungen lassen sich im Kontext der Wirtschaftsethik unterscheiden: die Berufung auf Tugenden und Werte des Handelnden (Tugendethik), die Konzentration auf die Motivation und den spezifischen Charakter einer Handlung (Pflichtethik/Deontologische Ethik) und der Hinweis auf die Folgen des Handelns oder Unterlassens (Konsequentialismus). In der Gegenwart sind vor allem zwei weitere Theorien einflussreich, welche die gesellschaftlich-politische Dimension der Ethik in den Vordergrund stellen: die Vertragstheorie, welche im Anschluss an John Rawls den Gedanken der Gerechtigkeit als Fairness verfolgt, und die Diskursethik, welche für die moralische Entscheidungsfindung die Einbeziehung aller Betroffenen in ein geordnetes Verfahren fordert.

2. Tugendethik – Integrität und persönliche Verantwortung

Die öffentlichen Debatten über die Moral in der Wirtschaft sind weitgehend durch ein Vokabular bestimmt, das aus der Tugendethik stammt. So ist im Laufe des Jahres 2008 im Zusammenhang mit der Bankenkrise die „Gier der Banker" oder im Zusammenhang mit Abfindungen und Bonuszahlungen die „Gier der Manager" geradezu sprichwörtlich geworden. Dem öffentlichen Bedürfnis, die Ursachen für die Krise im persönlichen Fehlverhalten Einzelner oder einer ganzen Berufsgruppe auszumachen, entspricht seit jeher eine Sichtweise, die im schlechten oder fehlenden Charakter der Schlüsselpersonen oder in der veränderten Einstellung der führenden Wirtschaftsakteure die eigentlichen Ursachen der Krise sehen will. Es wird beklagt, dass die Mitglieder der Eliten in Wirtschaft und Politik ihrer Vorbildfunktion nicht mehr gerecht würden. Gier und Maßlosigkeit – so die Annahme – seien an die Stelle der Tugenden getreten, die echte Führungspersönlichkeiten, Leitfiguren oder auch einen „ehrbaren Kaufmann" auszeichnen sollten. Als Heilmittel gegen die Krisen der Moderne, deren Ursache im „Verlust der Tugend" (MacIntyre) gesehen wird, wird eine Rückbesinnung auf die alten Tugenden empfohlen.

Dieser Rückgriff auf das Vokabular einer Tugendethik ist erstaunlich; denn erstens ist spätestens seit dem 19. Jahrhundert der Begriff „Tugend" alles andere als attraktiv. Tugend – so bekanntlich schon Wilhelms Buschs fromme Helene – steht in dem Ruf, etwas für alte Leute zu sein: „Die haben alles hinter sich und sind gottlob recht tugendlich" ([II–9], Bd. 3, S. 10). Die Tugend, vor allem als kluge Mäßigung, passt nicht zur Konsumgesellschaft. Dass zweitens speziell die Wettbewerbsgesellschaft und die Marktwirtschaft der Moderne mit der Tugend auf Kriegsfuß stehen, beschreibt schon am Anfang

Reserven gegen die Tugend in der Moderne

des 18. Jahrhunderts Bernard Mandeville in seiner satirischen *Bienenfabel*, die den bezeichnenden Untertitel *Private Laster, öffentliche Vorteile* trägt [II–10]. Mandeville macht auf ein Paradox aufmerksam, das fortan die Hüter der abendländischen Moral und die Wächter über die alten Tugenden empören wird: Der öffentliche Wohlstand beruht weitgehend auf den Lastern der Individuen. Es ist nicht die Menschenliebe, sondern es sind Eigennutz und Selbstsucht, Eitelkeit, Hochmut und Geltungsdrang, welche die Menschen antreiben und für Beschäftigung und wirtschaftliche Blüte sorgen. Das öffentliche Wohlergehen ist also abgekoppelt von der Frage, ob die Individuen moralische Ziele verfolgen oder nicht. Die Entdeckung, dass der Reichtum der Nationen seinen Ursprung nicht in den moralischen Intentionen der Bürger hat, hat wenig später bekanntlich Adam Smith systematisch untermauert und in der viel zitierten Feststellung zugespitzt, dass unser Wohlergehen nicht vom Wohlwollen des Bäckers und Metzgers abhängig sei, sondern vom Selbstinteresse all derer, die ihre Fähigkeiten und Waren auf dem Markt zur Verfügung stellten und so unabhängig von ihrer subjektiven Motivation an der Besserstellung aller in einer funktionierenden Tauschgesellschaft mitwirkten (vgl. [II–11], S. 17). Wenn auf eines Verlass sei, dann auf das Selbstinteresse der Menschen, und der einzige Trost für den moralischen Betrachter des menschlichen Treibens bestehe darin, dass er auf das Wirken einer übergreifenden Instanz setzen könne, welche mit „unsichtbarer Hand" (vgl. [II–11], S. 371; [II–12], S. 316) dafür sorge, dass am Ende aus dem Egoismus der Vielen das Wohl des Ganzen entstehe. Das ist für den moralischen Common Sense schwer zu glauben, und daher finden sich auch die Hüter der Tugend nur schwer mit der Vorstellung einer Kraft ab, die – frei nach Goethe – stets das Böse will und doch das Gute schafft. Die gesamte Kritik an der Moderne ist daher durchzogen von Vorwürfen, dass die Menschen ihren Charakter und die Dinge ihren Wert verlieren, wenn erst einmal der neue Geist um sich gegriffen habe. Symptomatisch ist z. B. die Kritik an der nivellierenden und zersetzenden Kraft des Geldes, die sich schon in Shakespeares *Timon* findet, die aber vor allem aus den politisch-ökonomischen Manuskripten des jungen Marx bekannt ist. Die Gier nach Gold und die Gier nach Geld sind Instrumente, um die natürliche Ordnung der Dinge zu verwirren und zu zerstören. Die Macht des Geldes macht individuelle Tugend geradezu wertlos: „Das, was ich *bin* und *vermag*, ist also keineswegs durch meine Individualität bestimmt. Ich bin *hässlich*, aber ich kann mir die schönste Frau kaufen. Also bin ich nicht *hässlich* ... Ich bin *geistlos*, aber das Geld ist der *wirkliche* Geist aller Dinge, wie sollte sein Besitzer geistlos sein?" (zit. nach [II–13], S. 150 ff.).

Neue Unübersichtlichkeit

Drittens spricht gegen die Bedeutung der Tugend in der modernen Gesellschaft, dass spätestens seit dem 20. Jahrhundert die gesellschaftlichen Verhältnisse so komplex geworden sind, dass es sehr schwerfallen dürfte, für wirtschaftliche oder gesellschaftliche Fehlentwicklungen Personen als Schuldige zu finden. Es sei nur an eine berühmte Szene in John Steinbecks Roman *Früchte des Zorns* erinnert. Einer der zahlungsunfähigen Farmer, die infolge der Dürre in Oklahoma und Kansas in den 1930er Jahren in Massen gezwungen werden, ihr Land zu verlassen, droht, den Traktorfahrer zu erschießen, der ihn durch die Demolierung seines Hauses zum Verlassen des Farmlands zwingen will. Dieser verweist auf den nächsten Traktoristen, der sofort an seine Stelle treten werde, auf die Bank, die den Auftrag gegeben habe, auf den Bankdirektor, der aber seinerseits durch seine Aktionäre zu seinem Handeln gezwungen werde usw. Kurzum, jeder der Akteure ist Getriebener oder ein Rädchen in einem System, in dem niemand mehr verantwortlich gemacht werden kann. Die Drohung, den Schuldigen zu erschießen, verläuft ins Leere. Während der US-Immobilienkrise konnte man im Jahre 2009 wiederum Bilder von Leuten sehen, die im Zuge von Zwangsversteigerungen (*foreclosures*) aus ihren Häusern vertrieben wurden. Eine für die Betroffenen erfreuliche Pointe der neuen Unübersichtlichkeit bestand aber jetzt darin, dass Räumungsbescheide auch daran scheitern konnten, dass die Banken z. T. gar nicht mehr in der Lage waren, ihre Besitzansprüche zu beweisen, weil sie die Schuldverschreibungen als schlechte Risiken mit nicht ganz so schlechten Risiken unentwirrbar zu Kreditderivaten, jenen Credit Default Swaps (CDS), welche für den Ausbruch der Finanzkrise verantwortlich gemacht werden, vermischt und längst an Dritte und Vierte weiterverkauft hatten.

Wie kann man unter diesen Umständen noch auf die Tugend der Akteure setzen? Was ist überhaupt von der Tugend des Einzelnen zu erwarten? Warum wird in den öffentlichen Debatten ausgerechnet auf die Tugend zurückgegriffen, wenn es gilt, die Folgen der Krise zu bewältigen? Warum findet eine Renaissance der Tugendethik in der wissenschaftlichen Diskussion statt, bei der vor allem von US-amerikanischen Philosophen versucht wird, im Rückgriff auf Aristoteles und die lange Tradition des Aristotelismus, die Tugendethik unter modernen Voraussetzungen zu rekonstruieren? Zum Verständnis ist es hilfreich, sich die grundlegende Intuition vor Augen zu führen, auf der Tugendethik beruht: die faszinierende Vorstellung eines vorbildhaften Menschen, dem es gelingt, trotz aller Wechselfälle und Herausforderungen des Lebens Charakter zu zeigen und für die bewiesene Integrität bei seinen Mitmenschen Anerkennung zu finden. Dass es solche Menschen im Bereich der Wirtschaft gibt, beweist das Beispiel von Mr Feuerstein (vgl. [II–14], S. 180 ff.).

Aktualität der Tugendethik

Vor einigen Jahren wurde in den Vereinigten Staaten ein Mann als Unternehmer des Jahres ins Rampenlicht der öffentlichen Aufmerksamkeit gerückt, der in der Geradlinigkeit und Integrität seines Verhaltens seinesgleichen sucht. Aaron Feuerstein, einem Textilunternehmer in der dritten Generation, war es vor allem durch hohen Forschungsaufwand und große Innovationskraft gelungen, sein Unternehmen *Malden Mills* auf die Fertigung von hochwertigen Fleece-Stoffen zu spezialisieren und dadurch in Lawrence/ Massachusetts zu halten, während alle anderen Textilunternehmen des Ortes längst wegen der niedrigeren Arbeitskosten nach Mexiko oder in andere Niedriglohnländer abgewandert waren. Mr Feuerstein war aber nicht nur ein erfolgreicher, sondern auch ein menschlich vorbildlicher Unternehmer. Das bewies er, als in einer Dezembernacht 1995 sein Unternehmen bis auf ein einziges Fabrikgebäude abbrannte. Niemand hätte den Siebzigjährigen getadelt, wenn er dem Rat seiner Berater gefolgt wäre und das Unternehmen verkauft oder an anderer Stelle fortgeführt hätte. Stattdessen sah er es als seine Aufgabe an, für seine Belegschaft und für die Stadt, die weitgehend von seinem Unternehmen lebte, die Fabrik in kürzester Zeit wieder aufzubauen, gegen alle Schwierigkeiten, mit hohem persönlichem Einsatz und – da die

Aaron Feuerstein als Vorbild

Feuerversicherung zunächst nicht zahlte – auch mit erheblichem persönlichem finanziellem Risiko. Während der Wiederaufbaumonate zahlte er außerdem die Löhne seiner Arbeiter aus der eigenen Tasche weiter. Nach dem Wiederaufbau in Rekordzeit stellte sich schnell wieder der geschäftliche Erfolg ein, dank des Medienechos und des dadurch enorm gewachsenen Bekanntheitsgrades, dank der Steigerung der Produktivität durch neue Maschinen, dank seiner extrem motivierten Mitarbeiter, dank der kalten Winter und der hohen Nachfrage nach hochwertigen Fleece-Stoffen. Einige Jahre später allerdings musste die Firma doch in die Insolvenz gehen. Heute wird sie von den Gläubigerbanken gesteuert, aber schmälert das die Verdienste, die sich Mr Feuerstein durch sein Verhalten gegenüber den Mitarbeitern und den Mitbürgern erworben hat?

Was macht Mr Feuerstein zum Vorbild, warum verkörpert er die Tugenden eines guten Unternehmers? Er selbst, in Interviews befragt und eingeladen, vor Harvard-Studenten die Motive seines Handelns vorzutragen, äußert nur, er habe das in seiner Situation für ihn Selbstverständliche getan und keinen Moment daran gezweifelt, dass es seine Pflicht sei, das Werk für die Belegschaft und zusammen mit ihr wieder aufzubauen. Die Verbundenheit mit seinen Arbeitern und die persönliche Sorge für das Wohl der Gemeinde, in der er lebt, sind aber, das zeigen nicht zuletzt die Vielzahl der Ehrungen und die große öffentliche Aufmerksamkeit und Anerkennung, alles andere als selbstverständlich. Hier verkörpert jemand eine persönliche Integrität, die von der Mehrzahl der Mitbürger als genauso selten wie vorbildhaft eingeschätzt wird.

Der Begriff „Tugendethik" — Was genau meint der Begriff „Tugendethik"? Auch wenn mit dieser Bezeichnung unterschiedliche Richtungen zusammengefasst werden, gibt es doch gemeinsame Kennzeichen. Der für diesen Ansatz maßgebliche Begriff der Tugend (griech. *areté*, lat. *virtus*) bedeutet zunächst einmal Vortrefflichkeit und Exzellenz, sei es einer Sache oder einer Person. Aristoteles, der als Erster in seiner Ethik eine systematische Auseinandersetzung mit dem Begriff der Tugend vorgenommen hat, spricht z. B. auch von der *areté* eines Messers oder der *areté* eines Pferdes. Während die Kriterien für ein gutes Messer oder ein gutes Pferd entsprechend dem Zweck, den sie erfüllen sollen, relativ einfach zu bestimmen sind, ist es schon schwieriger anzugeben, was einen guten Menschen ausmacht. Aristoteles fragt noch ganzheitlich. Es geht nicht darum, einzelne Handlungen oder gelegentliches Verhalten in einzelnen Situationen zu beurteilen. Es geht auch nicht darum, Menschen unter speziellen Gesichtspunkten zu begutachten, wie wir es machen, wenn wir z. B. den besten Fußballspieler oder den besten Trainer für unsere Mannschaft, den besten Reisegefährten, den besten Kandidaten für eine WG oder den besten Mitarbeiter für ein Projekt suchen. Aristoteles fragt, was das menschliche Leben insgesamt glücken lässt. Statt bestimmter Momente wird der gesamte Verlauf eines Lebens ins Visier genommen, dessen Qualität aus individueller Sicht und aus der Sicht der Mitmenschen eingeschätzt werden soll. Wie muss ein Leben beschaffen sein, damit wir sagen können, es handelt sich, subjektiv und objektiv, um ein gutes und glückliches Leben? Welche Qualitäten braucht ein Mensch, damit er ein Leben führen kann, das wir übereinstimmend als gelungenes oder geglücktes Leben bezeichnen können? Aristoteles geht davon aus, dass wir im Leben Ziele verfolgen und dass hinter allen Einzelzielen als höchstes Gut das eigentliche Ziel steht, ein glückliches Leben zu führen. Das ist zunächst eine eher formale Aussage, die inhaltlich unterschiedlich gefüllt werden kann. Der griechische Ausdruck *eudaimonia* lässt sich mit dem deutschen Ausdruck Glück als Ziel des Lebens nur unzureichend wiedergeben. Vielleicht trifft es die Intention besser, wenn wir von einem Leben sprechen, das unter einem guten Stern steht. Allerdings ist festzuhalten, dass wir nach Aristoteles gut daran tun, uns aktiv um ein solches Leben zu bemühen. Sich Tugenden anzueignen ist der beste Weg, um dauerhaft erfolgreich zu sein in unserem Bemühen um ein Leben, von dem wir auch am Ende noch sagen können: Es war ein gutes Leben.

Inhaltlich kennt auch schon die Antike unterschiedliche Lebenskonzeptionen. Die einen suchen Genuss und Sinnesfreuden, für andere steht die gesellschaftliche und persönliche Anerkennung an erster Stelle, wieder andere finden ihre Erfüllung im Studium und in der Wissenschaft. Die Typisierung, die Aristoteles in der Antike vornimmt, lässt sich auch heute noch nachvollziehen, selbst wenn die Konkurrenz der Lebensentwürfe im Zuge der modernen Individualisierung unvergleichbar größer geworden ist. Allerdings handelt es sich auch in der Gegenwart trotz der größeren individuellen Spielräume nicht nur um rein persönliche Vorlieben. Die Akzeptanz durch die Gesellschaft oder gesellschaftliche Gruppen spielt bis heute eine wichtige Rolle für die individuellen Lebensentwürfe. Einen Hinweis darauf können etwa soziologische Begriffe wie Spaß- und Erlebnisgesellschaft, Kampf um Anerkennung (Axel Honneth) oder Wissensgesellschaft geben.

Unterschiedliche Lebenskonzeptionen

Unabhängig von der favorisierten Lebensform gilt, dass wir bestimmte Tugenden brauchen, um unser Lebensziel zu verwirklichen und um die Werte zu realisieren, die das Leben zu einem guten Leben machen sollen. Die Tugendethik verzichtet bewusst auf den Anspruch, über ein Kriterium zu verfügen, das es erlauben würde, definitiv über die Moralität einer einzelnen Handlung zu entscheiden. Stattdessen rät sie uns, bestimmte Haltungen einzuüben, die uns erlauben, in unterschiedlichen Situationen und angesichts unterschiedlicher Herausforderungen angemessen zu handeln. Dank der Tugenden entwickeln wir ein verlässliches Gespür dafür, was eine bestimmte Situation von uns erfordert. Erst die Tugend gibt uns die Möglichkeit, ein Selbstbildnis zu realisieren, das uns Zufriedenheit mit uns selbst und gleichzeitig die Anerkennung durch unsere Umgebung verschafft; in der Tugendethik wird die Perspektive des Individuums systematisch mit der Perspektive der Gemeinschaft, in der jemand lebt, verknüpft.

Trotz dieser Gebundenheit an die Werte der jeweiligen Gesellschaft hat sich seit der Antike ein Kanon von vier zentralen Tugenden herausgebildet: Klugheit, Tapferkeit, Besonnenheit und Gerechtigkeit. Diese sogenannten Kardinaltugenden (lat. *cardo*, der Türzapfen) dienen als Dreh- und Angelpunkt aller weiteren abgeleiteten und spezifizierten Tugenden, die von den Ethikern und Moralisten im Verlauf der Tradition zu immer neuen Tugendkatalogen zusammengestellt wurden und im christlichen Mittelalter noch durch die drei theologischen Tugenden Glaube, Hoffnung und Liebe ergänzt wurden. Selbst bei Immanuel Kant, den niemand als Tugendethiker bezeichnen würde, findet sich in seiner *Metaphysik der Sitten* noch eine ausgearbeitete Tugendlehre. Da wir die Vielzahl der Tugenden hier nicht im Einzelnen behandeln können, muss der Hinweis genügen, dass ein Zusammenleben und eine menschliche Zusammenarbeit ohne Tugenden nicht möglich erscheinen. Für jedes größere Unternehmen braucht man Tugenden. Um zu planen, ist Klugheit erforderlich. Eine dauerhafte Zusammenarbeit ist ohne Gerechtigkeit nicht vorstellbar, zur Bewältigung komplexer und unübersichtlicher Situationen braucht man eine verlässliche Kontrolle der Emotionen, also Besonnenheit, und in unsicheren Situationen sowie bei Widerständen sind Mut und Tapferkeit erforderlich (vgl. [II–15]; [II–16]).

Halten wir als die Grundüberzeugung der Tugendethiker fest, dass die moralische Qualität der Person zugesprochen werden muss und dass deren Charakter, ihre Einstellung und ihre Haltung für die moralische Beurteilung entscheidend sind. Aus dieser Sicht ist die moralische Empörung der Öffentlichkeit angesichts der hohen Bonuszahlungen für Banker und der hohen Abfindungen bei der Ablösung von erfolglosen Managern vor allem deshalb berechtigt, weil sich aus der Art, wie die Summen gefordert, bewilligt und eingestrichen werden, Charakterlosigkeit ablesen lässt. Die Gier der Banker kennt kein Maß; die Rücksichtslosigkeit der Manager gegen Konkurrenten, Mitarbeiter und die eigene Belegschaft lässt auf erhebliche Persönlichkeitsdefizite schließen; die Tapferkeit oder Zivilcourage kann nicht ausgeprägt sein, wenn – wie z. B. im Fall der Übernahme von Mannesmann Mobilfunk durch Vodafone im Jahr 2000 – der Widerstand des Vorstandsvorsitzenden gegen eine Fusion nur dazu führte, dass erst der Börsenwert des Unternehmens gesteigert wird und dann der am Ende gefügige „Widerständler" für sein Einverständnis mit der Übernahme eine „Belohnung" in Höhe von rund 30 Millionen Euro bekommt (vgl. [II–17], S. 127–141). Aus der Sicht der Tugendethik ist das charakterlos. Daran ändert auch wenig, dass ein hoher Prozentsatz dieses Geldes schließlich gemeinnützigen Zwecken zugutekam, weil ein von der Staatsanwaltschaft angestrengter Prozess wegen Untreue vor dem Landgericht Düsseldorf mit einem Vergleich endete. Der Ex-Vorstandsvorsitzende Klaus Esser zahlte „freiwillig" 10 Millionen Euro.

Vorgänge rund um die Karstadt-Pleite

Bewies in einem etwas anders gelagerten Fall ein öffentlich als unanständig gescholtener Manager mehr Charakter? Der Finanzfachmann Karl-Gerhard Eick hatte sich aus der hoch dotierten Stelle des Finanzvorstands bei der Deutschen Telekom zum kriselnden Konzern Arcandor mit seiner Warenhaustochter Karstadt abwerben lassen, sich aber extrem gut finanziell abgesichert. Als daher nach einem halben Jahr als Vorstand der Konkurs nicht mehr abzuwenden war, erhielt er rund 15 Millionen Euro als Abfindung. Das Geld, das ihm vertraglich zustand, wurde ihm ausgezahlt von der dazu verpflichteten Privatbank Sal. Oppenheim, die ihn als Retter geholt und das Geld garantiert hatte, aber nun ihrerseits im Zuge weiterer misslungener Finanzoperationen ihre Selbständigkeit verlor und von der Deutschen Bank übernommen wurde. In der Sicht der Öffentlichkeit erhielt der Spitzenmanager für 184 Tage Arbeit ein astronomisch hohes Gehalt, das alle bisherigen Maßstäbe auf den Kopf stellte und erst recht unanständig wirkte, wenn man es in Beziehung zu der Situation der anderen, vom Konkurs betroffenen 40.000 Mitarbeiter von Arcandor setzte, deren Arbeitsplätze akut bedroht waren und von denen sofort ein Gehaltsverzicht verlangt wurde. Rechtlich war die Sache in Ordnung, aber immerhin besaß der Ex-Manager so viel Anstand, dass er freiwillig ein Drittel der ihm zustehenden Gelder einer Stiftung zur Verfügung stellte, die Menschen fördert, welche schuldlos arbeitslos werden.

Aus der Sicht des Tugendethikers stellt sich die Frage, an welchem Punkt genau die moralische Anstößigkeit beginnt. Wäre es moralisch richtiger, für den Wechsel zu einem Unternehmen in Schieflage gar nicht erst so hohe Absicherungen auszuhandeln? Verlangt der moralische Anstand, nach Eintreten des Konkurses auf die Auszahlung der vertraglich zugesicherten Gelder unter diesen Umständen zu verzichten, schon aus Solidarität mit den Mitarbeitern des Unternehmens, denen Arbeitslosigkeit droht? Bestand eine moralische Verpflichtung des Managers, zu dem bedrohten Unternehmen zu wechseln, um zu helfen? Ist es unmoralisch von einer Bank, die um ihr investiertes Geld fürchtet, einem potentiellen Retter derart hohe Summen anzubieten, die dann im Zweifelsfall für die Sanierung fehlen? Sollte wenigstens der neue Spitzenmann sein Schicksal auf Gedeih und Verderb mit dem Schicksal des Unternehmens und seiner Mitarbeiter verbinden, nachdem schon die Vorgänger trotz ihrer Erfolglosigkeit sich finanziell schadlos gehalten hatten? So waren nicht nur hohe Abfindungen gezahlt worden, die das Unternehmen belasteten, sondern es bestand auch eine finanzielle Beteiligung eines Ex-Aufsichtsratsvorsitzenden an der Immobilienfirma, an welche zur Geldbeschaffung die Kaufhausgebäude verkauft worden waren, um sie anschließend zurückzumieten. Kurzfristig hatte der Manager zwar die Liquidität gesichert und so den drohenden Konkurs vermieden, langfristig stiegen aber die Kosten für das Unternehmen durch die hohen Mieten. Welche Tugenden, so fragt man sich, kann oder muss man zumindest von Managern verlangen, wenn schon die Selbstverständlichkeiten, zu denen sich ein Familienunternehmer bekennt, keine Geltung mehr haben und vielleicht auch nicht haben können? Was kann in einer sich derart schnell verändernden Welt überhaupt noch als selbstverständlich gelten? Jedenfalls bleibt festzuhalten: „Simply doing the right thing", die Devise, mit der Mr Feuerstein in Interviews sein Handeln erklärte, ist offensichtlich nicht ganz so selbstverständlich für jeden der am wirtschaftlichen Geschehen Beteiligten umzusetzen.

Auch wenn es nicht einfach ist, positiv einen Katalog von Tugenden zu formulieren, die man anständigerweise von Wirtschaftsakteuren erwarten darf, so wäre die tägliche Zusammenarbeit im Unternehmen oder im Geschäftsverkehr ohne Tugenden gar nicht vorstellbar. Das gilt insbesondere für die sogenannten Sekundärtugenden wie z. B. Fleiß, Zuverlässigkeit, Höflichkeit, Pünktlichkeit und Disziplin, die zeitweilig deshalb heftig umstritten waren, weil sie als eher instrumentelle Tugenden auch unmoralischen Zwecken dienen können. Weil man mit derartigen Sekundärtugenden auch ein KZ führen könne, so die Argumentation der 68er, seien sie wertlos und sollten keinen Platz in der Erziehung und in der Gesellschaft mehr haben. Das ist aber ein schlechtes Argument, das keineswegs beweist, dass Sekundärtugenden überflüssig sind; denn ohne die Tugenden, die für eine verlässliche Kooperation und gesellschaftliche Zusammenarbeit nötig sind, können auch die besten Projekte mit den höchsten moralischen Zielsetzungen nicht erfolgreich durchgeführt werden. Wie später noch im Zusammenhang mit der Unternehmensethik zu erläutern sein wird, legen daher fast alle Unternehmen auf derartige Soft Skills großen Wert und stellen in Form von Codes of Ethics oder Codes of Conduct Leitlinien oder Grundwertekataloge zusammen, in denen Verhaltensstandards für die Mitarbeiter festgelegt sind. Moralische Werte wie Integrität, Fairness, Ehrlichkeit, Vertragstreue und Verantwortung, aber auch Kommunikationsfähigkeit und Loyalität sollten Qualitäten sein, welche die Mitarbeiter eines Unternehmens glaubhaft verkörpern und zuverlässig praktizieren (vgl. [II–18], S. 23 f.).

Affinität der Tugendethik zur Wirtschaft

Die Affinität der Tugendethik zum Bereich der Wirtschaft ist unübersehbar. Was bewirkt diese Nähe? Ein wichtiger Grund für die Attraktivität des tugendethischen Vokabulars für die Öffentlichkeit und auch für die Belange der Unternehmensethik ist erstens die Tatsache, dass die Tugendethik bei unserem Alltagsverständnis von Moral ansetzt. Sie erhebt nicht abstrakte moralische Forderungen, sondern knüpft beim Vorhandenen, bei den Maßstäben, gängigen Standards und Erwartungen in der gegenwärtigen Gesellschaft an. Weil ihr Anliegen in der „Rekonstruktion unserer faktisch vorhandenen moralischen Überzeugungen" ([II–15], S. 35) besteht, lässt sie sich leicht in die alltäglichen Erfahrungen einbinden. Moral muss nicht erst tauben oder verschlossenen Ohren gepredigt werden.

Ein zweiter Aspekt ergibt sich aus einer eher anthropologischen Überlegung. Weil der Mensch von Natur aus vergleichsweise schlecht für den Kampf ums Überleben ausgestattet ist, liegt seine große Chance in der Kooperation. Als das „noch nicht festgestellte Tier" (Nietzsche) kann der Mensch durch Erziehung und Übung die Qualitäten entwickeln, die ihn zur erfolgreichen Kooperation mit seinesgleichen befähigen. Man kann die Tugenden, die Menschen entwickeln, also als Antwort auf ihre physische Schwäche verstehen. Im Umkehrschluss heißt das allerdings auch, dass ein Mensch umso stärker und für andere umso wertvoller ist, je mehr Tugenden er aufweist. Diese Tugenden erwirbt er durch praktische Erfahrung und dadurch, dass er sich an Vorbildern orientiert, über das eigene Verhalten reflektiert und es kritisch auswertet. Nur wer über individuelle Tugenden verfügt, ist auch ein attraktiver Partner für die soziale und wirtschaftliche Zusammenarbeit. Da es in der Wirtschaft in sehr hohem Maße auf die Fähigkeit zur Zusammenarbeit ankommt, liegt die Nähe zur Tugendethik auf der Hand. Denn Tugenden sind „jene Verhaltensweisen und Charaktereigenschaften, [...] die innerhalb einer Gemeinschaft als vorbildlich und für ein gutes Leben unabdingbar bewertet werden" ([II–15], S. 41).

Ein dritter Aspekt sei noch genannt: Dem Wirtschaftsakteur kommt entgegen, dass die Tugendethik in der Regel nicht verlangt, sich eindeutig auf ein Richtig oder Falsch festzulegen. Es liegt an der Unsicherheit vieler Situationen, wenn der Tugendethiker lediglich Ratschläge für angemessenes Handeln gibt und wenn er erwartet, dass der Handelnde selbst dank seiner Erfahrung ein Gespür für die jeweilige Situation und ihre Erfordernisse entwickelt. Für die Zusammenarbeit im Unternehmen oder unter Geschäftspartnern sind gegenseitiges Vertrauen und eine zuverlässige Einschätzung des jeweils zu erwartenden Verhaltens erforderlich. Erst die Verbindung von individueller moralischer Perspektive und der Kenntnis der Regeln der Zusammenarbeit im Unternehmen oder auf dem Markt verschaffen die notwendige Erfahrung, um die Erfordernisse der Situation angemessen zu erfassen.

Historisch betrachtet dominierte die Tugendethik, die auf die Vortrefflichkeit der individuellen Persönlichkeit zielte, in der Antike; sie blieb während des Mittelalters maßgebend und wurde erst in der Neuzeit weitgehend durch Moraltheorien abgelöst, welche die moralische Zulässigkeit der einzelnen Handlung in den Vordergrund rückten. Die Frage, wie ein Mensch ein geglücktes Leben in der Gemeinschaft führen könne und welche Qualitäten er entwickeln solle, wurde abgelöst durch die Frage: „Was soll ich tun?" Die Ethiken der Neuzeit zielen darauf, uns Regeln und Prinzipien an die Hand zu geben, die eine klare Entscheidung darüber erlauben sollen, was moralisch richtig und was moralisch falsch ist. Die Gesetzesmoral und die Suche nach einem eindeutigen Kriterium der Moralität treten schon deshalb in den Vordergrund, weil die teleologische Weltsicht nicht länger trägt. Die Vorstellung, der Mensch könne sich mehr oder weniger selbstverständlich an dem vorgegebenen Rahmen einer vernünftigen und wohlgeordneten Natur ausrichten und lebe in einer gleichsam natürlichen Ordnung der Gesellschaft, in die er sich einfügen solle, um ein gutes Leben zu führen, kann nicht mehr aufrechterhalten werden. Er muss sich vielmehr – wie es seit der Aufklärung heißt – seiner eigenen Vernunft bedienen, um selbst zu entscheiden, was richtig und was falsch ist. Nicht nur die Religion und das Recht, sondern auch die Sitten und Gebräuche sowie die Lebensentwürfe und Lebensformen müssen vor dem „Gerichtshof der Vernunft" (Kant) gerechtfertigt werden. Statt des Harmoniegedankens wird der Konfliktfall als Ausgangspunkt gewählt. Erst seit der Mitte des 20. Jahrhunderts hat im Gegenzug zu den vernunftorientierten Moraltheorien die Tugendethik, welche die Sichtbarkeit eines guten Lebens und die Einbettung des individuellen Lebensentwurfs in die Ordnung eines größeren Ganzen zu ihrem Anliegen macht, wieder verstärkt Aufmerksamkeit erfahren.

Die Schwächen der Tugendethik, die für ihren Bedeutungsrückgang seit der Neuzeit ursächlich waren, bestehen allerdings weiterhin. Sie ist auf einen festen Kontext, in dem Konsens herrscht, angewiesen, um die Integrität und Vorbildhaftigkeit einer Person auch öffentlich sichtbar machen zu können. Sie konzentriert sich auf den Charakter von Personen, nicht auf deren Handlungen. Daher ist eine genaue Kenntnis dieser Personen erforderlich, auf deren moralisches Urteilsvermögen die Tugendethik setzt und deren Verhalten sie dann zum Maßstab dessen macht, was angemessen ist. Sie kann mit dem Grundsatz kollidieren, dass vor dem Gesetz alle gleich sind, wenn sie davon ausgeht, dass Rang und Qualität der Person maßgeblich für die Rechtmäßigkeit ihres Tuns seien. Das einmal gegebene Wort eines Ehrenmanns z. B., einen Parteispender nicht beim Namen zu nennen, steht dann leicht über dem Gesetz, das genau dies verbindlich vorschreibt. Insofern ist Tugendethik anfällig für Missbrauch. Wenn sie zu formulieren sucht, was in einer bestimmten Situation für eine bestimmte Person oder Personengruppe angemessen ist, verweigert sie außerdem nur zu leicht eine klare Antwort auf die Frage, was denn nun moralisch richtig oder falsch ist; denn sie kennt kein eindeutiges Moralkriterium und schreibt keine Gesetze vor, sondern beschränkt sich auf Empfehlungen. Das ist in elementaren Fragen der Gerechtigkeit aber zu wenig. Was unter anderem Gesichtspunkt als Stärke gesehen und zur Attraktivität der Tugendethik beitragen kann, erweist sich insofern häufig auch als Schwäche.

Halten wir also fest, dass ein wesentlicher Vorzug der Tugendethik darin besteht, für die Eigenart der Personen und für die Erfordernisse der Situation offen zu sein. Das schließt nicht aus, dass sie Gesichtspunkte, die von anderen ethischen Schulen in den Mittelpunkt gerückt und zum Kriterium der

Schwächen
der Tugendethik

Moralität gemacht werden, ebenfalls einbeziehen kann. Wenn Mr Feuerstein sein Handeln erläutert, spricht auch er von seiner Pflicht. Auch er kalkuliert als guter Unternehmer die Folgen seines Handelns. Aber er ist gleichzeitig der Überzeugung, dass sein Handeln nur dann für einen guten Unternehmer angemessen ist, wenn er den geschäftlichen Erfolg, den er durchaus im Auge hat, mit der Loyalität gegenüber seinen Mitbürgern und mit seiner persönlichen Integrität in Einklang bringen kann. Die Tugendethik, wenn wir sie denn zu Recht als maßgeblichen Rahmen für das Verhalten von Mr Feuerstein unterstellen, verlangt also gleichwohl noch die Einbeziehung weiterer Ansätze, um auch in ihrem Licht das eigene Handeln zu beurteilen. Hätte er z. B. wirklich im strengen Sinne eine moralische Pflicht verletzt, wenn er das abgebrannte Werk gar nicht oder nicht an derselben Stelle wieder aufgebaut hätte? Spielt der wirtschaftliche Erfolg, der sich zumindest langfristig gesehen nicht mehr eingestellt hat, eine Rolle für die moralische Beurteilung seines Handelns und seiner Person?

3. Pflichtethik – moralische Pflichten

Welche anderen ethischen Theorien gibt es, die nicht den Charakter der handelnden Person in den Mittelpunkt der Betrachtung stellen, sondern entweder die Folgen einer Tat oder die Eigenart und den spezifischen Charakter der jeweiligen Handlungsweise zum entscheidenden Kriterium der Moralität machen? In der Philosophie wird unterschieden zwischen konsequentialistischen Ansätzen, für die es vor allem auf die Folgen der Handlung für den Einzelnen oder für die Gesellschaft ankommt, und deontologischen Ansätzen (griech. *to deon*, das Nötige, das Schickliche), die den Pflichtcharakter moralischer Handlungen betonen. Als prominente Kronzeugen für diese beiden Grundrichtungen gelten bis heute zwei Klassiker: Immanuel Kant (1724–1804) als Vertreter der Pflichtethik und John Stuart Mill (1806–1873) als Vertreter des Utilitarismus – eine philosophische Richtung, welche den größtmöglichen Nutzen (lat. *utilis*, nützlich) für alle im Blick hat und wohl die einflussreichste Variante des Konsequentialismus darstellt.

Pflicht – alltäglicher und philosophischer Sprachgebrauch

Der philosophische Terminus Pflichtethik knüpft zwar an den allgemeinen Sprachgebrauch an, gibt dem Begriff der moralischen Pflicht jedoch eine eigene, vom alltäglichen Sprachgebrauch unterschiedene Konnotation. In der Sprache des Alltags bedeutet Pflicht eine verbindliche Aufgabe, die mit der Stellung oder Rolle einer Person in der Gruppe oder Gesellschaft verbunden ist. Wenn ich einmal in der Pflicht stehe, ist es nicht mehr in mein Belieben gestellt, ob ich diese Pflicht erfülle oder nicht. Mit der Pflicht ist die Aufforderung zu einer bestimmten Handlungsweise verbunden, die durch die Autorität von Personen oder durch Institutionen der Gesellschaft Nachdruck erhält. Auf der philosophischen Ebene wird „moralische Pflicht" hingegen als ein Reflexionsbegriff verstanden, der die Rückbindung an ein übergeordnetes moralisches Gesetz vornimmt, das über den jeweiligen Sitten und Gebräuchen steht und dem wir uns nicht als Mitglied dieser oder jener Gruppe, sondern als Menschen verpflichtet wissen. Diese übergeordnete Instanz wurde historisch unterschiedlich verstanden. Gott, die Natur oder die Vernunft können uns auf Menschheitsgesetze festlegen, die gegenüber allen staatlichen Gesetzen Vorrang haben. Weil die Begriffe „moralische Pflicht" und „moralische Verpflichtung" insofern unlösbar mit autoritären und theonomen Ethikkonzepten verbunden seien, sollten sie nach einem Vorschlag von Elisabeth Anscombe ganz aufgegeben werden. An ihre Stelle tritt in der analytischen Philosophie daher auch weitgehend der Begriff „Regel", der neutraler und weniger belastet ist, weil er eher an die Vorschriften von Clubs oder an modische Vorschriften der Etikette denken lässt. Eine Reihe von analytischen Philosophen hat vor allem durch die Untersuchung der Moralsprache dazu beigetragen, einen neuen, nüchternen Ton in die Moralphilosophie zu bringen. Der Begriff der Pflicht hat dadurch viel von seiner emphatischen Bedeutung verloren, sich in den Debatten dem Begriff der Regel angenähert und so an „metaethischer Neutralität" dazugewonnen. Allerdings sollte man den Konflikt, von dem der strengere Begriff der Pflicht ausgeht, nicht bagatellisieren oder sogar ganz leugnen. Moralische Pflicht kann und muss immer auch so verstanden werden, dass die Bereitschaft gefordert ist, im Namen einer höheren moralischen Menschenpflicht gegen geltende Gesetze in einer bestimmten Gesellschaft zu verstoßen, unter Anrufung des Himmels oder im Namen eines natürlichen Rechts, das aller staatlichen Gesetzgebung übergeordnet ist. Dazu sind unter Umständen viel Mut und Opferbereitschaft erforderlich. Entsprechend bewundern wir z. B. protestierende Menschen- und Bürgerrechtler oder Gewerkschaftler, die noch heute in bestimmten Staaten Mittelamerikas für die Durchsetzung von elementaren Arbeiterrechten ihr Leben riskieren.

Wenn man derart die Pflicht in den Vordergrund stellt, lässt sich weiter danach fragen, ob die Pflicht sich auf eine bestimmte Handlung oder Handlungssituation bezieht oder ob es allgemeine Pflichten gibt, die in Regeln gefasst werden können. Die ethischen Lehrbücher unterscheiden entsprechend zwischen handlungsdeontologischen und regeldeontologischen Theorien. Der Handlungsdeontologe betont die Einmaligkeit jeder Situation und hält daher allgemeine Regeln nicht für geeignet, eine Handlungssituation angemessen zu erfassen. Wenn das so ist, dann muss die jeweilige Situation entweder intuitiv richtig erfasst oder aber mithilfe einer nicht allgemein zu rechtfertigenden Entscheidung bewältigt werden. So spricht aus Martin Luthers Dictum „Hier stehe ich, ich kann nicht anders" die Überzeugung, dass die Verweigerung des geforderten Widerrufs seine unabweisbare Pflicht sei, auch wenn er Kaiser und Fürsten nicht von der Richtigkeit seiner Handlungsweise überzeugen kann. Unter den modernen philosophischen Theoretikern haben insbesondere die Existenzialisten die Auffassung vertreten, dass keine allgemeinen Kriterien für die richtige Entscheidung zur Verfügung stünden. So diskutiert z. B. Sartre die Freiheit des Subjekts an einem berühmten Beispiel, dem Freiheitskämpfer, der sich der französischen Resistance gegen die deutschen Besatzer anschließen will, dafür aber in den Untergrund gehen und seine sterbenskranke Mutter einsam zurücklassen müsste. Diese Entscheidung kann ihm niemand abnehmen. Gleichwohl spricht gegen diese existenzialistische Dramatisierung, dass bei aller Neuheit und Verschiedenheit Situationen in wichtigen Punkten Vergleiche zulassen. Wir könnten sonst überhaupt keine allgemeinen Aussagen machen, was wir aber sowohl im Alltag als auch in der Wissenschaft mit Erfolg tun.

Handlungs- und
Regeldeontologen

Argumente gegen
handlungsdeontolo-
gische Konzepte

Gegen die handlungsdeontologische These sprechen also zumindest zwei Argumente: Erstens ist es schon für den Einzelnen, erst recht aber in größeren sozialen Kontexten praktisch unmöglich, ohne Regeln auszukommen. Wir wären im Alltag entscheidungs- und handlungsunfähig, wenn wir nicht Regeln bilden könnten. Zweitens treten insbesondere moralische Urteile stets mit einem allgemeinen Anspruch auf, entsprechend müssen sie durch allgemein einsichtige Gründe gestützt werden können. Das ist aber nicht mehr möglich, wenn nur die Intuition des Augenblicks darüber entscheiden soll, was moralisch zu tun ist. Selbst wenn die Intuition richtig sein sollte, muss die Entscheidung, wenn sie andere betrifft, diesen gegenüber auch vertretbar sein. Ist sie das nicht, erscheint sie willkürlich und die Betroffenen sind dem Willen des Intuitionisten ausgeliefert. Nicht einmal der Intuitionist selbst kann sich sicher sein, dass seine Entscheidung auf Dauer trägt. Diese Argumente sprechen also eher für die regeldeontologische Variante: Der moralische Maßstab besteht in einer oder mehreren Regeln, die uns in einer bestimmten Situation eine bestimmte Handlungsweise zur Pflicht machen, und zwar regelmäßig. Diese Regeln können, müssen aber nicht in der Gesellschaft akzeptiert sein. Für beide Positionen sollen im Folgenden klassische Vertreter vorgestellt werden: Adam Smith und Immanuel Kant. Beide sind für die Wirtschaftsethik deshalb von besonderem Interesse, weil sie hilfreich sind für die Klärung der Frage, was die Eigenart des moralischen Standpunktes ausmacht. Um diesen „moral point of view" geht es, wenn wir wissen wollen, ob bestimmte Handlungsentscheidungen oder vielleicht sogar sehr erfolgreiche Praktiken im Kontext der Wirtschaft vertretbar sind oder nicht (vgl. [II–19], S. 57 ff.).

Adam Smith als
Handlungs-
deontologe

Adam Smith (1723–1790), der Ökonomen, der vor allem durch sein Werk *An Inquiry into the Nature and Causes of the Wealth of Nations* (1776) bekannt ist, war in Glasgow Professor für Moralphilosophie und hatte sich mit seiner *Theory of moral Sentiments* (1759) als Moralphilosoph schon lange einen Namen gemacht, bevor er sein Buch über den *Wohlstand der Nationen* veröffentlichte. Er ist davon überzeugt, dass die Natur gut eingerichtet ist und dass sie es gut mit dem Menschen meint. Daher kann die Moral an die natürlichen Empfindungen der Menschen anknüpfen. So sind in der menschlichen Natur Mitgefühl und Erbarmen grundgelegt. Dank unserer Einbildungskraft sind wir Menschen in der Lage, uns einen Begriff von den Gefühlen anderer zu machen, und die Natur hat uns so ausgestattet, dass wir bereit sind, am Leid und am Glück anderer Anteil zu nehmen. Entsprechend verfügen wir auch über ein natürliches Pflichtgefühl (*sense of duty*). Wir brauchen zwar Handlungsregeln, aber diese Regeln lässt uns die Vernunft durch induktive Verallgemeinerung aus Einzelfällen entdecken, für die unser natürliches Gefühl für Verdienst und sittliche Richtigkeit maßgeblich ist. Ist diese positive Einschätzung der natürlichen Gefühle berechtigt?

Unser Fühlen und Denken – das weiß auch Adam Smith – ist von Natur aus perspektivisch verzerrt. Schmerzen prägen sich stärker ein als positive Eindrücke, der eigene Schmerz wiegt stärker als fremder, Verwandte und Freunde stehen uns näher als fremde Menschen, das unmittelbare Verlangen wiegt stärker als erst später zu erwartende Folgen. Allerdings sind wir in der Lage, diese Einflüsse zu korrigieren. Dies geschieht dadurch, dass wir unsere eigenen Urteile mit dem Urteil anderer vergleichen. Die entscheidende Fra-

3. Pflichtethik – moralische Pflichten **55**

ge ist aber nicht: Wie würde dieser oder jener Mensch die Situation oder Handlung beurteilen, oder: Wie fällt das Urteil der Gesellschaft in diesem Falle aus? Was für Smith zählt, ist immer wieder die Antwort auf die alles entscheidende Frage: Wie würde ein unparteiischer Zuschauer urteilen? Dieser *impartial spectator* begegnet uns in der Theorie der moralischen Gefühle auf Schritt und Tritt. Zunächst verweist uns Smith auf alltägliche Erfahrungen. Wir reagieren emotional und parteiisch, aber wir leiden und freuen uns auch mit anderen Menschen. Das grundlegende Problem ist nicht so sehr der Egoismus der Menschen, sondern die Parteilichkeit in eigener Sache und zugunsten unserer Verwandten und Freunde. Wir wissen, dass diese natürliche Ausgangssituation zu störenden und belastenden Konflikten führt, aber die Natur hat uns auch mit der Fähigkeit zur kritischen Selbstdistanzierung ausgestattet. Weil wir unseren Standort dank einer gedanklichen Operation verändern können, sind wir in der Lage, die naheliegenden natürlichen Verzerrungen unserer Perspektive zu korrigieren und einen gerechten Vergleich zwischen entgegengesetzten Interessen anzustellen. Das entscheidende Gegenmittel und Korrektiv gegen die nahezu automatisch erfolgende Verabsolutierung des Ego, zu der wir von Natur aus neigen, sind „Vernunft, Grundsatz, Gewissen", d.h. „das Auge dieses unparteiischen Zuschauers, welches uns von der egozentrischen Optik befreit und zur Selbstrelativierung befähigt [...]" ([II–12], S. 203).

Smith ist in sorgfältigen Schritten bemüht, die moralische Dimension des Verhaltens, die über die bloße Anpassung an die Maßstäbe der Gesellschaft hinausreicht, zu sichern. Der Mensch ist von der Natur nicht nur mit dem Verlangen ausgestattet, dass sein Verhalten von seinen Mitmenschen gebilligt werde; bei allem Verlangen nach Ruhm und Anerkennung hat er ein Gespür dafür, ob er diese Anerkennung auch verdient. Wenn es um die Korrektur der perspektivischen Verzerrung geht, setzt Smith auf Philosophie und Vernunft. Aber er sieht darüber hinaus in den religiösen Vorschriften eine wichtige Verstärkung der moralischen Motivation und hält – in diesem Punkt Metaphysiker – einer letzten Instanz den Platz frei, den nicht die irrtumsanfällige Vernunft der Menschen, sondern nur ein unbestechlicher und untrüglicher Gott einnehmen kann.

Gott bleibt die letzte Instanz

Um einen eigenen moralischen Standpunkt zu erreichen, sind also mehrere Schritte notwendig: sich in die Lage und Gefühle anderer versetzen, sich selbst mit den Augen der anderen betrachten, unterscheiden lernen zwischen verdienter und unverdienter Anerkennung. Smith spricht den Menschen die Fähigkeit zu, zu sich selbst in Distanz zu gehen, die Kritik anderer vorwegzunehmen und zwischen berechtigter und unberechtigter Selbstkritik zu unterscheiden. Smith spricht von „moral criticism" ([II–12], S. 65), um Menschlichkeit und Selbstbeherrschung zu entwickeln. Dieser lange Prozess, verstanden als der Prozess der Gewissensbildung, ist motiviert durch die tiefe Zufriedenheit, die den schließlich erfasst, der in seiner Selbsteinschätzung nicht vom Urteil anderer abhängt. Trotz der Faktoren, die zur Verunsicherung des Gewissens beitragen – objektiv etwa die fehlende politische Ordnung, z. B. im Krieg oder Bürgerkrieg, und subjektiv die Schwäche des Selbstbetrugs – können wir mithilfe des Pflichtgefühls (*sense of duty*) gegensteuern. Aus den Erfahrungen der Menschen sind Verhaltensregeln entstanden, die vorschreiben, „was zu tun oder zu meiden schicklich und ange-

Pflichtgefühl und moralische Regeln

messen ist" ([II–12], S. 238). Pflichtgefühl, die Achtung gegenüber allgemeinen Verhaltensregeln, ist für das menschliche Leben von größter Wichtigkeit. Um anständig zu bleiben, ist die Mehrheit der Menschen darauf angewiesen, dass „durch strenge Zucht, durch Erziehung und Beispiel" ([II–12], S. 245) die Achtung vor allgemeinen Regeln eingeprägt wird. Das betrifft schon die Pflichten der Höflichkeit, aber vor allem die Pflichten der Gerechtigkeit, der Wahrhaftigkeit, der Keuschheit, der Treue, die exakt in Regeln gefasst werden könnten (vgl. [II–12], S. 246, 266, 558f.). Von ihrer Befolgung hängt „das Bestehen der menschlichen Gesellschaft ab, die in nichts zerfallen würde, wenn den Menschen nicht im Allgemeinen die Achtung vor jenen wichtigen Gesetzen des Verhaltens im Innersten eingeprägt wäre" ([II–12], S. 246). Smith hält daran fest, dass die Grundlagen unseres moralischen Vermögens den Menschen von Natur aus eingeprägt sind, auch wenn sie durch Nachdenken, durch Philosophie und durch Religion bestätigt werden. Daher wird bei ihm das moralische Vermögen in Analogie zum Geschmackssinn gesehen. Auch beim ästhetischen Urteil können Regeln nur bedingt Anwendung finden. Wir müssen also, wenn es um mehr als um die elementaren Regeln des Zusammenlebens geht, eine Art von moralischem Geschmack entwickeln, der als Maßstab angemessenen Verhaltens dient. Das Gefühl für Anstand und Recht dient als verlässliche Basis, gepaart mit einem Gefühl der Selbstbilligung, das durch den Blick des unparteiischen Zuschauers ermöglicht wird; denn es gilt: „Jener genaue und klare Maßstab kann nirgends anders gefunden werden als in den sympathetischen Gefühlen des unparteiischen und wohl unterrichteten Zuschauers" ([II–12], S. 490). Das Gefühl, der Achtung anderer würdig zu sein, ist in moralischen Fragen entscheidend und hat Priorität vor allen Erwägungen über den Nutzen.

Smiths Leistung Smith versucht erfolgreich, die traditionellen Themen einer Pflichtethik mit der Kenntnis der empirischen Bedingungen menschlichen Daseins zu verbinden. Er weiß, dass die Verlässlichkeit des Verhaltens und die Stabilität einer Gesellschaft nicht ohne allgemeine Regeln zu haben sind. Er entdeckt, dass ein Prozess der Selbstdistanzierung erforderlich ist, damit ein Übergang von der natürlichen Egozentrik zum moralischen Standpunkt des unparteiischen Zuschauers erfolgen kann. In der Auffassung dessen, was natürlich ist, und in seiner Bindung der Regeln an die Gefühle bleibt er indessen merkwürdig unentschieden und zweideutig. Die Harmonisierung, die Smith versucht und verspricht, gelingt nicht überzeugend. Wie „natürlich" sind Tugenden wie Gerechtigkeit und Wohltätigkeit? Wie selbstverständlich ist eine Tugend, zu der wir durch Regeln verpflichtet werden müssen? Wie moralisch sind Gefühle, die beherrscht und unter Kontrolle gehalten werden müssen? Es bleibt insgesamt fraglich, wie eine derart wankelmütige und von Naturgegebenheiten abhängige Instanz wie das Gefühl die Verlässlichkeit schaffen soll, die für eine funktionierende Gesellschaft und für eine vernünftige Selbstachtung vonnöten ist. Wenn aber die Moral doch die Vernunft braucht, stellt sich erneut die Frage, wie diese mit den „natürlichen" Voraussetzungen konfliktfrei zu vermitteln ist. Müssen wir der natürlichen Neigung nicht doch einen strengeren Begriff von Pflicht gegenüberstellen, die im Zweifelsfall über die natürliche Neigung oder Abneigung siegt? Zu dieser Überzeugung kommt jedenfalls Smiths Zeitgenosse Immanuel Kant. In seiner Jugend hatte Kant selbst eine Gefühlsethik vertreten, dann aber im Zuge seiner kritischen Wende deren Unhaltbarkeit eingesehen. Er wird im Folgenden als Klassiker einer regeldeontologischen Ethik vorgestellt.

Kant sucht zu klären, was den Kern der Moral, das oberste Prinzip der Moralität ausmacht. Dazu stellt er am Anfang seiner *Grundlegung zur Metaphysik der Sitten* (1783) die spezifische Differenz des sittlich Guten heraus. Seine Frage lautet: Was kann eigentlich uneingeschränkt gut genannt werden? Seine Antwort ist: „Allein ein guter Wille!" Sie kann leicht missverstanden werden, vor allem, wenn man alltagssprachlich mit dem Begriff des guten Willens nur eine mehr oder weniger vage Absicht verbindet. Für Kant kommen alle anderen Kandidaten für das Prädikat „gut" nur mit dem Vorbehalt einer weiteren Prüfung in Frage, für die es dann offensichtlich auch ein anderes Kriterium geben muss. Nur mit Einschränkung gut zu nennen sind geistige Talente und das Temperament, mit dem wir ausgestattet sind. Dasselbe gilt für Glücksgaben wie Macht, Reichtum, Gesundheit, es gilt selbst für Tugenden, die den Charakter und den inneren Wert einer Person ausmachen. Alle diese Gaben sind ambivalent, weil sie nicht nur zum Guten benutzt werden können. Sie sind nur dann gut, wenn sie mit einem guten Willen als dem Garanten von Moralität gepaart sind. Kant propagiert keineswegs einen Rückzug in die Innerlichkeit. Wir sollen natürlich alle uns zur Verfügung stehenden Mittel aufbieten, aber die moralische Beurteilung darf sich nicht am Erfolg orientieren, sondern nur an dem, was in unserer Macht steht. Moralische Anerkennung wird dem gezollt, der auch unter widrigen Umständen guten Willen zeigt. Nicht die Gegenstände des Wollens, sondern die Qualität des Willens ist es, die über die Moralität entscheidet. Woran kann aber die Qualität des Willens gemessen werden?

Kant bindet den Begriff des guten Willens eng an den Begriff der Pflicht, so dass er objektive Bedeutung bekommt und sich deutlich von einer bloß subjektiven Gesinnung unterscheidet. Da wir Menschen durchaus in der Lage sind, nach Vorstellungen von vernünftigen moralischen Gesetzen zu handeln, aber keine reinen Vernunftwesen sind und unsere Handlungen weitgehend von naturwüchsigen Neigungen angetrieben werden, tritt uns die Stimme der Vernunft als Imperativ, als sittliche Pflicht, gegenüber. Es gibt nun mehrere Möglichkeiten, seine Pflicht zu erfüllen. Wir können aus Selbstinteresse, aber durchaus im Sinne unserer sittlichen Pflicht handeln, wie der Kaufmann, der ehrlich ist, um seine Kunden nicht zu verlieren. Wir können auch pflichtgemäß handeln, weil wir z. B. gerne den Mitmenschen helfen und erst recht denjenigen, die uns sympathisch sind. Aber mit diesen Motivationen, gegen die nichts einzuwenden ist, haben wir nach Kant noch nicht die eigentliche Ebene der Moralität erreicht. Erst wenn wir „aus Pflicht" handeln, liegt der gute Wille vor, der nach Kant über die Moralität entscheidet. Wenn wir Interesse und Sympathie entscheiden lassen, machen wir uns von Bedingungen abhängig, die nicht in unserer Hand sind. Das moralische Handeln, ob ich lüge oder die Wahrheit sage, ob ich ein Versprechen oder einen Vertrag einhalte oder nicht, sollte nicht von so flüchtigen und unkontrollierbaren Faktoren wie Sympathie oder einer wechselnden Interessenlage abhängig gemacht werden. Spezifisch moralisches Verhalten liegt erst dann vor, wenn die Moralität selbst das Ziel ist, wenn ich „aus Pflicht" handle. Um dem Prinzip der Moralität auf die Spur

Kant als Regel-
deontologe

Der gute Wille
handelt aus Pflicht

zu kommen, ist es nicht nötig, dass wir im Einzelfall feststellen können, ob eine Handlung aus einer moralischen Einstellung heraus erfolgt ist. Oft ist das auch gar nicht möglich. In der Regel können wir zufrieden sein, wenn die Handlungen unserer Mitmenschen pflichtgemäß, also legal sind. Allerdings wollen wir ja mit Kant wissen, was nach unseren eigenen Ansprüchen uneingeschränkt gut genannt werden kann. Dazu müssen wir nicht auf Erfahrung zurückgreifen. Es genügt die Prüfung unseres eigenen Selbstverständnisses als freie und vernunftbestimmte Wesen. Da wir die Entscheidung nicht von mehr oder weniger äußerlichen Faktoren abhängig machen können, bleibt zunächst nur ein formales Kriterium, nämlich die Bereitschaft, sich an vernünftige Regeln zu halten. Auch hier können wir wieder verschiedene Stufen der Rationalität unterscheiden. Wenn wir ein bestimmtes Ziel erreichen wollen, ist es zwingend, auch die notwendigen Mittel zur Erreichung des Ziels zu wollen. Ansonsten müssen wir das Ziel noch einmal überdenken. Es wäre jedenfalls unvernünftig, zwar das Ziel, aber nicht den Weg dorthin zu wollen – nach dem Motto: „Wasch mir den Pelz, aber mach mich nicht nass." Ebenso kann es ein Ziel geben, das jeder Mensch natürlicherweise verfolgt, z. B. sein Glück; aber die Auffassungen darüber, worin Glück besteht, sind individuell so verschieden und von den jeweiligen Erfahrungen abhängig, dass weder das Glück noch die Wege zum Glück zur Pflicht gemacht werden können. Vernünftigerweise können allenfalls Ratschläge erteilt werden. Aufgrund unserer Erfahrungen bilden wir subjektive Regeln aus, die uns die Entscheidungen im Einzelfall erleichtern, unserem Leben Stetigkeit verschaffen können sowie Verlässlichkeit des Verhaltens für die Mitmenschen garantieren. Derartige Regeln sind zwar allgemein, aber eben doch subjektiv. Kant spricht von Maximen, und das Ziel seiner Suche nach dem Prinzip der Moralität besteht darin, eine Formel zu finden, welche die Überprüfbarkeit derartiger subjektiver Lebensregeln ermöglicht. Sind sie vereinbar mit dem, was unbedingt und auf jeden Fall für den guten Willen und für ein Handeln „aus Pflicht" gelten muss? Damit stoßen wir auf die letzte Stufe der Rationalität, in der Vernunft nicht nur die effizientesten Wege zur Erreichung verschiedener Zwecke und zur Erfüllung unseres natürlichen Bedürfnisses nach Glück weist. Es geht jetzt um den Zweck des vernünftigen Menschen selbst. Wie sind wir in der Lage, selbstbestimmt, als unser eigener, unabhängiger und freier Gesetzgeber für die Regeln unseres Handelns aufzutreten? Das Pflichtgebot tritt uns, sofern wir uns als vernünftige, selbstbestimmte Wesen verstehen wollen, als ein unbedingter Imperativ gegenüber. Der moralische Imperativ muss unbedingt, d. h. kategorisch sein, weil wir ansonsten unsere vernünftige Selbstbestimmung wieder von ungeprüften Bedingungen, von Vorgaben, die nicht in unserer Verfügungsgewalt sind, abhängig machen würden. Da inhaltliche Kriterien nicht zur Verfügung stehen, wird die Form der Gesetzlichkeit selbst Prüfstein der Vernünftigkeit unseres Handelns und zum Kriterium der Moralität. Unabhängig von den inhaltlichen Zielen, die wir verfolgen, sind wir – so Kants allgemeine Formel – aufgefordert, die Maximen unseres Handelns daraufhin zu überprüfen, ob sie als allgemeines Gesetz tauglich sind. Der vielzitierte kategorische Imperativ Kants soll gewährleisten, dass unsere Handlungsregeln mit unserem Selbstverständnis als vernünftige, selbstbestimmte Personen in Einklang zu bringen sind. Kant entwickelt eine Reihe verschiedener Formeln, die unter unterschiedlichen Gesichtspunkten jeweils der Überprüfung unserer Maximen dienen. Neben der schon erwähnten allgemeinen Formel sollen noch drei Varianten des kategorischen Imperativs vorgestellt werden, die geeignet sind, Kants Ansatz zu verdeutlichen.

Der kategorische Imperativ in unterschiedlichen Formeln:

– *Handle nur nach derjenigen Maxime, durch die du zugleich wollen kannst, dass sie ein allgemeines Gesetz werde* (allgemeine Formel).
– *Handle so, als ob die Maxime deiner Handlung durch deinen Willen zum allgemeinen Naturgesetz werden sollte* (Naturgesetzformel).
– *Handle so, dass du die Menschheit sowohl in deiner Person als in der Person eines jeden anderen jederzeit zugleich als Zweck, niemals bloß als Mittel brauchest* (Zweck-an-sich-Formel).
– Das Prinzip des Willens eines vernünftigen Wesen also ist: *keine Handlung nach einer anderen Maxime zu tun als so, dass es auch mit ihr bestehen könne, dass sie ein allgemeines Gesetz sei, und also nur so, dass der Wille durch seine Maxime sich selbst zugleich als allgemein gesetzgebend betrachten könne* (Autonomie-Formel).

Der Aspekt der Allgemeinheit wird in der Analogie der moralischen Gesetze zu Naturgesetzen noch einmal verstärkt. Vernünftige Maximen sollen so gewählt werden, dass sie geeignet wären, die Abläufe in der sozialen Welt quasi mit der Sicherheit und Widerspruchsfreiheit von Naturgesetzen zu regeln. Der Handelnde soll sich also, wenn er für sich Regeln des Verhaltens aufstellt, gleichsam in die Rolle eines Newtons der moralischen Welt versetzen.

Inhaltlicher ist die Formulierung, welche gebietet, den Menschen jederzeit als Zweck-an-und-für-sich-selbst zu respektieren und ihn niemals nur als Mittel zu benutzen. Zunächst einmal muss man beachten, dass die Betonung auf dem Verbot liegt, jemanden ausschließlich, eben *nur* als Mittel zu gebrauchen. Natürlich weiß auch Kant, dass wir in einer arbeitsteiligen Gesellschaft leben, in der wir uns ständig gegenseitig nützlich machen und anderen ebenso als Mittel zu deren Zwecken dienen, so wie wir diese umgekehrt als Mittel zur Erreichung unserer Ziele benutzen. Aber es gibt einen Grad von Ausbeutung und Instrumentalisierung der Mitmenschen, der jeden Respekt vor ihrer Menschenwürde vermissen lässt. In der Kant'schen Terminologie lautet die Verpflichtung, die Menschheit in der Person des anderen, aber auch in der eigenen zu achten. Kant hat in seiner Zeit etwa die Sklaverei oder die Zwangsrekrutierungen der absolutistischen Herrscher als Beispiele vor Augen, heute müssen wir sicher andere Beispiele suchen, etwa die Frage, ob Kinderarbeit oder ausbeuterische Zustände in Sweatshops oder unsicheren Bergwerken moralisch vertretbar sind. Die Zweck-an-sich-Formel ist also besonders geeignet, persönliche Maximen und auch gesetzliche Regelungen daraufhin zu überprüfen, ob sie die eigene Freiheit und die Freiheit der anderen in gleicher Weise respektieren. Freiheit und Selbstbestimmung als elementare Menschenrechte sind die inhaltlichen Aspekte, die sich hinter der Universalisierungsforderung des kategorischen Imperativs offenbaren.

In der Forderung der Autonomieformel, dass sich jeder Wille als allgemein gesetzgebend betrachten können sollte, kommt zum Ausdruck, dass vernünftige Selbstbestimmung nicht als Programm für isolierte Einzelsubjekte gedacht wird, sondern als eine Pflicht, die nicht auf Gefühlen, Antrieben oder Neigungen beruht, sondern ausschließlich „auf dem Verhältnisse vernünftiger Wesen zu einander. [...] Die Vernunft bezieht also jede Maxime des Willens als allgemein gesetzgebend auf jeden anderen Willen und auch auf jede Handlung gegen sich selbst und dies zwar nicht um irgendeines andern praktischen Bewegungsgrundes oder künftigen Vorteils willen, sondern aus der Idee der *Würde* eines vernünftigen Wesens, das keinem Gesetze gehorcht als dem, das es zugleich selbst gibt" ([II–20], S. 67). Die Würde des Menschen sieht Kant also in der Fähigkeit, sich selbst Gesetze zu geben. Diese Würde darf – so Kant – um keinen Preis in Frage gestellt werden.

Grundtenor der Freiheit

Kants Moralphilosophie ist, auch wenn der Begriff der Pflicht zentral ist, vom Respekt vor der Freiheit des Menschen getragen. Freiheit schließt im Verständnis Kants Regeln nicht nur nicht aus, sondern sie fordert diese sogar. Man kann daher mit Kant von einer „wohlgeordneten Freiheit" (vgl. [II–21]) sprechen, zu der wir erst gelangen, wenn wir uns auf den Standpunkt der Vernunft stellen. Die Standpunktüberlegungen, die schon Adam Smiths Ethik kennzeichneten, finden auch bei Kant statt, jetzt allerdings unter dem Vorzeichen der Vernunft, die im gedanklichen Experiment von allen Abhängigkeiten des menschlichen Daseins abstrahiert, die also, wie Kant es ausdrückt, den Menschen sich gleichsam über sich selbst erheben lässt und in die Rolle eines übergeordneten Gesetzgebers versetzt (vgl. [II–20], S. 91).

Die moralische Pflichtenlehre, die Kant weitgehend aus der Tradition übernommen und dann auch in der späten Schrift *Metaphysik der Sitten* detailliert ausgearbeitet hat, gewinnt unter dieser Voraussetzung einen ganz neuen Akzent. Die moralische Pflicht ist nicht eine von fremden Autoritäten oder höheren Instanzen auferlegte Last, sondern stellt sich als Ausdruck von freier, vernünftiger Selbstbestimmung dar. Das Interesse an derartiger Selbstbestimmung teilen alle vernünftigen Wesen in gleicher Weise, und die Verpflichtung auf die selbstgegebenen Regeln verbindet alle in gegenseitiger Achtung voreinander und gibt jedem Einzelnen die Möglichkeit, sich selbst durch sein Handeln einen Wert zu geben (vgl. [II–20], S. 24, 85, 209).

Das Loblied auf die Pflicht bleibt nur verständlich und erträglich, wenn dieser Grundtenor der Freiheit mitgehört wird. Kant will mithilfe der neu entdeckten Formel prüfen, ob unsere persönlichen und traditionellen moralischen Regeln des Verhaltens im Freiheits- und Selbstbestimmungsanspruch vernünftiger Subjekte ihre Begründung finden können. Dazu müssen wir die persönlichen Lebensregeln, die wir gebildet oder übernommen haben (in Kants Terminologie: unsere Maximen), daraufhin testen, ob sie ohne Widerspruch als ein für alle geltendes vernünftiges Gesetz gelten könnten. Wenn ich eine Regel nicht ohne Widerspruch denken kann, dann ist sie als moralisches Gesetz nicht tauglich. Kant gibt das Beispiel eines Versprechens, das ich in der Not gebe. Die Frage ist, ob ich das Versprechen halten will oder es nur gebe, weil ich so ein bestimmtes Ziel, z.B. die Beseitigung eines finanziellen Engpasses, erreichen will. Ich selbst muss mich fragen, ob meine

Festlegung für die Zukunft ernst gemeint ist. Wenn ich ein Versprechen schon, indem ich es abgebe, widerrufe – natürlich innerlich und heimlich, quasi mit den gekreuzten Fingern hinter meinem Rücken –, dann ist der Widerspruch in meinem Verhalten offensichtlich. Eine Maxime, die ein solches Verhalten zur Regel machen wollte, ist als allgemeines Gesetz nicht tauglich, weil sie schon im Ansatz einen Widerspruch enthält. Mit Blick auf die Zweck-an-sich-Formel zeigt sich auch, dass ein lügnerisches Versprechen meinen Verhandlungspartner instrumentalisieren würde. Er würde nur als Mittel zur persönlichen Geldbeschaffung benutzt, aber seine freie Entscheidung, ob er mir das Geld anvertraut oder nicht, durch meine Manipulation torpediert. Auch unter diesem Aspekt würde sich meine Maxime, im Zweifelsfall auch ohne Rückgabeabsicht Geld durch falsche Versprechen zu leihen, als moralisch unqualifiziert erweisen.

Warum wird der historischen Darstellung der Smith'schen Gefühlsethik und der Kant'schen Lehre vom kategorischen Imperativ so breiter Raum gegeben? Die Auseinandersetzung mit den philosophischen Klassikern ist deshalb nach wie vor ergiebig, weil ihre Positionen so gut wie alle modernen Debatten durchziehen und die Sache und das Anliegen der Pflichtethik bei ihnen besonders scharf zutage treten: In einer konfliktreichen Welt, in der wir nur über begrenzte Einsicht verfügen und die Folgen unseres Handelns nur unzulänglich abschätzen können, in der wir nur über begrenzte Mittel verfügen und in der wir außerdem in unseren eigenen Wünschen und Hoffnungen zerrissen und unstet sind, verfügen wir gleichwohl über die Möglichkeit, unserem Leben Halt zu geben, indem wir uns aus freien Stücken, aber konsequent Regeln vorgeben, denen wir uns selbst unterwerfen, wenn wir sie als unsere Pflicht erkannt haben. Nutzenkalkulationen sind damit nicht ausgeschlossen, aber die Fragen der Selbstachtung und des Respekts vor der Freiheit der anderen haben absolute Priorität. Es gibt Grenzen – so die Überzeugung der Deontologen –, die nicht mehr zur Disposition gestellt werden dürfen, auch und schon gar nicht durch die Erwartung möglicher Erfolge. Was würde es nützen, so die religiöse Formulierung dieser Einstellung, wenn ich die ganze Welt gewänne, darüber aber an meiner Seele Schaden nähme? Wenn wir schon in einer Welt leben, in der anscheinend alles zur Disposition steht, dann wollen wir wenigstens nicht die Achtung vor uns selbst verlieren und auch noch die Grundregeln, die Fundamente der Humanität in Frage stellen. Die Berufung auf die Menschenwürde, die in Debatten der Medizinethik, der Bioethik, aber eben auch in den wirtschaftsethischen Fragestellungen erfolgt, markiert in der Regel den Punkt, an dem jede Vorteilsüberlegung ihr Recht verliert und kategorisch ausgeschlossen werden sollte. An Kant und den späteren Deontologen, die sich auf ihn berufen oder die doch zumindest seiner Linie folgen, scheiden sich auch heute noch die Geister. Die Deontologen sehen sich zwar dem Vorwurf des Fundamentalismus und eines realitätsfernen Rigorismus ausgesetzt, sie verstehen sich selbst aber – und häufig zu Recht – als Sachwalter von Menschlichkeit und Menschenpflicht in einer Welt der Beliebigkeiten.

Muss nicht auch der Deontologe mit einer Kollision von Pflichten rechnen? Wenn Kant diese Frage verneint, will er vermutlich nicht bestreiten, dass Menschen in schwere Konflikte geraten können und dass derjenige, der in einem Dilemma steckt, schwierige Entscheidungen zu fällen hat. Was er

Exemplarität der Smith'schen und Kant'schen Positionen

Kollision von Pflichten?

aber ausschließt, ist eine tragische Grundsituation des Menschen, die ihn dazu verdammt, angesichts sich widersprechender Verpflichtungen moralisch scheitern zu müssen, was immer er auch macht. Die moralische Pflicht wird nicht als drückende Last verstanden, sondern als Chance, Ordnung in ein Leben zu bringen und es nach rationalen Regeln zu gestalten. Auch dem Deontologen bleiben Abwägungen nicht erspart, gleichgültig, ob er dabei eher auf eine Schärfung der Urteilskraft oder auf eine systematische Ordnung der Regeln setzt. Hilfreich kann dazu eine Unterscheidung sein, die der Regeldeontologe David Ross (1930) eingeführt hat. Er unterscheidet zwischen *prima-facie*-Geboten, die auf den ersten Blick, also im Prinzip, wenn nichts anderes dagegenspricht, gelten. Sie werden als Beurteilungsprinzipien verstanden. Wozu der Handelnde dann wirklich verpflichtet ist, entscheidet sich erst in der konkreten Konstellation der Prinzipien in einer Entscheidungssituation. Vieles kann einer situationsgebundenen moralischen Intuition überlassen bleiben. Das hat den Vorteil, dass man nicht eine hierarchische Ordnung von einander über- und untergeordneten Regeln aufstellen muss, die leicht allzu starr sein kann, und außerdem ist man nicht gezwungen, alle Regeln nur auf ein einziges Prinzip als Quelle der moralischen Verpflichtung zurückzuführen. Einen solchen moralischen Monismus vertritt Kant, der alle natürlichen Rechte des Menschen auf ein einziges Menschenrecht, das Recht auf Freiheit, gründen will. Ein Pluralist könnte dagegen mehrere Prinzipien nebeneinander gelten lassen, z. B. Freiheit und Gleichheit, ohne sie aufeinander zurückzuführen. Wenn er ihre Respektierung als *prima-facie*-Gebote versteht, müsste er in der konkreten Situation einer gesellschaftlichen Auseinandersetzung (z. B. um die Art der Besteuerung) gleichwohl entscheiden, wie viel Freiheit und wie viel Gleichheit moralisch geboten sind.

Rigorismus der
Pflichtethik?

Adam Smith bezeichnet in seiner Gefühlsethik die Pflicht eher als ein heilsames Mittel für das gemeine Volk. Wenn Kant demgegenüber die Pflicht geradezu gepriesen hat, so blieb dieses Lob nicht lange unwidersprochen. Der zwanghafte Charakter der Pflicht wird mit Vehemenz als Argument gegen die Pflichtethik und speziell gegen Kant als angeblichen Ahnherrn einer Heroisierung von Pflicht und Arbeit ins Feld geführt. Kant ist aber in moralischen Fragen nicht ganz so rigoros und unmenschlich, wie seine Gegner unterstellen. Der schon erwähnte Vorwurf des Dichters Friedrich Schiller, dass sich Neigung und moralische Pflicht für ihn ausschließen, trifft nicht den Kern der Kant'schen Ethik. Kant hat durchaus nichts gegen Freundesdienste aus Neigung, er ist nur der Überzeugung, dass die Neigung keine verlässliche Basis für moralisches Handeln ist und im Konfliktfall sich daran messen lassen müsse, ob sie mit einer neutralen Sicht, mit einem allgemeinen Standpunkt, mit dem „Verhältnis vernünftiger Wesen zueinander" ([II–20], S. 67) in Einklang zu bringen ist.

Kant hat, um noch eine andere Facette des Rigorismusvorwurfs anzusprechen, absolut nichts gegen menschliche Bemühungen, sein Glück zu suchen oder zu machen. Das Verlangen nach Glück gehört für ihn zur menschlichen Natur. Allerdings ist er der Meinung, dass niemand berechtigt ist, sein Glück auf Kosten der Moral zu machen: „[...] die reine praktische Vernunft will nicht, man solle die Ansprüche auf Glückseligkeit *aufgeben*, sondern nur, sobald von Pflicht die Rede ist, darauf gar nicht Rücksicht nehmen" ([II–20], S. 217). Der Deontologe ist dem Glück nicht abgeneigt, aber es gibt für ihn Wichtigeres. Es ist für ihn ganz und gar nicht gleichgültig, wie Glück und Erfolg zustande kommen. Es ist für den Kantianer wesentlich, auch des Glücks *würdig* zu sein. „Ein vernünftiger unparteiischer Zuschauer" – so stellt Kant im Anklang an Adam Smith in seiner *Grundlegung zur Metaphysik der Sitten* fest – würde nicht mit Wohlgefallen ansehen können, dass es einem Schurken ununterbrochen gut geht ([II–20], S. 18).

Geschäftlicher Erfolg auf der Basis von Ausbeutung und Menschenrechtsverletzungen, so die moderne Variante, sorgt für moralische Empörung. Aber ist die moralische Empörung immer berechtigt? Oft sind Zweifel angebracht. Können wir überhaupt die Rolle des unparteiischen Beobachters beanspruchen oder den Standpunkt der Vernunft eindeutig ausmachen? Wie glaubwürdig ist eine Öffentlichkeit, die gleichzeitig und in Personalunion mehrere Rollen übernimmt: die des Anklägers, des unparteiischen Richters und des stillen Teilhabers, der z. B. nolens volens als Konsument von Dumpinglöhnen profitiert? In der Regel sind die Verhältnisse zu komplex, um seine Hände in Unschuld waschen zu können. Eine derzeit laufende Kampagne für „Faire Beschaffung" kann das deutlich machen.

In der Textilindustrie, die weitgehend ihre Produktionsstätten in die Niedriglohnländer Ostasiens oder Mittelamerikas verlagert hat, herrschen zum Teil katastrophale Arbeitsbedingungen. Sie werden immer wieder angeprangert, allerdings lassen sich nur schwer Kontrollen an den Herstellungsorten oder zielgenau ein Kundenboykott bei den Endverkäufern organisieren. Die öffentlichen Institutionen in Deutschland verfügen über eine beachtliche Einkaufskraft, z. B. bei der Beschaffung von Arbeitskleidung für ihre Mitarbeiter. Daher scheint es aussichtsreich zu sein, durch politischen Druck und durch politische Entscheidungen zumindest die Kommunen und staatlichen Organisationen dazu zu bringen, die Vergabe von Aufträgen an die Erfüllung von Mindeststandards etwa in den Punkten Mitarbeiterbehandlung oder Umweltschutz zu knüpfen. So hat z. B. das Land Bremen im November 2009 die Einhaltung der Kernarbeitsnormen der Internationalen Arbeitsorganisation (ILO) als Voraussetzung bei der Beschaffung öffentlicher Güter gesetzlich verankert. Eine Reihe von Kommunen hat ähnliche Beschlüsse gefasst. Allerdings gibt es Probleme bei der Umsetzung, weil es nur wenige deutsche Unternehmen gibt, die sich verpflichten, Sozialstandards bei der Herstellung von Arbeits- und Dienstkleidung einzuhalten, und die dies auch von unabhängigen Instanzen kontrollieren lassen. Der gute Wille allein reicht noch nicht aus, auch die Verhältnisse müssen stimmen, damit der guten Absicht die gute Tat folgen kann. Das zeigt sich auch bei der Verurteilung der Kinderarbeit. Während das Bundesland Bayern 2007 als erstes deutsches Bundesland beschlossen hat, keine Produkte aus ausbeuterischer Kinderarbeit zu beschaffen, scheiterte eine entsprechende Initiative im nordrhein-westfälischen Landtag.

Das Dilemma, dass die Moralität des Vorhabens selbst umstritten ist, zeigt eine NGO-Kampagne, die einerseits die faire Beschaffung propagiert und unterstützt, aber andererseits in einem Artikel darauf hinweist, dass die Beschlüsse der Kommunen gegen ausbeuterische Kinderarbeit nicht wirklich taugten, so richtig sie auch im Ansatz seien. Sie bewirkten, was sie nicht bewirken wollten und sollten. Ein Blick auf die Folgen dieser gutgemeinten Be-

Kinderarbeit in der Wertschöpfungskette

schlüsse der Städte und Gemeinden zeige nämlich, dass die Wurzel des Übels in der Unterbezahlung der Erwachsenenarbeit liege. Solange unterbezahlte und aller Arbeitsrechte beraubte Eltern nicht in der Lage sind, ihre Familien zu ernähren, müssen Kinder mitarbeiten, um nicht zu verhungern. Die Ächtung der Kinderarbeit aber zwinge diese kleinen Arbeiter in die Illegalität und mache sie dadurch nur umso leichter zu Opfern von Ausbeutung (vgl. [II–22]).

Es stellt sich also die Frage, ob die Verfechter dieser Beschlüsse gegen die Kinderarbeit auf der moralisch sicheren Seite stehen oder ob sie sich die Folgen ihrer Handlungen, damit auch die nicht intendierten Nebenfolgen anrechnen lassen müssen. An diesem Punkt setzen die Überlegungen der konsequentialistischen Ethiken ein.

4. Zusammenfassung, Lektürehinweise, Fragen und Übungen

Zusammenfassung

Philosophische Ethik geht davon aus, dass Individuen frei sind und über Handlungsspielräume verfügen. Mündige Menschen sind daher grundsätzlich für ihre Handlungen verantwortlich und sollten in der Lage sein, ihr Handeln mit Vernunftgründen zu rechtfertigen. Weder der Einwand, dass ethische Theorie zu abstrakt sei, noch die These, Theorie sei überflüssig, weil es auf die Praxis ankomme, können überzeugen. Zwei klassische Begründungsstrategien, welche die philosophische Ethik zur Rechtfertigung moralischer Urteile und Entscheidungen entwickelt hat, sind die Tugendethik und die Pflichtethik.

Die Tugendethik, deren Grundzüge auf Aristoteles zurückgehen, war bis zum Beginn der Moderne maßgeblich. Sie setzt auf die individuelle Charakterbildung, welche den Tugendhaften integer handeln lässt und ihm die Anerkennung seiner Mitmenschen verschafft. Gesellschaftliche Zusammenarbeit ist ohne individuelle Tugenden nicht vorstellbar. Gleichwohl sind moderne Gesellschaften regelgesteuert. Ihr Wohlergehen ist weniger von der persönlichen Motivation der einzelnen Mitglieder abhängig als davon, dass sie regelkonform handeln.

Der philosophische Begriff der Pflicht dient als Rechtfertigungs- und Appellationsinstanz der einzelnen Akteure gegenüber positiv geltenden staatlichen oder sozialen Gesetzen. Im Namen der Vernunft wird eine Verpflichtung ausgesprochen, die bindend ist. Nach Adam Smith, der als Handlungsdeontologe angesprochen werden kann, ergibt sie sich aus der Situation, die wir gefühlsmäßig erfassen und unparteiisch beurteilen können. Kant setzt auf die Vernunft als eine verlässlichere Instanz. Wenn wir uns auf den Standpunkt der Vernunft stellen, sehen wir uns als freie und selbstbestimmte Wesen, die gegenseitig ihren Anspruch auf Selbstbestimmung anerkennen und respektieren. Damit das möglich wird, müssen wir unsere persönlichen Handlungsregeln daraufhin überprüfen, ob sie wie Gesetze, d. h. für alle ohne Ausnahme und jederzeit gelten können. Dieses „Müssen" ist ein kategorischer Imperativ, der uns strikt verbietet, unser Glück auf Kosten des Selbstbestimmungsrechts anderer zu verfolgen. Die moralische Pflicht verbietet Menschenrechtsverletzungen und Ausbeutung; sie verlangt, die Lebenschancen anderer nicht zu zerstören, sondern zu fördern.

Lektürehinweise

– Zur Handlungsfreiheit als Voraussetzung von Ethik vgl. Quante ([II–23], S. 165–180); ausführlich und reich an Material sind auch [II–24], [II–25].
– Das Verhältnis von Theorie und Praxis wird am Beispiel der 11. Feuerbachthese ausführlich in [II–26] diskutiert; als Grundfrage des politischen Denkens erörtert Gerhardt das Verhältnis von Idee und Realität in ([II–27], S. 58–93).
– Der aristotelische Begriff der Tugend wird anhand der *Nikomachischen Ethik* vorgestellt von Wolf [II–28], hilfreich zum Verständnis der in der Antike entwickelten Lebenskunst ist Horn [II–29], zur Tugendethik insgesamt die Anthologie von Rippe/ Schaber [II–30]. Eine knappe Darstellung der aktuellen Tugendethik gibt Borchers in [II–31], ausführlicher [II–32]. Ein Klassiker mit einer modernitätskritischen Sicht bleibt [II–33].
– Eine ausführlichere Darstellung der Pflichtethik vom Verf. findet sich in [II–34]. Zu Adam Smith ist die Darstellung von Ballestrem [II–35] zu empfehlen, für Kant bieten sich für eine weiterführende Lektüre die einführenden Biographien von Höffe ([II–36], S. 173 ff.) und Gerhardt ([II–37], S. 183–239), sowie der Kommentar zur *Grundlegung* von Schönecker/Wood [II–38] an. Eine Wirtschaftsethik auf kantischer Grundlage entwickelt Bowie [II–39].
– In knapper Form werden der Ansatz der Tugendethik und der Pflichtethik bei einer Reihe von wirtschaftsethischen Autoren angesprochen, so z. B. bei Crane/Matten ([II–8], S. 86 ff., 96 f.), bei Göbel ([II–40], S. 18 ff.), bei Rippe ([II–41], S. 58 ff., 69 ff.).

Fragen und Übungen

– Was kennzeichnet den Begriff der Tugend?
– Erörtern Sie die Einwände, die aus moderner Sicht gegen das Konzept einer Tugendethik sprechen! Halten sie dennoch eine Wiederbelebung des Tugendbegriffs für sinnvoll?
– Was unterscheidet den Begriff der moralischen Pflicht vom alltagssprachlichen Verständnis von Pflicht?
– Nennen Sie die zentralen Begriffe der Gefühlsethik von Adam Smith! Weshalb kann er als Handlungsdeontologe bezeichnet werden?
– Erörtern Sie den Zusammenhang von gutem Willen, Pflicht und kategorischem Imperativ in Kants Pflichtethik!
– Lässt sich Kants Pflichtethik mit dem Verlangen der Menschen nach Glück in Einklang bringen?
– Halten Sie es für moralisch geboten, den Einkauf von Arbeitskleidung durch die öffentliche Hand von dem Nachweis abhängig zu machen, dass bei der Herstellung nicht auf billige Kinderarbeit zurückgegriffen wurde?

III. Individualethik – auf der Suche nach dem Standpunkt der Moral

Eine große Nähe zum Denken der Ökonomen hat die philosophische Position des Utilitarismus, der sich an dem zu erwartenden größtmöglichen Nutzen für die Gesellschaft insgesamt orientiert. Er ist die bekannteste Spielart des Konsequentialismus, der Handlungen nach ihren Folgen bewertet. In der gegenwärtigen Ethik verdienen zwei weitere Richtungen schon deshalb die besondere Aufmerksamkeit der Wirtschaftsethik, weil sie den Fokus auf politisch-öffentliche Fragen lenken. Das ist zum einen die Theorie der Gerechtigkeit, die John Rawls im Rückgriff auf die ursprünglich in der Staatsphilosophie beheimatete Vertragstheorie entwickelt hat. Zum anderen spielt in den gegenwärtigen öffentlichen Debatten die Diskurstheorie eine große Rolle, mit der vor allem Jürgen Habermas und Hans Otto Apel das Thema „öffentlicher Vernunftgebrauch" neu belebt haben. Am Ende der Übersicht über die wichtigsten normativen Theorien wird die Frage nach dem verpflichtenden Charakter des „moral point of view" erneut aufgenommen.

1. Konsequentialismus – der rationale Egoist, der größtmögliche Nutzen und das Gemeinwohl

Der Blick auf die Folgen entscheidet darüber, ob eine Handlung gut oder schlecht ist. Das ist der gemeinsame Nenner, der die verschiedenen Ausprägungen einer konsequentialistischen Ethik eint. Die Beurteilung der Folgen kann aus einer individuellen Perspektive oder im Hinblick auf die Gesamtheit der Betroffenen erfolgen. Für beide fehlt es an klaren Maßstäben und einheitlichen Zielen. Hinzu kommen grundsätzliche Probleme der konsequentialistischen Ethiken, auf welche die Vertreter der Pflichtethik mit einem gewissen Recht hinweisen. Es geht dabei um die Frage, ob jedes Mittel, das zum Ziel führt, auch recht ist. Heiligt der Zweck, oder der Erfolg, die Mittel? Nicht nur die Dignität der Ziele, sondern auch die moralische Zulässigkeit der Mittel steht auf dem Prüfstand. Trotz dieser Schwierigkeiten ist aber der Konsequentialismus diejenige unter den ethischen Positionen, welche der Lebenswirklichkeit und dem moralischen Alltagsverstand am meisten entgegenkommt. Auch die Entscheidungsträger in der Wirtschaft werden in der Regel an den Folgen ihres Handelns gemessen, obwohl wir im privaten Bereich durchaus geneigt sind, den guten Willen und nicht die unbeabsichtigten Folgen zum Kriterium der moralischen Beurteilung zu machen. Es lohnt sich also, der Frage der Verantwortung für die Folgen genauer nachzugehen.

Zunächst sollen die beiden Varianten des Konsequentialismus vorgestellt werden, die in der Wirtschaftsethik die größte Rolle spielen: der rationale Egoismus und der Utilitarismus. Es braucht dabei nicht besonders betont zu werden, dass speziell diese beiden Versionen der konsequentialistischen Ethik dem ökonomischen Denken nahestehen und in der Regel auch in den wirtschaftsethischen Diskussionen dominieren.

1.1 Rationaler Egoismus

Im alltäglichen moralischen Denken hat das Wort „Egoismus" einen negativen, unmoralischen Beiklang, während auf der moralischen Seite der „Altruismus" angesiedelt wird, als die Bereitschaft, an andere zu denken, sich für andere einzusetzen und im Extremfall sich für andere aufzuopfern. Demgegenüber benutzt der Ethiker den Begriff des rationalen Egoisten neutral. Er sieht, dass der Handelnde sich die Ziele seines Handelns zu eigen macht, dass er *seine* Ziele verfolgt. Sofern es sich nicht um einen Egozentriker handelt, sondern um jemanden, der über Vernunft verfügt und rational handelt, wird er erstens an dauerhaftem Erfolg interessiert sein und zweitens wissen, dass er auf das Wohlwollen und die Hilfe anderer angewiesen ist, um erfolgreich zu sein. Die Kunstfigur des rationalen Egoisten meint also eine Person, die erfolgreich ihre eigenen Zwecke verfolgt, dabei aber durchaus die fachlichen und sozialen Kompetenzen zeigt, auf die eine moderne Gesellschaft angewiesen ist (vgl. [III–1], S. 37–43; [III–2], S. 54–73). Dazu gehört, dass der rationale Egoist Mittel und Wege zu finden weiß, um seine Ziele zu erreichen. Wer Erfolg haben will, muss sein Handwerk beherrschen und mit seinem Handwerkszeug umgehen können. Wenn es um den Umgang mit Menschen geht, hat der Begriff der instrumentellen Vernunft allerdings einen negativen Beigeschmack. Menschen sollten nicht instrumentalisiert werden. Der kluge Egoist wird sich deshalb hüten, Menschen das Gefühl zu geben, sie würden von ihm ausgenutzt. Er kann aber sehr wohl das Potential abschätzen, das in ihnen steckt, und er wird es verstehen, seine Ziele durch kluge Menschenführung zu erreichen: durch geschickte Auswahl der Mitarbeiter und Partner und durch den geschmeidigen Umgang mit den Menschen, auf deren Hilfe und Mitarbeit er angewiesen ist. Vom rationalen Egoisten darf man annehmen, dass er in erster Linie an sich selbst denkt und seine eigenen Ziele verfolgt. Er fragt: Was liegt in meinem eigenen Interesse? Was liegt im Interesse meiner Firma? Er ist aber klug genug zu erkennen, dass er die Interessen anderer einkalkulieren muss. Im Umgang mit ihm muss man also wissen, was man will, um nicht ins Hintertreffen zu geraten, und man muss wissen, was man von ihm erwarten kann und was nicht. Aber es wäre falsch, ihm eo ipso Unmoral zu unterstellen. Immerhin vermag der rationale Egoist sich in die Rolle anderer zu versetzen, und er ist bereit, schon im eigenen Interesse auch deren Interessen zu respektieren.

Rational heißt also, er denkt die Dinge zu Ende und stimmt seine Ziele so ab, dass ein Interessenausgleich stattfindet. Er holt für sich und seine Leute, seine Firma das Beste heraus, aber er ist klug genug, gegebenenfalls Konfliktfälle nicht so auf die Spitze zu treiben, dass sie für alle Beteiligten, ihn selbst eingeschlossen, ruinös werden. Im günstigsten Fall ist er in der Lage, einen Konflikt in eine Win-win-Situation zu verwandeln. Daher wird in der Wirtschaftsethik, z. B. von Karl Homann und seinen Schülern, an diese Figur angeknüpft, wenn wirtschaftliches und moralisches Denken miteinander verbunden werden sollen (vgl. [III–3], S. 47 ff.; [III–4], S. 53 ff.).

Kooperation von
Egoisten

Was geschieht, wenn mehrere rationale Egoisten aufeinandertreffen? Jeder von ihnen weiß, dass soziale Kontakte und soziale Zusammenarbeit nach dem Prinzip der Gegenseitigkeit funktionieren. In eher frivoler Form lautet die Formel bekanntlich: „Eine Hand wäscht die andere." Seriöser wird die erwartete Gegenseitigkeit in dem alten Grundsatz *Do, ut des* (Ich gebe, damit du gibst) ausgedrückt oder in der Goldenen Regel, die in fast allen Kulturen bekannt ist. Diese mahnt das Prinzip der Reziprozität an und lautet in negativer Formulierung: „Was du nicht willst, das dir man tu, das füg' auch keinem anderen zu"; oder in der positiven Variante: „Alles nun, was ihr wollt, das euch die Leute tun sollen, das tut ihr ihnen auch" (z. B. im Neuen Testament, Matthäus 7,12). Allerdings soll nicht behauptet werden, dass die Goldene Regel oder das im Neuen Testament artikulierte Prinzip der Nächstenliebe („Liebe deinen Nächsten wie dich selbst") dem Ziel einer wechselseitigen Förderung unter Egoisten diente. Die strategische Komponente, welche in der Kooperation von Egoisten enthalten ist, erreicht nicht die universale Dimension, welche der moralische Standpunkt verlangt. Immerhin ist aber eine Ausweitung der individualistischen, nur auf sich selbst und seine eigenen Interessen konzentrierten Sichtweise erreicht. Insofern bietet die Kooperation von Egoisten die Chance, dass alle Beteiligten sich zur Erreichung ihrer jeweiligen Ziele verhelfen. Wenn sie nur klug sind, können sie ausreichend Vorkehrungen treffen, um sich gegenseitig die Angst zu nehmen, von der anderen Seite instrumentalisiert und ausgenutzt zu werden. Man schließt Verträge, um sich gegenseitig Sicherheit für die Zukunft zu geben und möglichst eindeutig und unmissverständlich Leistungen und Gegenleistungen festzulegen. Der moralischen Forderung *pacta sunt servanda* wird aber zusätzlich Nachdruck verliehen, indem man heute, unter den Bedingungen funktionierender Staatlichkeit, für den Streitfall einen Gerichtsstand festlegt. Die Hinterlegung eines Pfandes, die Vereinbarung von Konventionalstrafen, der Austausch von Geiseln sind z. B. Mittel, welche von alters her der moralischen Verpflichtung zur Einhaltung der Verträge zusätzlich Nachdruck verleihen sollen. Offensichtlich muss man der Gefahr vorbeugen, dass eine erneute Kalkulation des vom Vertrag zu erwartenden Nutzens die Parteien auf den Gedanken bringen könnte, dass es vorteilhafter sei, nach dem Erhalt der versprochenen Leistungen den Vertrag zu brechen, um ihren Teil der Verpflichtung nicht mehr einzuhalten (vgl. [III–5], S. 147 ff.; [III–2], S. 61 ff.).

1.2 Der Utilitarismus

Während der rationale Egoist an seinen eigenen privaten Vorteil denkt, ist die Perspektive des Utilitaristen erweitert und auf das soziale Umfeld gerichtet. Der Name leitet sich vom lateinischen *utilis* (nützlich) ab. Als Prinzip der Moral dient die Nützlichkeit einer Handlung, und zwar für die Allgemeinheit. Ihr Wert wird also nicht in sich selbst, sondern ausschließlich nach ihren Folgen bemessen. Insofern ist der Utilitarismus eine Spielart des Konsequentialismus. Es geht nicht um den privaten Nutzen für die eigenen Zwecke, sondern um den größtmöglichen Nutzen für die Gesellschaft insgesamt oder, wie es Jeremy Bentham (1748–1832), einer der Gründerväter dieser im 19. Jahrhundert entstandenen philosophischen Richtung, formuliert hat, um das größte Glück der größten Zahl („the greatest happiness of the greatest number"). John Stuart Mill (1806–1873), der in der Öffentlichkeit und im englischen Parlament vehement für soziale Reformen und für die Frauenemanzipation stritt, publizierte 1861 seine klassische Verteidigungsschrift *Der Utilitarismus* zunächst als Artikelserie. Zum einzigen Kriterium des moralisch richtigen Handelns wird die Frage gemacht, ob das allgemeine Glück gefördert wird oder nicht. Damit formuliert Mill die Grundüberzeugung aller Utilitaristen, für die das allgemeine Wohl mehr zählt als das eigene Glück oder als das Glück von Einzelnen.

Versucht man, den gemeinsamen Nenner der durchaus unterschiedlichen utilitaristischen Ansätze zu fassen, so lassen sich vier Grundannahmen festhalten: 1. Es zählen für die moralische Bewertung nur die Folgen einer Handlung, nicht die Eigenart der Handlung selbst. 2. Es zählt nur der Nutzen für das in sich Gute. 3. In sich gut ist die Erfüllung der menschlichen Bedürfnisse, ihrer Interessen, ihr Glück und die Vermeidung von menschlichem Leid. 4. Es zählt das Glück aller, die von der Handlung betroffen sind. Die utilitaristische Moral verpflichtet ihre Anhänger auf das allgemeine Wohlergehen (vgl. [III–6], S. 285).

In dieser Ausweitung der Perspektive auf die Allgemeinheit liegt die besondere moralische Pointe dieser philosophischen Richtung. Außerdem bringt die Fixierung auf die Folgen es mit sich, dass die Erfahrung in dieser normativen ethischen Theorie eine zentrale Rolle spielt; denn die Folgen einer Handlung lassen sich nur empirisch feststellen, und die Frage, worin denn das intendierte Wohlergehen oder Glück liegt, ist ebenfalls nur empirisch zu beantworten. Die Verbindung von universalistischer Ausrichtung und Erfahrungsbezogenheit hat dazu geführt, dass der Utilitarismus speziell für den Bereich der Ökonomie attraktiv ist und in der angelsächsischen Welt zur dominierenden ethischen Theorie aufsteigen konnte. Allerdings führte eine Reihe von Schwierigkeiten zu lebhaften internen Debatten, in deren Verlauf es zu Präzisierungen kam.

Von Anfang an war die Vorstellung des Guten umstritten. So verstand Jeremy Bentham unter Glück ausschließlich sinnliche Empfindungen, die er zudem quantitativ zu erfassen suchte, um die Unterschiede gegeneinander abwägen zu können. In einer Art von hedonistischem Kalkül ermittelt er Freuden und Schmerzen in sieben Dimensionen, nach Intensität, Dauer, Gewissheit, Nähe, Folgenträchtigkeit, Reinheit und Wirkungsradius. Eine Generation später sah John Stuart Mill, dass die Quantifizierung von Glück selbst auf der elementaren Stufe der Sinnlichkeit kaum stringent durchzuführen war und dass die hedonistische Position Benthams zu kurz griff, um der Differenziertheit menschlicher Glücksvorstellungen gerecht zu werden. Berühmt ist seine Formulierung, dass ihm ein unzufriedener Sokrates lieber wäre als ein zufriedenes Schwein. Die Einführung von qualitativen Unterschieden bringt nicht nur zusätzliche Schwierigkeiten für das Problem der Messbarkeit von Glück, sondern auch für die Formulierung des utilitaristischen Kriteriums. Wenn ich, wie die Utilitaristen, die Förderung des Wohlergehens und des Glücks der Allgemeinheit zum Kriterium der Moral mache, dann muss ich auch angeben können, was dieses Glück ausmachen soll. Außerdem stellen sich immer wieder neu die Frage der Vergleichbarkeit und die Notwendigkeit, das Glück der einen gegen das Glück der anderen abzuwägen.

Unterschiedliche Auffassungen zu der Frage: Was ist gut?

Intuitionismus

Am Anfang des 20. Jahrhunderts hat George E. Moore versucht, die Moral durch eine Wertlehre zu ergänzen, welche es erlauben würde, die guten von den schlechten Folgen zu unterscheiden. Auf einer elementaren Ebene, wenn es z. B. um die Vermeidung von Leid in Form von Schmerz, Hunger, Krankheit und Not geht, ist sicher auch schnell ein allgemeines Einverständnis zu gewinnen. Der Utilitarismus würde sich dann auf die Verpflichtung zur Vermeidung und Begrenzung von Schaden beschränken. Das ist sicher ein wichtiges Element der Moral, ist aber zu wenig, wenn gefordert ist, das allgemeine Wohlergehen aktiv zu fördern. Wir brauchen Kriterien oder geteilte Intuitionen, die uns angeben, welche Faktoren ein Leben zu einem guten Leben machen, damit wir in unseren Handlungen darauf hinwirken können. In der modernen pluralistischen Gesellschaft besteht diese selbstverständliche Einheit in der Vorstellung von einem guten Leben aber nicht mehr. Geht es auf einer anspruchsvolleren Ebene um die Bewertung von Lebensqualität oder um geistige Ansprüche, so stößt der von Moore favorisierte Intuitionismus an seine Grenzen. Wir sind uns nicht intuitiv einig in unseren Bewertungen.

Präferenzen

Mangels eines objektiven Maßstabes bietet es sich dann an, wieder auf die Ebene der Erfüllung von Wünschen und Präferenzen überzugehen. Wirtschaftswissenschaftler, die an einer konkreten Umsetzung der utilitaristischen Ethik interessiert sind, haben so zum Beispiel bei wirtschafts- und sozialpolitischen Maßnahmen die Möglichkeit, den Erfolg oder Misserfolg mit sozialwissenschaftlichen Methoden zu überprüfen. Es lässt sich quantitativ feststellen, in welchem Ausmaß die geäußerten Wünsche der Menschen Erfüllung finden. Allerdings wird es dann wieder zum Problem, dass die Wünsche der Menschen unsinnig bis abartig sein können. Angesichts der Unbeständigkeit und Vorläufigkeit der geäußerten Wünsche kann man dem Versuch von John Harsanyi Sympathie entgegenbringen, zu den wahren Präferenzen vorzustoßen. In seiner Version des Präferenzutilitarismus sucht er mit einer idealisierten Fragestellung nach den eigentlichen Wünschen, die „eine Person haben *würde*, falls sie über alle einschlägigen Kenntnisse verfügte, ihre Überlegungen mit der größtmöglichen Sorgfalt anstellte und sich in einer für eine rationale Entscheidung günstigen psychischen Verfassung befände" (zit. nach [III–7], S. 96). Die so erschlossenen Präferenzen sind vermutlich vernünftiger, leider aber empirisch auch schwieriger erfassbar.

Handlungs- und
Regelutilitarismus

Man unterscheidet in den moralphilosophischen Debatten zwischen Handlungs- und Regelutilitarismus. Der Handlungsutilitarist fragt nach den Auswirkungen seiner Handlung in einer ganz bestimmten konkreten Situation. Ein Beispiel: Der Autofahrer, der nachts auf autofreier und menschenleerer Straße bei Rot eine Kreuzung überquert, verspricht sich von der Regelverletzung Vorteile: Zeit gewinnen und eine längere Nachtruhe, wohl wissend, dass es im Allgemeinen besser ist, sich an die Straßenverkehrsordnung zu halten. Die positiven Folgen lassen in dieser Situation bei ihm aber keine Skrupel über die eingesetzten Mittel aufkommen. Das kann allerdings in anderen Fällen ganz anders aussehen. Wenn man nämlich ausschließlich die Folgen einer Handlung zum Kriterium für deren moralische Beurteilung macht, hat das die Konsequenz, dass es keine Rolle mehr spielt, auf welchem Wege das Ziel schließlich erreicht wird. Wenn ich eine Steigerung des öffentlichen Wohls auf verschiedenen Wegen erreichen kann, dann macht es aus Sicht des Handlungsutilitaristen keinen Unterschied, ob diese Mittel legal oder illegal, fair oder unfair waren. Der Zweck heiligt in jedem Fall die Mittel, selbst wenn das Ergebnis im Extremfall durch ein Verbrechen zustande kommt. Wir sind dann an dem Punkt angelangt, den am Anfang des 18. Jahrhunderts Bernard de Mandeville mit seiner *Bienenfabel* in satirischer Form zum Ausdruck gebracht hatte. Mit dem bezeichnenden Untertitel *private vices, public benefits* formulierte er seine These, dass der Wohlstand und die Macht moderner Staaten nicht von der Tugend ihrer Bürger abhängen, sondern aus Lastern wie Stolz, Luxus und Betrügereien resultieren. Diese absurde Konsequenz für eine Moraltheorie, dass nämlich die öffentliche Wohlfahrt genauso gut durch Laster wie durch Tugenden erreicht werden kann, führte dazu, dass in der neueren Diskussion der Handlungsutilitarismus durch einen Regelutilitarismus ersetzt wurde. Dieser zieht statt der einzelnen Handlungsfolgen den Nutzen einer Regel als Kriterium für die Moralität heran. Die Frage lautet jetzt also, welche Regel am nützlichsten ist. Wenn es im Allgemeinen dem größten allgemeinen Wohl dient, die Wahrheit zu sagen, dann sollte ich auch in einer Situation, in der es nach meiner Einschätzung vorteilhafter ist zu lügen, gleichwohl der Regel folgen, stets die Wahrheit zu sagen. Dasselbe gilt für das Anhalten vor Verkehrsampeln, die Rot zeigen.

Allerdings hat auch der Regelutilitarismus mit Problemen zu kämpfen, die sich zum einen aus der Bewertung der Folgen ergeben, zum anderen aus offenen Gerechtigkeitsfragen, die mit der Verteilung des Gesamtnutzens zusammenhängen. So spielt es eine Rolle, ob die tatsächlichen oder nur die zu erwartenden Folgen berücksichtigt werden. Die Nähe oder Ferne der Folgen, die Wahrscheinlichkeit ihres Eintretens, das Ausmaß der möglichen Vorteile oder Schäden sind von ebenso großer Bedeutung wie die Frage, wen diese Konsequenzen treffen – etwa bei Verteilungsfragen. Sind es die Ärmsten der Armen, sind es alle in gleichem Maße oder die oberen Zehntausend? Die Fokussierung auf den Gesamtnutzen lässt extreme Ungleichheiten in der Verteilung des Wohlergehens und in der Ermöglichung von Glück zu, da ja nur das allgemeine Wohlergehen für die moralische Bewertung eine Rolle spielen soll. Das widerspricht elementaren Vorstellungen von Gerechtigkeit. Für den moralischen Common Sense spielt auch die gesellschaftliche Güterverteilung eine große Rolle, und zumindest einige neuere utilitaristische Autoren versuchen, dem entgegenzukommen, indem sie Elemente einer Verteilungsgerechtigkeit in die allgemeine Nutzenmaximierung einfügen (vgl. [III–8]; dazu insgesamt [III–7]).

Die Vielfalt der utilitaristischen Positionen und die Lebhaftigkeit der internen Debatten können hier nur angedeutet werden. Dank ihrer Affinität zu wirtschaftsethischen Überlegungen (vgl. [III–9]) tauchen sie immer wieder in neuen Kontexten auf. An dieser Stelle muss es genügen, die zentralen Punkte des Utilitarismus festzuhalten: Es geht bei der moralischen Bewertung von Handlungen um das allgemeine Wohl. Es zählen also die Interessen und das Glück aller Betroffenen. Das Ziel einer Maximierung des Nutzens wird an den Folgen des Handelns gemessen und verlangt nach geeigneten Regeln, um das intendierte Gute verlässlich zu erreichen.

2. Vertragstheorie – Gerechtigkeit als Fairness (John Rawls)

Der Vertragsgedanke in der Staats- philosophie

Ein kurzer Exkurs in die politische Philosophie kann verdeutlichen, dass mit dem Vertragsgedanken stets auch öffentlich-rechtliche und moralische Implikationen verbunden sind. Bekanntlich hat die Vertragstheorie in der neuzeitlichen politischen Philosophie eine große Rolle gespielt. Autoren wie Thomas Hobbes, John Locke, aber auch Jean-Jacques Rousseau und Immanuel Kant versuchten mit ihrer Hilfe die Frage zu klären, wie Menschen, welche die Natur offensichtlich nicht mit einem verlässlichen Sozialtrieb ausgestattet hat, gleichwohl in Frieden miteinander leben können, wenn sie denn nur von ihrer Vernunft Gebrauch machen (vgl. [III–10]). Trotz aller Unterschiede im Einzelnen sehen diese politischen Theoretiker die Legitimität einer bürgerlichen Ordnung darin, dass der Staat dank des ihm übertragenen Gewaltmonopols den Schutz der elementaren Rechte aller Bürger, ihres Lebens, ihrer Freiheit und ihres Besitzes ([III–11], S. 65), gewährleistet. Dank dieser Sicherheit durch eine staatliche Ordnung kann der Einzelne sich von der Befürchtung frei machen, er sei der Willkür der anderen ausgeliefert. Die Pointe der politischen Vertragstheorien lag darin, dass sie dank der historischen Fiktion eines ursprünglichen Vertrages den normativen Gedanken, dass ein einmal geschlossener Vertrag einzuhalten sei, mit dem Gedanken der Freiwilligkeit eines Vertragsabschlusses verbinden. Wer freiwillig einen Vertrag abschließt, weiß, was er tut, und muss sich die Folgen selber zurechnen. Gemäß dem alten Rechtsspruch „Volenti non fit iniuria" geschieht ihm kein Unrecht, wenn die Verpflichtungen aus dem Vertrag eingefordert werden. Der Gedanke der rechtmäßigen Verpflichtung wird zusätzlich mit der Idee einer vernünftigen Interessenkalkulation der Individuen verbunden. Sie können für sich Freiheit, Sicherheit und Wohlstand am besten dadurch sichern, dass sie sich staatlicher Gewalt unterwerfen. Das Argument, dass es im vernünftigen Interesse jedes Einzelnen liege, seine Freiheit den Beschränkungen einer bürgerlichen Ordnung zu unterwerfen, weil nur so diese Freiheit in Einklang mit dem Anspruch auf Sicherheit und mit der Hoffnung auf Glück und Wohlstand zu bringen sei, machte die Faszination der Vertragstheorien im Zeitalter der Vernunft aus. Allerdings beschränkte sich diese Legitimation auf einen Minimalstaat, und es gelang nicht – angesichts der Oszillation des unterstellten Vertrags zwischen historischer Fiktion und moralischem Ideal –, den mit der Vertragsidee verbundenen normativen Anspruch gegen skeptische Einwände glaubhaft zu verteidigen: Es gibt, bis auf Ausnahmen, keinen historischen Vertragsabschluss, von Freiwilligkeit kann bei der Mehrzahl derer, die ungefragt den Gesetzen unterworfen sind, kaum die Rede sein und selbst von der allgemeinen Vorteilhaftigkeit ist wenig zu spüren, wenn der Besitz weniger Reicher vor dem Zugriff der Menge der Armen geschützt wird. Daher hat die Vertragstheorie in der politischen Philosophie nach dem 18. Jahrhundert weitgehend ihre Bedeutung verloren. Sie erlebte allerdings eine Renaissance im Bereich der Sozialphilosophie. Seit dem Erscheinen von John Rawls' (1921–2002) vieldiskutiertem Buch *A Theory of Justice* (1971, dt. *Eine Theorie der Gerechtigkeit* 1975) liefert sie ein fundiertes Denkmodell für die Erörterung der Probleme sozialer Gerechtigkeit. Der

Vertragsgedanke gewinnt wieder eine neue, über die Fragen rationaler Vorteilskalkulation hinausgehende Bedeutung auch für die moralischen Fragen der Wirtschaftsethik. Ausgerechnet in einer Situation, in welcher der Utilitarismus die theoretischen Debatten dominierte mit seinem Anspruch, das Wohl der Allgemeinheit zum entscheidenden Kriterium der Moralität zu erheben, wurde von John Rawls der Gedanke der Gerechtigkeit als Fairness wieder erfolgreich ins Spiel gebracht.

John Rawls war der Überzeugung, dass die Ethik sich zunehmend als unfähig erweist, den moralisch bedeutsamen Phänomenen in modernen Gesellschaften gerecht zu werden (vgl. [III–12], S. 39). Armut, Bildungsdefizite, medizinische Unterversorgung, gesellschaftliche Ausgrenzung und hohe Kriminalität können nicht als moralische Probleme einzelner Personen abgetan werden; ebenso wenig sind Lösungen im Zuge privater karitativer Maßnahmen zu erwarten. Gegen den Utilitarismus, der zwar auf das Gesamtwohl einer Gesellschaft zielt, wendet er ein, dass Individualrechte und gesellschaftliche Verteilungsprobleme vernachlässigt werden. Aus seiner Sicht muss das Thema „Gerechtigkeit" deshalb neu und zwar als soziale Fragestellung aufgenommen werden. Er hat den Eindruck, dass es in der modernen Marktgesellschaft nicht fair zugeht, weil ganze Gruppen faktisch chancenlos sind, auch wenn offiziell die liberalen Grundrechte die Grundlage dieser Gesellschaft sind. Aber die soziale Wirklichkeit entspricht nicht dem liberalen Credo, welches Freiheit, Gleichheit und Solidarität (Brüderlichkeit) aller Bürger in die demokratischen Verfassungen schreibt. Wenn die US-amerikanische Verfassung beispielsweise für jeden die Möglichkeit fordert, nach eigenen Vorstellungen sein Glück zu machen (*pursuit of happiness*), so bedeutet das immerhin, aber auch nur, dass der Staat auf die Sicherung der negativen Freiheit verpflichtet wird. Der Akzent liegt auf der Sicherung der Abwehrrechte gegen einen staatlichen Zugriff, d. h. der Garantie von körperlicher Unversehrtheit und Besitz, Presse- und Meinungsfreiheit, Religionsfreiheit und Vereinigungsfreiheit. Es ist Sache des Einzelnen, von diesen garantierten Freiheiten auch Gebrauch zu machen. Entsprechend wird die Vorsorge gegen Armut, Arbeitslosigkeit, Krankheit und geringe Lebenserwartung im Wesentlichen als eine individuelle Aufgabe angesehen. Misserfolge und ein Scheitern in diesen Punkten werden daher weitgehend als persönliches Versagen erlebt und bewertet. Die ebenso ironische wie provokante Frage, warum nur die Bettler unter den Brücken schlafen und nicht die Reichen, obwohl doch alle das gleiche Recht dazu haben, wird unter diesen Voraussetzungen gar nicht erst gestellt. Im angloamerikanischen Raum wird im Allgemeinen eine Wirtschaftsordnung, die formal die gleichen Rechte sichert und gleiche Pflichten auferlegt, für gerecht gehalten. Keinesfalls wird die Ungleichheit der Erfolge den Institutionen zur Last gelegt. Rawls macht dagegen die unfaire Sozialordnung für die extremen Unterschiede in der Gesellschaft und für die faktische Ausgrenzung eines großen Teils der Bevölkerung verantwortlich. Was hat seine Gerechtigkeitstheorie, die offensichtlich dem wirtschaftsliberalen und utilitaristischen Mainstream-Denken widerspricht, gleichwohl so erfolgreich und einflussreich gemacht? Rawls verbindet einen moralischen Grundgedanken, den auch die Anhänger unterschiedlicher und konkurrierender Weltanschauungen billigen können, mit einem methodischen Instrumentarium, das eine enge Anbindung an zweck-

Gerechtigkeit als Fairness

rationales und speziell wirtschaftswissenschaftliches Denken erlaubt. Seine Gerechtigkeitskonzeption ist geeignet, gesellschaftliche Grundordnungen moralisch zu bewerten. „Der Grundgedanke ist der, dass die sozialen Werte, das an sich Gute institutioneller, gesellschaftlicher und gemeinschaftlicher Tätigkeit durch eine Gerechtigkeitsvorstellung erklärt werden soll, deren theoretische Grundlage individualistisch ist" ([III–13], S. 297).

Urzustand und
Schleier der
Unwissenheit

Wann sind gesellschaftliche Ordnungen so gerecht, dass jedes Mitglied eine faire Chance hat, ein lebenswertes Leben zu führen? Zur Klärung dieser Frage schlägt Rawls analog zu den politischen Vertragstheorien ein gedankliches Experiment vor. Es soll eine „gesellschaftliche Ausgangssituation" („original position") vorgestellt werden, in der die Rollen noch nicht festgelegt sind und freie und gleiche Vertragspartner erst eine Gesellschaftsordnung mit unterschiedlichen Positionen aushandeln müssen. Auf dieser Ebene gibt es noch keine Interessengegensätze, weil noch keiner die Position kennt, die er in der zukünftigen Gesellschaftsordnung einnehmen wird. Es soll zwar in der zu konzipierenden Gesellschaftsform unterschiedliche Positionen und Rollen geben, aber niemand weiß, welche Rolle er selbst in der Gesellschaft einnehmen wird. Ein „Schleier des Nichtwissens" („veil of ignorance") sorgt dafür, dass jeder damit rechnen muss, auch die schlechteste Position einnehmen zu müssen. Daher wird jeder der Beteiligten ein Interesse daran haben, auch die schlechteste Position noch so auszustatten, dass sich darin leben lässt. Vorausgesetzt sind nur „bestimmte allgemeine Bedürfnisse wie die nach gesellschaftlichen Grundgütern [...]" ([III–13], S. 296). Daher kann man auch davon ausgehen, dass in diesem „Urzustand" unter vernünftigen Menschen noch Einmütigkeit in der Gerechtigkeitsvorstellung herrscht. Störende Elemente wie Neid, Hass und Missgunst fehlen auf dieser Stufe. Die gedankliche Ausgangsposition wird bewusst so gewählt, dass durch die Abstraktion von individuellen und situativen Besonderheiten „die notwendige Unabhängigkeit von den bestehenden Verhältnissen" ([III–13], S. 296) erreicht wird. Methodisch entspricht also Rawls' Urzustand dem Standpunkt des unparteiischen Beobachters, den etwa David Hume und Adam Smith als Basis für moralische Urteile empfehlen. Auch wenn wir es bei den dann folgenden gedanklichen Schritten auf dem Wege zu einer gerechten Grundordnung mit rational agierenden Egoisten zu tun haben, so steckt doch in den Grundannahmen des Ausgangspunktes im Urzustand, der durch den Unwissenheitsschleier gegen alle späteren egoistischen Tendenzen abgeschottet ist, der Standpunkt der Moral. Die in der „original position" garantierten Fairnessvorstellungen des Common Sense gehen in die Gerechtigkeitsbedingungen ein, welche die Rahmenbedingungen der Verfassungsentscheidung darstellen (vgl. [III–10], S. 274).

Kontrafaktisch wird also ein Urzustand mit folgenden Kennzeichen angenommen: Ein Schleier des Nichtwissens in Bezug auf die persönlichen ökonomischen Verhältnisse, auf die eigene soziale Position und auf spezielle Anlagen und Bedürfnisse sorgt dafür, dass die Grundsätze des zukünftigen Zusammenlebens so ausgewählt werden, dass diese im Interesse aller Beteiligten liegen. Es wird unterstellt, dass im Urzustand alle Menschen gleich in ihren Teilhaberechten und auch in gleicher Weise vernünftig sind. Zusätzlich zur Annahme von Gleichheit und Rationalität wird noch der Störfaktor

„Emotionalität" ausgeschaltet: Das Verhältnis der Vertragschließenden untereinander ist von einem gegenseitigen Desinteresse geprägt. Im Urzustand ruiniert sich niemand aus Liebe oder Leidenschaft, niemand wird von Hass oder Neid zu unsinnigen Handlungen getrieben oder führt einen Rosenkrieg bis zum bitteren Ende. Der hypothetische Ausgangspunkt ist kein Nachteil, sondern ein gewollter Vorgriff, um ausgehend von der Vorstellung der Gerechtigkeit als Gleichheit, die natürlich eine unrealistische Annahme ist, gleichwohl die Möglichkeit zu haben, systematisch befriedigende Erklärungen für die Abweichungen von dieser Grundvoraussetzung zu gewinnen. Auch Galilei geht vom Paradigma einer gleichförmigen Bewegung aus und gewinnt so erst die Möglichkeiten, unterschiedliche Fallgeschwindigkeiten nach einem Gesetz zu erklären. Unter diesen Voraussetzungen der „original position" kann Rawls jetzt hypothetisch, aber gleichwohl in der Hoffnung auf eine eindeutige und allgemein einleuchtende Antwort fragen, welcher Verteilung der Grundgüter vernünftige Menschen im Urzustand einvernehmlich zustimmen würden.

Die Präferenzen der Menschen im Urzustand beziehen sich – wie gesagt – mangels Kenntnis der persönlichen Interessen und Zwecke „auf diejenigen sozialen Güter [...], die im allgemeinen für die Befriedigung menschlicher Zwecke und für die Verwirklichung menschlicher Lebenspläne als grundlegend gelten" (vgl. [III–14], S. 287). Unter diesen Grundgütern („primary social goods") versteht Rawls sowohl politische Grundrechte und bürgerliche Freiheiten als auch Lebenschancen in Form von Machtpositionen, gesellschaftlichem Status und ökonomischem Einkommen. Die Letzteren nämlich stellen für ihn die sozialen Bedingungen der Selbstachtung dar.

Grundgüter

Die allgemeine Vorstellung der Gerechtigkeit verlangt nun, dass diese Grundgüter gleichmäßig verteilt werden, allerdings mit der Einschränkung, dass eine ungleiche Verteilung dann erlaubt ist, wenn sie jedermann zum Vorteil gereicht. Denn da diese Grundgüter nicht als festes Kontingent zur Verteilung anstehen, sondern weitgehend erst durch gesellschaftliche Zusammenarbeit hergestellt und verfügbar gemacht werden müssen, hat es Sinn, die besonders Begabten oder Befähigten zum allgemeinen Vorteil zu privilegieren. Das leuchtet im Urzustand, in dem ja qua Voraussetzung noch keine Neiddebatten stattfinden, jedem als vernünftig ein.

Daher spaltet Rawls die allgemeine Gerechtigkeitsvorstellung noch einmal in zwei Grundsätze auf, weil die Verteilung der bürgerlichen Freiheiten und politischen Rechte sich von der Verteilung sozialer und ökonomischer Grundgüter unterscheidet. Der erste Grundsatz verlangt für jedermann das gleiche Recht auf die Grundrechte und Grundfreiheiten, sofern diese mit den Grundfreiheiten für alle anderen vereinbar sind. Der zweite Grundsatz, der die Verteilung sozialer und wirtschaftlicher Grundgüter regeln soll, verlangt, soziale und wirtschaftliche Ungleichheiten nur dann zuzulassen, wenn sie erstens zu jedermanns Vorteil dienen und sie zweitens mit Positionen und Ämtern verbunden sind, die jedem offenstehen. Wichtig ist, dass der erste Grundsatz absoluten Vorrang haben soll. Größere gesellschaftliche und wirtschaftliche Vorteile können also nicht Verletzungen der gleichen Grundfreiheiten ausgleichen. Der zweite Grundsatz, der Anlass zu vielen weiteren Debatten gegeben hat, wird von Rawls weiter präzisiert. Das sogenannte Differenzprinzip (*difference principle*) legt fest, dass Ungleichheiten immer dann legitim sein sollen, wenn sie eine bessere Zusammenarbeit in der Gesellschaft bewirken und am Ende auch zu einer Besserstellung gerade der schwächsten Gruppe führen. Es soll ein Minimaxprinzip gelten, nach dem bei jeder Besserstellung das Minimum bei der am schlechtesten gestellten Gruppe zu maximieren ist, damit eine ungleiche Verteilung überhaupt als gerechtfertigt angesehen werden kann.

Diese grundsätzlichen politischen Fragen haben Auswirkungen auf die Wirtschaft: Selbst wenn es faktisch so ist, dass sich die Wirtschaftsakteure um Gewinnmaximierung und nicht um Fragen der Verteilung kümmern, werden sie doch von den Gerechtigkeitsdebatten spätestens dann eingeholt, wenn – wie in den aktuellen Diskussionen – ihre Gewinne oder Boni allgemein als so unverschämt angesehen werden, dass man dafür plädiert, sie wegzusteuern. Im Unterschied zu den wenig realistischen hypothetischen Überlegungen, die John Rawls nahelegt, geht die Diskursethik von einem tatsächlichen Dialog konkreter Subjekte aus.

3. Diskursethik – vom moralischen Wert eines geordneten Verfahrens

Die Diskursethik ist eine vor allem mit den Namen Karl-Otto Apel und Jürgen Habermas verbundene Richtung der Ethik, welche ihre Prinzipien aus den Voraussetzungen einer ehrlichen und vernünftigen Kommunikation gewinnen will. Statt des einsamen Denkens, das von der idealistischen Bewusstseinsphilosophie zum Zentrum gemacht worden sei, sollen die Sprache und der konkrete Dialog als Mittelpunkt und Paradigma der Ethik dienen. Dieser „linguistic turn" ist ein wichtiger gemeinsamer Nenner der Diskursethik, die hier nur in ihren gemeinsamen Grundzügen vorgestellt werden soll. In der Wirtschaftsethik hat vor allem Peter Ulrich diese Anstöße aufgenommen. Seine Darstellung kann daher als Leitfaden dienen.

Kommunikatives Ethos als Voraussetzung der Diskursethik

Es geht darum, die moralischen Implikationen jeder vernünftigen Argumentation als Grundelemente einer kommunikativen Vernunft herauszuarbeiten. Jede rationale Verständigung, so der systematische Ansatzpunkt, setzt ein kommunikatives Ethos voraus. Ausgehend von dem Ideal eines idealen Dialogs und einer idealen Kommunikationsgemeinschaft kann so der Standpunkt der Moral diskursethisch interpretiert werden. Ethik tritt dann nicht mehr als Hüterin der Moral, sondern als „Hüterin der Rationalität im moralischen Diskurs" ([III–15], S. 82) auf. Mit anderen Worten: Es wird nicht auf einen feststehenden Kanon moralischer Werte zurückgegriffen, sondern angenommen, dass im Verlauf eines derartigen öffentlichen Diskurses Normen herausgearbeitet werden. Was sind die Implikationen des idealen Dialogs? Der Prozess der gemeinsamen Suche nach zumutbaren Ergebnissen eines Interessenkonfliktes ist selbst schon geprägt von den Kriterien eines idealen Dialogs. Dazu gehört, dass jeder der Teilnehmer sich um Unparteilichkeit bemüht, dass mit vernünftigen Argumenten überzeugt und nicht mit rhetorischen Mitteln überredet wird, dass ferner kein Druck ausgeübt wird, sondern ausschließlich der „eigentümlich zwanglose Zwang des besseren Arguments" (Habermas, zit. nach [III–15], S. 83) zählt, und schließlich, dass alle Teilnehmer ihren Sachverstand einbringen und nur Positionen vertreten, hinter denen sie ehrlich stehen.

Das Ethos, das aller rationalen Verständigung zugrunde liegt, unterscheidet sich insofern von der weithin üblichen Erfolgsorientierung, als die Menschen in erster Linie als Personen anerkannt werden, zwischen denen eine vernünftige Verständigung grundsätzlich möglich ist. Sie werden in verständigungsorientierter Einstellung als Subjekte mit eigenständigen und legitimen Ansprüchen gesehen, nicht als Gegenspieler, die man besiegen muss oder mit denen man allenfalls Zweckbündnisse schließt.

Man kann – mit Peter Ulrich (vgl. [III–15], S. 82 ff.) – drei weitere normative Leitideen der Diskursethik unterscheiden. Zu dem schon angesprochenen Ethos der Verständigung (1) kommen ein Interesse an legitimem Handeln (2), eine mehrstufige Verantwortungskonzeption (3) sowie die Annahme, dass der öffentliche Diskurs als der eigentliche Ort der Moral in der modernen Gesellschaft zu gelten habe (4).

Normative Leitideen der Diskursethik

Die Punkte sollen kurz erläutert werden: (2) Der Diskursethiker verfolgt zwar seine Ziele, aber er stellt sie immer unter den Vorbehalt, dass die legitimen Ansprüche anderer nicht verletzt werden. Moralische Rücksichten haben Vorrang gegenüber den eigenen Ansprüchen. Dieser Legitimitätsvorbehalt bedeutet die Bereitschaft, die Ansprüche aller Betroffenen in die Überlegungen einzubeziehen und auf ihre Berechtigung hin zu überprüfen. Der Diskursethiker fragt einerseits, ob die voraussichtlichen Folgen seines Tun gegenüber allen Betroffenen zu verantworten sind – insofern ist er Konsequentialist; andererseits ist für ihn der deontologische Gesichtspunkt maßgeblich, wenn er sich fragt, ob die moralischen Rechte aller Betroffenen, also z. B. ihre Menschenwürde, respektiert werden. Entscheidend ist seine Einstellung, die nicht eindimensional auf die Durchsetzung der eigenen Ansprüche ausgerichtet ist, sondern in reflexiver Einstellung der Prüfung konkurrierender moralischer Ansprüche anderer Vorrang einräumt.

(3) Um zu einer Verständigung zu kommen, muss er versuchen, im konkreten Diskurs mit den Betroffenen einen Konsens zu erzielen. Das ist aber häufig gar nicht möglich. Wenn z. B. die Auswirkungen auf Unmündige oder zukünftige Generationen geprüft werden sollen, stehen diese prinzipiell als Diskurspartner noch gar nicht zur Verfügung. Es bleibt also gar nichts anderes übrig, als stellvertretend für sie, quasi in einsamer Reflexion, einen fiktiven Dialog zu führen. Nicht viel besser stellt sich die Situation dar, wenn pragmatische Gründe einen realen Dialog verhindern. Es ist häufig aus räumlichen, zeitlichen, technischen oder finanziellen Gründen gar nicht möglich oder zumutbar, die potentiell Betroffenen einer Maßnahme oder eines Projekts in eine Prüfung der unterschiedlichen Ansprüche einzubeziehen. Es bleibt dann ebenfalls nur der Versuch, stellvertretend ihre vermutlichen Positionen gedanklich bei der Entscheidungsfindung zu berücksichtigen. Für den realen Dialog bleibt also nur dann Raum, wenn ein überschaubarer Kreis in zumutbarer Weise angesprochen und gehört werden kann und wenn außerdem die wechselseitige Bereitschaft zur Verständigung tatsächlich vorhanden ist. Diese letzte Bedingung ist ja bekanntermaßen keineswegs selbstverständlich. Es ist aber nicht nur unzumutbar, sondern auch moralisch fragwürdig, bei fehlender Verständigungsbereitschaft den guten Willen der Beteiligten ohne Rücksicht auf die praktischen Folgen zu unter-

stellen. Auch der Diskursethiker kann offensichtliche Böswilligkeit nicht ignorieren, ohne sich und andere dem Machtwillen derer, die zur Verständigung gar nicht bereit sind, auszuliefern. Für die Frage der Verantwortlichkeit muss die Diskursethik also ein abgestuftes Konzept bereithalten. Die normativen Bedingungen diskursiver Verständigung können je nach den Gegebenheiten nur näherungsweise realisiert werden. Strittig ist allerdings, wieweit die Hindernisse und bestehenden Zwänge als Fakt hingenommen oder vom Diskursethiker, der ja weiß, dass der von ihm propagierte ideale Dialog kontrafaktisch konzipiert ist, kritisch in Frage gestellt werden können und müssen. In jedem Fall verweisen diese Schwierigkeiten schon auf die Notwendigkeit einer institutionellen Verankerung derartiger Verständigungsversuche. Das führt direkt auf den öffentlichen Diskurs, der in der modernen Gesellschaft zum Ort der Moral geworden ist.

(4) Die Diskursethik verbindet traditionelle Auffassungen von Vernunft, welche die Argumentation im philosophischen Dialog leitet, mit der modernen Konzeption einer debattierenden politischen Öffentlichkeit. Die Spannung, die zwischen dem Vernunftanspruch und den tatsächlich öffentlich stattfindenden Auseinandersetzungen besteht, soll durch den Diskurs überbrückt werden. Er vermittelt zwischen Vernunft und Öffentlichkeit, indem er die Vernunft in das Forum der Gesellschaft verlagert bzw. die gesellschaftlichen Verständigungsprozesse zur Vernunft bringt. Im Unterschied zum traditionellen Dialog, der die Unterredung von zwei oder einigen wenigen, direkt miteinander sprechenden Personen zur Lösung eines Sachproblems bezeichnet, zielt der Diskurs in erster Linie auf eine Verständigung, welche durch einen öffentlichen und im Prinzip unbeschränkten, für jedermann frei zugänglichen Austausch von Argumenten erreicht werden soll. Angesichts der Vielzahl der Stimmen, die in der öffentlichen Auseinandersetzung laut werden, gewährleistet der Diskursgedanke die Orientierung an den Grundbedingungen, welche eine Verständigung über Handlungsnormen überhaupt erst möglich machen und die jedem Bemühen um eine argumentative und gewaltfreie Austragung von Konflikten erst Sinn und Richtung geben. Wenn der normative Dissens über moralische Fragen in der modernen Gesellschaft nicht mehr im privaten Gespräch oder in der persönlichen Beratung geklärt, sondern als öffentlicher Diskurs ausgetragen wird, heißt das: Jeder muss in der Lage sein, sein eigenes oder das Verhalten der Organisation, für die er spricht (Parteien, Kirchen, Gewerkschaften, Firmen), in der Öffentlichkeit zu rechtfertigen, und zwar mit Argumenten, die weitgehend für alle nachvollziehbar oder zumindest allen vermittelbar sind. Derjenige, der sich auf höhere Einsicht, auf ein nur ihm zugängliches Expertenwissen oder auf traditionelle Autoritäten zurückziehen will, bekommt Schwierigkeiten, weil er sich so der öffentlichen Rechtfertigung entzieht und den Verdacht weckt, dass er nicht willig oder fähig ist, öffentlich mit Argumenten Rede und Antwort zu stehen. Nicht nur Kirchenmänner, Technokraten und Manager tun sich traditionell schwer mit diesem Anspruch einer so weitgehenden Publizität, welche niemanden aus dem öffentlichen Diskurs ausschließt, der glaubt, er könne ein Argument dazu beitragen, auch wenn er von der praktischen Umsetzung oder auch von den Folgen einer Entscheidung, etwa ihren Kosten, wenig versteht oder nicht direkt betroffen ist. Wie jeder Fußballtrainer muss auch der Unternehmer, Banker oder Bischof begreifen, dass er in

Prinzip der Publizität

der Öffentlichkeit steht und mit Kritik, aber auch mit ungebetenen Ratschlägen oder Vorwürfen rechnen muss. Die negativen Begleiterscheinungen der Öffentlichkeit weisen auf die Kluft hin, die zwischen einer idealen Kommunikationsgemeinschaft und den real stattfindenden Kampagnen, Kämpfen und auch echten Debatten besteht. Der Hinweis auf die Orientierung an den normativen Grundlagen eines idealen Diskurses ist aber genauso wenig überflüssig wie der Versuch, diesen durch institutionelle Rahmenbedingungen (wie z. B. Pressegesetze, Veröffentlichungspflichten für Aktiengesellschaften usw.) eine feste Verankerung in der Gesellschaft zu verschaffen. Allerdings wird man zugeben müssen, dass die Forderung nach einer Orientierung am idealen Diskurs häufig mit den Bedingungen realer Institutionen kollidiert. Statt der propagierten unbegrenzten Offenheit haben Institutionen z. B. den Zweck, die Kommunikation zu begrenzen, etwa durch Verfahrensregeln und die Beschränkung von Partizipationsrechten. Der Prozess der Argumentation kann pragmatisch betrachtet nicht unbegrenzt zugänglich sein und beliebig lang offengehalten werden, weil er schließlich zu konkreten Ergebnissen gebracht werden muss. Der Zwang zum strategischen Denken und zu schnellen Entscheidungen, dem Unternehmer und Manager in besonderer Weise unterworfen sind, spricht zunächst gegen die Idee der Diskursethik, alle potentiell Betroffenen in einem zwanglosen öffentlichen Diskurs zu Wort kommen zu lassen und auf einen für alle zumutbaren und akzeptablen Konsens hinzuarbeiten. Auf den zweiten Blick zeigt sich aber nicht selten, dass sich in einer modernen Gesellschaft mit funktionierender Öffentlichkeit Vorhaben nicht mehr mit der sprichwörtlichen Brechstange durchsetzen lassen und dass an die Stelle eines gewaltsamen „railroadings" eine frühzeitige Einbeziehung der Öffentlichkeit und unterschiedliche Formen eines runden Tisches zwischen den Beteiligten und Betroffenen nicht nur fairer, sondern auch erfolgversprechender ist. Das macht die Diskursethik trotz der ungelösten Spannungen zwischen dem moralischen Ideal, der institutionellen Ebene und der gesellschaftlichen Öffentlichkeit auch für den Bereich der Wirtschaftsethik attraktiv.

4. Der Standpunkt der Moral als Basis und Verpflichtung

Bei der Vorstellung und kurzen Erörterung der wichtigsten normativen ethischen Theorien hat sich gezeigt, dass keine dieser Positionen einen Alleinvertretungsanspruch erheben kann. Ihre Überzeugungskraft ist nicht nur von Person zu Person unterschiedlich, sondern schwankt auch mit der Wahrnehmung und Einschätzung der zur Entscheidung herausfordernden Situation. Alle aufgeführten Positionen sind aber bemüht, den Standpunkt der Moral zur Geltung zu bringen, wenn auch mit unterschiedlichen Akzenten. Trotz unterschiedlicher Begründungen werden daher häufig dieselben Handlungsempfehlungen ausgesprochen.

Die zentralen Aspekte der unterschiedlichen normativen Positionen können abschließend noch einmal in tabellarischer Form vor Augen geführt werden (nach [III–16], S. 105, Figur 3.6).

Ethische Theorie	Zentrale Frage	Zentraler Wert	Im Fokus
Tugendethik	Wie verhält sich eine anständige Person, um ein insgesamt gutes und in sich stimmiges Leben zu führen?	Integrität	Guter Charakter
Deontologische Ethik	Sind die berechtigten Ansprüche anderer respektiert?	Pflichterfüllung	Guter Wille
Konsequentialismus	Was ist zu tun, damit bestimmte Folgen aus meinem Handeln resultieren?	Positive soziale Konsequenzen	Konsequenzen des Handelns
Rationaler Egoismus	Mit welchen Mitteln kann ich am besten die eigenen Ziele verwirklichen?	Langfristige Sicherung des eigenen Wohls/der eigenen Interessen	Eigennutz
Utilitarismus	Mit welchen Mitteln kann ich am besten das allgemeine Wohl fördern?	Maximaler Nutzen für die Gesamtheit	Soziale Folgen
Gerechtigkeitstheorien	Was steht jedem als das Seine zu?	Recht und Gerechtigkeit	Die Sicherung elementarer Rechte jedes Einzelnen und ein fairer Interessenausgleich
Diskurstheorie	Wie lässt sich durch die freie Zustimmung aller ein Konsens erreichen?	Sicherung der Freiheiten und Ansprüche jedes Einzelnen im öffentlichen Diskurs	Die gegenseitige Anerkennung und Respektierung unter freien Bürgern

Im Zusammenhang der Begründungsstrategien bleiben vor allem zwei Fragen offen. Was kennzeichnet den „moral point of view" und weshalb soll er verpflichtend sein? Es geht also darum, dass wir auch dann, wenn wir moralische Entscheidungen oder Begründungen nicht teilen, gleichwohl gute Gründe haben können, den handelnden Personen Moralität zuzusprechen. Wir teilen mit ihnen die grundsätzliche Überzeugung, dass moralische Gesichtspunkte maßgeblich für das Handeln der Menschen sein sollten. Das gilt übrigens nicht nur für den, der gute Gründe für eine andere Beurteilung oder Handlungsweise als die von uns gebilligte zu haben glaubt, sondern auch für den, der zwar anders gehandelt hat, aber der doch grundsätzlich die Verpflichtung der Moral anerkennt und gleichwohl – möglicherweise erst im Nachhinein – zu der Überzeugung gelangt ist, dass sein Handeln moralisch falsch war. Auch er vertritt einen moralischen Standpunkt. Um bei dem Beispiel einer Produktionskette zu bleiben, deren Erfolg auf Ausbeutung oder Kinderarbeit beruht: Der Utilitarist glaubt, die Kinderarbeit deshalb in Kauf nehmen zu dürfen, weil sein Handeln insgesamt zu überwiegend positiven Folgen führt. Zum Beispiel werden schlechtere Alternativen wie „verhungern lassen" oder „in die Prostitution treiben" vermieden, und langfristig kann im Zuge der industriellen Entwicklung mit einer Verbesserung der sozialen Bedingungen gerechnet werden. Auch als überzeugter Deontologe, der ausbeuterische Formen von Kinderarbeit in keinem Fall für vertretbar hält, muss und kann ich zugestehen, dass beim Utilitaristen Grundsätze der Moral das Denken und Handeln bestimmen und in die Argumentation eingehen. Was also kennzeichnet den gemeinsamen Standpunkt der Moral, wenn es möglich ist, inhaltlich unterschiedlich zu urteilen?

Der Fall läge anders, wenn jemand den moralischen Anspruch grundsätzlich als unberechtigtes Ansinnen zurückweisen würde. Er könnte versuchen, seine Einstellung wie folgt zu verteidigen: „Warum sollte es mich kümmern, dass die billigen T-Shirts, Turnschuhe oder Fußbälle, die mir ein unbekümmertes Mitmachen in der Spaßgesellschaft ermöglichen, sich dem Elend und den Tränen ferner Kinder verdanken? Ich will das gar nicht wissen und brauche mich auch gar nicht moralisch zu rechtfertigen, solange diese Waren auf den Märkten legal angeboten werden." Vielleicht wird das in der Realität niemand so offen vertreten, sondern lieber stillschweigend praktizieren. Aber für den Ethiker bleibt die Figur des rationalen Amoralisten, der sich auf den Standpunkt stellt, es gebe für ihn keine moralische Verpflichtung, eine Herausforderung. Gibt es zwingende Argumente, die eine solche Einstellung als falsch erweisen? Weshalb also ist der „moral point of view" verpflichtend? Die Beantwortung dieser Fragen ist für den Wirtschaftsethiker wichtig, damit die Differenz des spezifisch Moralischen etwa zum ökonomischen Denken festgehalten werden kann.

The moral point of view, so lautet ein klassisch gewordener Buchtitel des Philosophen Kurt Baier (1958), ist ein Standpunkt, der eng mit dem philosophischen Anspruch verbunden ist, mithilfe der Vernunft begründet über das richtige und falsche Handeln, über Gut und Böse urteilen zu können. Wenn dem moralischen Standpunkt Priorität zugesprochen und er sorgfältig von Überlegungen der Zweckmäßigkeit oder der Klugheit unterschieden wird, so hängt das damit zusammen, dass alle Versuche, unser Verständnis von moralischem Handeln an natürliches oder kluges Verhalten zu binden, zugleich bedeuten, dass ein grundsätzlicher Konflikt zwischen Natur und Vernunft, Glück und Moral, individueller Klugheit und umfassender Weisheit kaschiert oder weginterpretiert wird. Da diesem Punkt für unser Verständnis von Wirtschaftsethik zentrale Bedeutung zukommt, lohnt es sich, noch einmal kurz auf die Argumente der Philosophen einzugehen. Man kann dazu historisch vorgehen, wie Peter Ulrich im zweiten Kapitel seiner *Integrativen Wirtschaftsethik* (1997), oder eher systematisch, wie Kurt Bayertz anhand der Frage: *Warum überhaupt moralisch sein?* (2004).

Zunächst zu Peter Ulrich, der ohne explizite geschichtsphilosophische Ansprüche, aber in der Tradition von Hegel und der Kritischen Theorie die Geschichte der Ethik als einen Prozess fortschreitender Universalisierung und Generalisierung versteht. Er verfolgt den Weg von der Goldenen Regel und dem jüdisch-christlichen Gebot der Nächstenliebe über Adam Smiths unparteiischen Zuschauer, Kants kategorischen Imperativ und das Verallgemeinerungskriterium des Regelutilitarismus bis hin zur Diskur-

Kennzeichen für den Standpunkt der Moral

Historisch

stheorie. Die Entwicklung ist in seinen Augen durch zwei Kennzeichen charakterisiert: die fortschreitende Verallgemeinerung des Reziprozitätsprinzips und den zunehmenden Übergang von einer strategischen zu einer ethischen Reziprozität (vgl. [III–15], S. 57 ff.). Was ist damit gemeint? Grundvoraussetzung moralischen Denkens sind die Fähigkeit und Bereitschaft, sich in die Situation anderer Menschen zu versetzen. Daher bin ich in der Lage, mein Handeln so einzurichten, dass ich – z. B. beim Tauschhandel – meine eigenen Zwecke erreiche, indem ich den Bedürfnissen anderer Rechnung trage. Handelt es sich bei dem Prinzip der Gegenseitigkeit zunächst um ein Geben und Nehmen zum gegenseitigen Vorteil mit der strategischen Zielrichtung: „Ich gebe, damit du gibst" (lat. *do ut des*), so ist diese enge Verbindung schon gelockert, wenn im Sinne der christlichen Nächstenliebe die Werke der Caritas um des Reiches Gottes willen getan werden, weil wir ja schließlich alle Kinder Gottes sind. Schrittweise wird der Blickwinkel ausgeweitet und die Sichtweise der anderen in mein Denken einbezogen. Übergang zu ethischer Reziprozität bedeutet, dass am Ende dieser Entwicklung nicht mehr die eigene Vorteilserwartung, sondern die gegenseitige Anerkennung der berechtigten Ansprüche auf Selbstbestimmung und die Erfüllung der elementaren Bedürfnisse auch der anderen stehen.

Den zweiten Strang der Entwicklung sieht Ulrich in der Ausweitung des Kreises derer, die in die moralischen Ansprüche einbezogen werden. Am Anfang haben wir es bei der Goldenen Regel mit zwei konkreten Personen zu tun, die gegenseitig ihre Situation vergleichen und sich die gleichen Ansprüche zugestehen. In der antiken Ethik des Aristoteles, einer Standesethik der (männlichen) freien und gleichen Bürger eines Stadtstaates, weitet sich die gegenseitige Verpflichtung auf alle griechischen Mitbürger aus. Dieses Verhältnis der Gegenseitigkeit wird schließlich auf alle Menschen ausgeweitet und als universaler Anspruch formuliert. Am Ende dieser Ausdifferenzierung steht ein universales Verständnis von Moral. Die Ansprüche aller Menschen werden in gleicher Weise in die moralische Reflexion einbezogen. Die Dinge moralisch sehen heißt, nicht nur anzuerkennen, dass alle Menschen gleiche elementare Rechte haben, sondern auch zu akzeptieren, dass allen Menschen gegenüber eine moralische Verpflichtung besteht, und zwar für jeden und jederzeit. Historisch lässt sich also feststellen, dass seit der europäischen Aufklärung nur derjenige beanspruchen kann, einen moralischen Standpunkt einzunehmen, der gewillt ist, seine unmittelbaren Handlungsimpulse daraufhin zu überprüfen, ob sie denn mit den gleichberechtigten Ansprüchen aller anderen Menschen zu vereinbaren sind. Es genügt nicht mehr, nur die eigene Verwandtschaft, die eigene Gruppe, die Mitglieder des eigenen Standes oder des eigenen Volkes als gleichberechtigte Träger und Adressaten von moralischen Ansprüchen zu respektieren. Zu dem universalen Anspruch der Moral kommt, daran sei noch einmal erinnert, ihr verpflichtender Charakter hinzu. Moral schreibt Verhalten vor, sie hat einen präskriptiven Charakter. Von anderen normativen Ansprüchen (z. B. rechtlichen, kultischen) unterscheiden sich moralische Vorschriften durch die Universalität und Generalität, mit denen ihre Forderungen geltend gemacht werden. Ziel der Ethik ist es, einen objektiven Standpunkt zu gewinnen, der für alle Gültigkeit beanspruchen kann.

Wenn die einzelnen ethischen Theorien um eine zwingende Begründung für moralisch richtiges oder falsches Verhalten ringen, suchen sie eine Antwort auf die Frage: „Was soll ich tun?" Es geht darum zu klären, was in einer bestimmten Konfliktsituation moralisch vertretbar ist. Kann ich eine bestimmte Handlungsweise verantworten? Ist eine bestimmte Forderung der Moral, der ich mich verpflichtet fühle oder die mir angetragen wird, berechtigt und zumutbar? – Angesichts der Zumutung, die moralische Forderungen darstellen können, und angesichts der Verschiedenheit der Normen, die mir mit unterschiedlichen Begründungen begegnen, kann die Frage nach der Moral aber auch radikaler gestellt werden: „Warum überhaupt moralisch sein?" Es geht nicht mehr um eine Orientierung im Einzelfall, sondern insgesamt um den verpflichtenden Charakter von Moral. Auch wenn die Frage provozierend klingt und die Bereitschaft zur Aufkündigung moralischen Verhaltens zu signalisieren scheint, verdient doch derjenige eine Antwort, der ehrlich fragt, weil er gegen Konventionen aufbegehrt oder den Eindruck hat, dass moralisches Verhalten ausgenutzt wird. Erst recht muss eine Antwort gefunden werden, wenn die Frage die Provokation eines Skeptikers darstellt, der aus der Unterschiedlichkeit philosophischer Begründungen die Relativität und Subjektivität der Moral ableitet und diesen Befund mit Beliebigkeit und Unverbindlichkeit ihrer Ansprüche gleichsetzt. Im Wirtschaftskontext ist nicht nur die Berufung auf die Subjektivität der Moral eine beliebte Strategie, um sich moralischen Ansprüchen zu entziehen, sondern auch der schon angesprochene Amoralismus ist stark vertreten, der Verhalten nach dem Eigeninteresse für grundsätzlich berechtigt und für die einzig rationale Strategie hält. Warum soll ich moralisch sein – so die Devise, die schon Platon den zeitgenössischen Sophisten zuschrieb –, wenn es mir nichts nützt?

Systematisch: Warum moralisch sein?

Um gegen derartige Einwände gewappnet zu sein und um sich der eigenen moralischen Einstellung sicher sein zu können, suchen wir zwingende oder zumindest gute Gründe, die es jedem nahelegen, den Standpunkt der Moral einzunehmen und damit freiwillig die Verfolgung seiner Ziele unter den Vorbehalt zu stellen, dass die moralischen Ansprüche anderer nicht tangiert sind. Warum sollte jemand ohne Not diese Einschränkungen seines Willens auf sich nehmen? Wer den verpflichtenden Charakter von Moral ernsthaft anzweifelt oder ablehnt, lässt sich nicht mit internen Gründen wie z. B. dem Hinweis auf Üblichkeiten, Konventionen oder implizite Regeln des Handelns und der Kommunikation abspeisen. Sie überzeugen nur den, der schon auf dem Boden der Moral steht. Aber auch externe Gründe haben wenig Überzeugungskraft, weil sie meist an Voraussetzungen gebunden sind, die nicht mehr selbstverständlich sind. Auf externe Gründe greift derjenige zurück, der zur Begründung der Moral z. B. auf Gott, die Natur oder die Vernunft als übergeordnete Instanzen verweist: Du sollst moralisch sein, weil Gott es will, weil es natürlich ist und nur natürliches Verhalten zu einem glücklichen und sinnvollen Leben führt oder weil es die Vernunft fordert. Jeder dieser Versuche einer externen Begründung hat seine eigenen Schwierigkeiten. Die Gebote Gottes haben nur für den Verbindlichkeit, der an Gott glaubt. Daher greift die religiöse Begründung nicht bei allen. Die Berufung auf die Natur als Richtschnur des Handelns hat in dem Maße an Glaubwürdigkeit verloren, wie die normativen Implikationen des teleologischen Naturbegriffs als soziale Projektionen durchschaut wurden. Was als

Interne und externe Gründe

Zweck oder Ziel der Natur deklariert wurde und die Verpflichtung auch für menschliches Handeln vorgeben sollte, wie etwa die „natürliche" Herrschaft der Besten oder die Entfaltung *aller* Anlagen des Menschen, erweist sich als prüfungsbedürftig, wenn das Sein nicht einfach das Sollen vorgeben soll. Wenn die Evolution die Entwicklungsgesetze der Natur bestimmt und die natürliche Auslese darüber entscheidet, wer überlebt, so rechtfertigt das noch lange keinen Sozialdarwinismus, der als Richtschnur sozialen Handelns „the survival of the fittest" als moralisches Ziel rechtfertigt. Die Natur kann in der Moderne nicht mehr als selbstverständliche Norm gelten. Sie muss, um es mit einer Formulierung im Anklang an Kant zu sagen, genauso vor dem Richterstuhl der Vernunft gerechtfertigt werden wie die Tradition, die Religion oder das Recht. Kann also wenigstens die Vernunft als externe Begründung für die Moral dienen? Sollen wir moralisch sein, weil wir vernünftig sind? Aus Kant'scher Sicht ist die Vernunft ein Standpunkt, den einzunehmen wir uns genötigt sehen. Aber die Vernunft, die bei Kant als Begründung dient, ist schon moralisch aufgeladen: Sein Vernunftbegriff betrifft schon das „Verhältnis vernünftiger Wesen zueinander", das durch gegenseitigen Respekt und die wechselseitige Anerkennung der Menschen als freie und selbstbestimmte Wesen gekennzeichnet ist. Wer in diesem Sinne vernünftig ist, ist damit selbstverständlich auch moralisch.

Der rationale
Amoralist

Wer allerdings die Vernunft vor allem als Instrument sieht, erfolgreich seine Interessen durchzusetzen, wird keinen Grund sehen, die (Selbst-)Verpflichtung zu übernehmen, die ihm der dialogische Vernunftbegriff Kants auferlegt. Dass diese Mentalität nicht nur der Kunstfigur des rationalen Amoralisten in philosophischen Lehrbüchern vorbehalten ist, kann schon ein Blick in Managementratgeber und Fachbücher für Betriebswirtschaft zeigen. Managern wird z. B. angeraten, eine Rangliste derjenigen (Stakeholder) anzulegen, die von den Aktivitäten des eigenen Unternehmens betroffen sind und mit Ansprüchen gegenüber dem Unternehmen auftreten könnten. Das Kriterium für die Berücksichtigung ihrer Interessen soll die jeweilige Fähigkeit sein, dem Unternehmen Widerstand entgegenzusetzen und seine Pläne zu durchkreuzen. Wenn aber die Macht der Kontrahenten das Kriterium für die Anerkennung ihrer Ansprüche ist, nicht deren Berechtigung, dann ist das vielleicht aus individueller Sicht strategisch klug, aber sicher nicht vernünftig im Sinne einer moralischen Vernunft. Es bleibt also ein Gegensatz bestehen zwischen einer subjektiven Rationalität bzw. einer instrumentellen Vernunft, die sich durch strategisches Denken und kalkulierte Regelverstöße persönliche Vorteile auf Kosten der Allgemeinheit zu verschaffen sucht, und einer allgemeinen Vernunft, welche den Ansprüchen der Moral entspricht. Diese Diskrepanz bildet das Einfallstor für die Frage des rational kalkulierenden Amoralisten: Warum überhaupt moralisch sein? Bei unserer Suche nach einer überzeugenden Antwort müssen wir den Konflikt zwischen dem Interesse am eigenen, individuellen Erfolg und am moralischen Anspruch in Rechnung stellen. Moral verlangt nicht selten, sich gegen sein privates Glück und gegen seinen persönlichen Vorteil zu entscheiden. Daher gibt es auch keinen natürlichen Übergang zur Moral, wie manche Philosophen glauben machen wollen (z. B. Bernard Williams). Wenn das so ist, dann empfiehlt es sich, bewusst und ausdrücklich an der Differenz des Moralischen gegenüber allen berechtigten Glückserwartungen und Vorteilsüberlegungen festzuhalten. Dann hat es auch Sinn, auf diese vielleicht etwas pene-trant erscheinenden theoretischen Überlegungen über den verpflichtenden Charakter von Moral nicht zu verzichten.

Ist mit dem Hinweis auf die grundsätzliche Möglichkeit des Konflikts das in der Wirtschaftsethik beliebte Argument, moralisches Verhalten liege lang-fristig im eigenen Vorteil, hinfällig geworden? Es ist immerhin das einzige Argument, das auch dem Egoisten einleuchten könnte. Allerdings ist es eine zweischneidige Sache, wenn man ein Plädoyer für die Moral mit Vorteils-überlegungen untermauert. Einerseits kann die Motivation zum moralischen Verhalten dadurch erhöht und auf eine breitere Grundlage gestellt werden, andererseits ist ein solches Vorgehen nicht ohne Risiko, weil die Motivation äußerlich bleibt. Wenn externe Anreize (wie z. B. Boni oder Gewinnbeteili-gung) moralkonformes Handeln sicherstellen sollen, so besteht immer die Gefahr, dass ein noch lukrativeres Angebot die Anreize zum richtigen Han-deln aussticht. Die Versuchung zum Fehlverhalten wird auch dann über-mächtig sein, wenn keine Entdeckung droht oder wenn es anscheinend aus-reicht, dem Buchstaben, nicht aber dem Geist der Gesetze zu genügen (vgl. [III–17], S. 104). Es wird außerdem nicht nachzuweisen sein, dass morali-sches Verhalten für jeden Einzelnen langfristig vorteilhaft ist. Dennoch gibt es einen guten Grund dafür, dass moralisches Verhalten normalerweise nach einem Erziehungs- und Sozialisationsprozess internalisiert und quasi zur zweiten Natur wird. Das entscheidende Argument lautet: Es liegt durch-aus im Interesse jedes Einzelnen, dass überhaupt Normen gelten. Verglichen mit allen anderen Szenarien ist die Welt, in der Moral herrscht, für jeden Ein-zelnen wünschenswert; denn erst die Geltung moralischer Normen ermög-licht ein Zusammenleben in der Gesellschaft, das es jedem erlaubt, auf seine Weise sein Glück zu suchen, auch wenn ihm für sein moralisches Verhalten keine Glücksgarantie ausgesprochen werden kann. Mit der Einsicht, dass das Bestehen einer moralischen Ordnung grundsätzlich notwendig und auch für jeden Einzelnen vorteilhaft ist, ist die entscheidende Antwort auf die Warum-Frage erreicht. Wenn ich nicht will, dass diese grundsätzlich ak-zeptierte Ordnung gefährdet wird, werde ich mich den Verpflichtungen der Moral auch nicht entziehen. Weil Menschen zu dieser grundsätzlichen Ein-sicht gelangen können, sind sie nicht in einer Dilemmasituation gefangen, die dazu zwingt, vorbeugend nur den eigenen Vorteil zu suchen und dafür den sprichwörtlichen Kampf aller gegen alle aufzunehmen. Der Schritt hin zu einem moralischen Standpunkt ermöglicht die Befreiung aus der engen egozentrischen Perspektive.

Im Vorhergehenden war immer wieder von unterschiedlichen Standpunk-ten oder auch unterschiedlichen Perspektiven die Rede. Aus Sicht der Moral ist es entscheidend, dass der Handelnde sich von der unmittelbaren, rein subjektiven Betrachtungsweise frei macht und zu einem allgemeineren, möglichst objektiven Standpunkt vorstößt. Um bei Interessenkonflikten zu einem fairen Ausgleich zu kommen, sind wir aufgefordert, eine unpartei-ische Position einzunehmen, die wir auch von einem neutralen Schiedsrich-ter – Adam Smiths „impartial spectator" – erwarten würden. Der US-ameri-kanische Philosoph Thomas Nagel hat das Ziel einer objektiven Betrach-tungsweise als die Essenz der neuzeitlichen Wissenschaft beschrieben. Die Spannung, die zwischen dem konkreten Blickwinkel hier und jetzt und dem

Verschiedene
Standpunkte

intendierten neutralen Standpunkt über den Dingen besteht, versucht er mit dem ebenso plakativen wie doppeldeutig lesbaren Titel *The View from Nowhere* (Oxford 1986) zu erfassen. Zu Recht hebt er die Position des „Now here", des irreduzibel Subjektiven im Hier und Jetzt hervor, aber ebenso sind wir aufgefordert, die Grenzen subjektiver Sicht zugunsten einer objektiveren Sicht zu überschreiten. Natürlich ist das Ideal eines „Blicks von nirgendwo" utopisch. Aber das schließt nicht aus, dass erstens Parteilichkeit und Borniertheit aus der Sichtweise der Individuen oder einzelner Gruppen weitgehend eliminiert werden können und müssen und dass zweitens auch wankelmütige und in sich gespaltene Individuen in der Lage sind, sich Gesetze und Institutionen zu schaffen, die dann den Standpunkt der Gesellschaft im Ganzen repräsentieren (vgl. [III–18], S. 324; [III–19], S. 345). Die Ausgangsfrage „Warum überhaupt moralisch sein?" (vgl. [III–5], S. 25 f.) lässt sich also durchaus auch mit dem Hinweis auf die eigenen Interessen beantworten. Zwei Versionen bieten sich an: Es liegt im wohlverstandenen eigenen Interesse, moralisch zu handeln, oder es liegt im Interesse aller, moralisch zu handeln. Die zweite Möglichkeit entspricht der Argumentation der Vertragstheoretiker, die erste richtet sich an den rationalen Egoisten.

Richtig ist sicher, dass es in der Regel klug ist, moralisch zu sein, jedenfalls so lange, wie einigermaßen gerechte soziale Verhältnisse bestehen ([III–5], S. 248, 257). Die Einschränkung im Nachsatz zeigt aber schon, dass dies nicht unter allen Umständen der Fall ist und dass es daher notwendig bleibt, an der Differenz von Klugheit und Moral festzuhalten; es gibt nicht den sanften und selbstverständlichen Übergang von der Klugheit zur Moral; denn zweifellos gibt es immer wieder günstige Gelegenheiten, Extragewinne auf Kosten anderer einzustreichen, ohne deshalb Sanktionen befürchten zu müssen. In einer Face-to-Face-Gesellschaft mögen diese Möglichkeiten noch relativ begrenzt sein, aber in modernen Großgesellschaften, in denen es schwierig ist, Normübertretungen individuell zuzurechnen und zu sanktionieren, wächst die Möglichkeit für den Einzelnen, sich ohne Rücksicht auf den Schaden, den er anrichtet, durch Regelverstöße heimlich Vorteile zu verschaffen. Wo strukturell unmoralisches Handeln straffrei bleibt, da wird die verbleibende Kluft zwischen Klugheit und Moral besonders deutlich. Das ist z. B. bei starker sozialer Ungleichheit der Fall oder auch dort, wo auf Kosten zukünftiger Generationen Raubbau betrieben wird. In einigermaßen intakten Verhältnissen wird sich der Amoralist nicht offen zu seiner Abkehr von der Moral bekennen, sondern zumindest den Schein der Moralität aufrechterhalten; denn er weiß ganz genau, dass nur die Heimlichkeit ihn vor den Sanktionen oder auch nur der Verachtung der Geschädigten bewahrt. Der Amoralist braucht die Sonderrolle, weil sich ansonsten die Gesellschaft zu wehren wüsste. Es mag sein, ist aber mit nichts bewiesen, dass sich alle Menschen wie der antike Gyges in der bei Platon (Politeia II, 359d–360d; [III–20], S. 101) überlieferten Geschichte des Sophisten Protagoras jede Art von Unmoral erlauben würden, sobald sie über einen Ring verfügen würden, der sie unsichtbar macht und damit die Geschädigten ahnungslos bleiben lässt. Aber selbst dieses klassische Beispiel lebt davon, dass nur einer über diesen Ring verfügt. Sobald alle über diese Möglichkeit verfügen würden, völlig ungestraft Unrecht zu tun, wäre wieder Waffengleichheit hergestellt. Das allgemeine Chaos, der Krieg aller gegen alle und die damit verbundene allgemeine Unsicherheit würden sehr bald den Ruf nach Moral und den freiwilligen Verzicht auf den Tarnring erzwingen. Selbst der Verbrecher muss ein Interesse an der Ordnung haben, damit er die Früchte seiner Unmoral ernten und in Sicherheit genießen kann. Zumindest aus diesem Grund will auch er die Moral als Schutz für sich selbst (vgl. [III–5], S. 242). Insofern bejaht er die Moral, wenn auch nur für die anderen. Seine Position ist inkonsistent, weil auch er die Moral braucht und weil selbst er bemüht ist, den Anschein von Moral zu erwecken. Es gibt, wie schon Voltaire wusste, so gut wie keine Missetat, die nicht unter einem moralischen Deckmantel begangen wird. Wenn man aber die Institution „Moral" selbst will, ist es nur konsequent, sich selbst auch moralisch zu verhalten.

Was bleibt, um auch den letzten Amoralisten zu überzeugen? Wenn jemand trotz aller guten Argumente sich den moralischen Ansprüchen verweigert, dann gibt es nur noch den Weg rechtlicher Sanktionen, die zumindest ein Minimum an Sicherheit und Solidarität in modernen Gesellschaften verschaffen (vgl. [III–5], S. 261). So wünschenswert es ist, dass jeder aus seiner individuellen Perspektive die Notwendigkeit von Moral einsieht, so berechtigt ist es bei völliger Uneinsichtigkeit, die Perspektive umzukehren und aus der Sicht der von unmoralischen Handlungen betroffenen Personen zu fragen, warum sie eine Schädigung durch den Amoralisten hinnehmen sollten. Wenn der Blick auf die Gesellschaft insgesamt gerichtet wird, welche die moralische Einstellung einfordert, zeigt sich, dass die Moral eine soziale Institution ist, auf die die Gesellschaft nicht verzichten kann, weil die „natürliche" Ausstattung des Menschen mit Sympathie, Mitleid oder Liebe zu begrenzt ist, um ein Zusammenleben in Frieden, Freiheit und Gerechtigkeit zu ermöglichen (vgl. [III–5], S. 212).

5. Zusammenfassung, Lektürehinweise, Fragen und Übungen

Zusammenfassung

Als Konsequentialismus werden die Positionen bezeichnet, die anhand der Folgen von Handlungen oder Handlungsregeln über deren Moralität entscheiden. Zwei Versionen wurden erörtert: der rationale Egoismus und der Utilitarismus. Der rationale Egoismus kalkuliert die langfristigen Folgen des Handelns aus Sicht des Individuums. Der rationale Egoist denkt strategisch, setzt seine Vernunft als Instrument zur Erreichung seiner eigenen Ziele ein und ist dafür auch bereit, sich durch Verträge, die zum gegenseitigen Nutzen abgeschlossen werden, zu binden. Die Perspektive des Utilitarismus ist demgegenüber auf den Nutzen für die Gesellschaft insgesamt ausgerichtet. Der Utilitarist strebt den größten Nutzen für die Allgemeinheit an, z. B. als größtes Glück der größten Zahl. Die Bedeutung von Glück wird allerdings unterschiedlich gefasst. Für den Utilitaristen entstehen dadurch Schwierigkeiten, dass das Glück und der Nutzen nicht rein quantitativ bestimmt werden können. Eine qualitative Differenzierung macht aber Kriterien erforderlich, über die nur schwer Einigkeit zu erzielen ist. Wenn man sich auf die faktischen Präferenzen der Menschen bezieht, muss man auch die unsinnigsten Wünsche akzeptieren. Wenn man eine Idealisierung vornimmt und von den „wahren" Präferenzen spricht, die Personen „eigentlich" haben müssten, nimmt man Zuflucht zu einer höheren Einsicht, die ihrerseits zu rechtfertigen wäre. Die Ausrichtung auf die Ergebnisse einer Handlung oder Handlungsregel führt außerdem dazu, dass die Wahl der Mittel freigestellt wird und daher die Gefahr besteht, dass der Zweck die Mittel heiligt. Ein weiteres Problem für den Utilitarismus stellt die Verteilungsfrage dar. Was der Mehrheit nützt oder die Gesellschaft insgesamt besser dastehen lässt, kann in unvertretbarer Weise zu Lasten Einzelner oder auf Kosten von Minderheiten gehen. Die Gleichgültigkeit des Utilitarismus in Fragen der Lastenverteilung bringt John Rawls dazu, auf der Grundlage vertragstheoretischer Gedanken seine einflussreiche Theorie der Gerechtigkeit als Fairness zu entwickeln. Ein Gedankenexperiment, das einen hypothetischen Urzustand zu Hilfe nimmt, soll klären, ob die Verteilung von Gütern und Positionen in einer Gesellschaft gerecht erfolgt.

In der Diskursethik soll nicht durch ein Gedankenexperiment, sondern in einem öffentlichen Diskurs über Fragen der Moral entschieden werden. Die Vernunft, die grundsätzlich jeder Kommunikation zugrunde liegt, sichert zumindest die Rationalität des Verfahrens. Vier normative Leitideen bilden dafür die Grundlage: ein Ethos der Verständigung, der Vorbehalt der Legitimität, eine mehrstufige Verantwortungskonzeption und schließlich die institutionalisierte Öffentlichkeit. Auch wenn die Spannung zwischen der Realität konkreter gesellschaftlicher Dialoge und ihrer Idealisierung als rationaler Diskurs nicht aufgelöst wird und daher der Konsens am Ende mehr Spiegel der Machtverhältnisse als Ausdruck der Vernunft sein kann, dient das Ideal als Leitidee und Korrektiv für die konkreten Debatten innerhalb moderner Gesellschaften. Gerade dann, wenn keine Einigkeit über Ziele und Werte besteht, kann es auch für Unternehmen attraktiv sein, auf dem Wege eines öffentlichen Dialogs Klarheit über die Akzeptanz und Legitimität eines geplanten Vorhabens zu gewinnen.

Der Pluralismus der Ethiken bleibt eine ständige Herausforderung für den Anspruch der Moral. Jeder, der sich und anderen über die Gründe seines Handelns Rechenschaft geben will, sollte daher mit den unterschiedlichen Typen der Argumentation vertraut sein. Reflexivität ist der Preis für die Selbstbestimmung der Individuen und ein Kennzeichen der Moderne. Trotz aller Unterschiede in der Begründung zielt philosophische Ethik auf einen „moral point of view", der gegenüber strategischen Klugheitsüberlegungen Priorität hat.

Weil es aber die eine durchschlagende Begründung nicht gibt und nie gab, hat die normative Ethik seit jeher mit dem moralischen Skeptizismus zu kämpfen. Die Bandbreite moralischer Skepsis reicht von der Irritation bis zum Zynismus. Bevor ethische Begründungen im Einzelnen überzeugen können, muss daher die Frage beantwortet sein, warum überhaupt moralisch gehandelt werden soll. Angesichts der Herausforderungen des Relativismus ist die Antwort nicht mehr selbstverständlich. Der Verweis auf externe Gründe ist nur dann überzeugend, wenn zusätzliche Annahmen geteilt werden wie z. B. der Glaube an die Existenz Gottes oder die Zweckmäßigkeit der Naturordnung. Interne Gründe bestärken nur den, der schon auf dem Boden der Moral beheimatet ist und nicht in Zweifel zieht, ob er überhaupt moralisch sein soll. Eine stichhaltige Antwort auf die Position des rationalen Amoralisten, der keinen Grund dafür sieht, sich einer mit Verpflichtungen verbundenen Moral zu unterwerfen, muss zwei Dinge plausibel machen: Grundsätzlich liegt das Bestehen einer moralischen Ordnung im eigenen Interesse, und eine solche Ordnung hat nur dann Bestand, wenn sie nicht durch die Verletzung von Regeln in Frage gestellt wird. Moral lebt von der Bereitschaft, die naheliegende egozentrische Betrachtungsweise aufzugeben und einen möglichst objektiven und unparteilichen Standpunkt einzunehmen – in der Spannung zwischen dem „Now here" und dem „No where", die Thomas Nagel beschrieben hat. Die Position des Amoralisten, der sich einem übergeordneten Standpunkt verweigert, ist inkonsistent, weil auch er prinzipiell eine Ordnung will, sie jedoch heimlich zum eigenen Vorteil sabotiert. Weil aber nicht einsehbar ist, warum die von seinem Handeln Betroffenen eine Schädigung durch ihn einfach hinnehmen sollten, kann er im Falle völliger Uneinsichtigkeit zur Einhaltung der Regeln gezwungen werden.

Lektürehinweise

– Einen Überblick über den ethischen Konsequentialismus gibt Birnbacher [III–7]. Die Möglichkeit des Altruismus erörtern ausführlicher Nagel [III–21] und Siep [III–22]. Eine Analyse des Begriffs Eigeninteresse findet sich bei Chwaszcza [III–23]; Fragen der ökonomischen Rationalität werden z. B. in [III–24] von Ökonomen und Philosophen diskutiert. Das Thema „Moral für Egoisten" wird in den schon genannten Arbeiten von Frankena [III–1], Bayertz [III–5], Quante [III–2] behandelt; eine gute Einführung unter Einbeziehung der Vertragstheoretiker gibt Eggers [III–25].

– Grundlegende Texte zum Utilitarismus finden sich in [III–26], einschlägig ist nach wie vor der klassische Text von Mill [III–27]. Einen einführenden Überblick über den Utilitarismus gibt Birnbacher [III–28], moderne Varianten des Utilitarismus werden in [III–29], [III–30] vertreten.

– Grundlegend zur politischen Vertragstheorie sind Kersting [III–10] und Koller [III–14], [III–31]; eher einführend und knapper Herold [III–32].

– Das Anliegen von John Rawls wird umfassend von Pogge [III–33], knapper und einführend bei Kersting [III–34], ([III–10], S. 259 ff.) vorgestellt. Ein Überblick über die Debatten nach dem Erscheinen des Buches findet sich bei Hinsch [III–35].

– Die mit dem Vertragsgedanken verbundenen Diskussionen um soziale Gerechtigkeit und zum Gedanken des Sozialstaates werden in Kersting [III–36], [III–37] erörtert. Ein knapper Überblick findet sich auch in Horn ([III–38], S. 82–102).

– Einen Überblick über die Diskursethik gibt Werner [III–39]; eine knappe, aber informative Darstellung findet sich in Quante ([III–2], S. 85 ff.). Lesenswert sind weiterhin Texte von Apel [III–40], [III–41] und Habermas [III–42]. Der Bezug zur Wirtschaftsethik wird bei Ulrich ([III–15], S. 78–94) und Crane/Matten ([III–16], S. 99 ff.) besonders deutlich.

Fragen und Übungen

– Wie unterscheidet sich die Figur des rationalen Egoisten von der alltagssprachlichen Bedeutung von „Egoist"? Würden Sie dem rationalen Egoisten Moralität zubilligen?

– Erörtern Sie die Stärken und Schwächen des Utilitarismus! Sehen Sie eine Affinität zum ökonomischen Denken?

– Welches Gedankenexperiment ist nach Rawls geeignet, die Grundzüge einer gerechten Gesellschaft sichtbar zu machen? Erläutern Sie die zentralen Begriffe seiner Gerechtigkeitstheorie!

– Was spricht dafür, die Kriterien der Moralität im Verfahren eines rationalen Diskurses zu sehen? Was bleibt daran unbefriedigend?

– Was kann trotz unterschiedlicher Akzente und trotz der gegensätzlichen Auffassungen zwischen den einzelnen ethischen Theorien als charakteristisch für den „moral point of view" gelten?

– Welche Gründe können gegen die Position des rationalen Amoralisten vorgebracht werden?

– Wie überzeugend sind nach Ihrer Ansicht die Gründe, die uns auf den Standpunkt der Moral verpflichten?

IV. Sein und Sollen – von der Einsicht zum moralischen Handeln

Sowohl der persönliche Entwicklungsstand als auch die konkrete Situation haben Einfluss auf die Fähigkeit und Bereitschaft, moralisch zu handeln. Die Abhängigkeit von diesen empirischen Einflüssen wird noch deutlicher, wenn die Unterschiedlichkeit der kulturellen Kontexte und die damit verbundene, relativierende Wirkung auf die jeweiligen moralischen Vorstellungen in den Blick kommen. Der Standpunkt der Moral bleibt aber – wie in Kapitel III entwickelt – als eigenständige und unverzichtbare Sicht der Dinge maßgeblich. Allerdings ist es notwendig, sich ausdrücklich auf allgemeine moralische Ansprüche und ihre Geltung zu verständigen. Das ist der Hintergrund für die gegenwärtigen Bemühungen um die explizite Formulierung eines übergreifenden, universalen Weltethos und – spezieller – um ein Weltwirtschaftsethos. An drei Beispielen werden Macht und Ohnmacht der individuellen Moral diskutiert.

Die Einsicht, dass Moral auf institutionelle Unterstützung angewiesen ist, führt zu einer systematischeren Betrachtung unterschiedlicher Orte der Moral. Der Markt, der Staat, Unternehmen und Öffentlichkeit stellen institutionalisierte Ebenen der Moral dar, die untereinander und mit den Normvorstellungen der Individuen in Wechselwirkung stehen.

1. Deskriptive Ethik: persönliche, situative und kulturelle Einflüsse auf Handlungsentscheidungen

Übergang zur empirischen Ethik

Angesichts immer wieder neuer öffentlicher Skandale stellt sich die Frage: Wieweit gehen normative Vorstellungen überhaupt in konkrete Handlungsentscheidungen ein? Was muss zur Kenntnis der Normen hinzukommen, damit auf Wissen Einsicht und richtiges Verhalten folgen? Es gibt ein einfaches, aber aufschlussreiches Experiment des US-amerikanischen Psychologen Leonard Bickmann, der vor fast vier Jahrzehnten die Diskrepanz zwischen der Einstellung und dem Verhalten in Fragen des Umweltschutzes testen wollte. Zu diesem Zweck deponierte er auf dem Zugangsweg zu einer College-Bibliothek eine zerknüllte Zeitung so, dass sie im Wege lag und von keinem Passanten übersehen werden konnte. Kaum jemand (nur 8 von 506 Personen, d. h. ganze 1,4 %) machte sich die Mühe, den Abfall aufzuheben und in einen Papierkorb ganz in der Nähe zu werfen, aber 94 % erklärten in der Befragung, die sich wenige Meter weiter angeschlossen hatte, dass es in der Verantwortung aller, nicht nur der städtischen Straßenreinigung liege, auf dem Boden verstreuten Müll aufzuheben und zu beseitigen ([IV–1], S. 247). Nicht nur in Fragen des Umweltbewusstseins besteht offensichtlich eine gewaltige Differenz zwischen der Einsicht und dem tatsächlichen Verhalten. Wie kommt es zu dieser Diskrepanz?

Auch die Philosophen, die sich seit der Antike vor allem um die Einsicht in die Quellen der Moral bemüht haben, mussten sich der Frage stellen, warum die Menschen selbst dann, wenn sie wissen, was moralisch geboten ist, unmoralisch handeln. Ihre Erklärung: Entweder handelt es sich doch um ein Wissensdefizit oder die Menschen sind in sich gespalten mit der Folge, dass Leidenschaften wie Machtgier, Besitzgier, Eitelkeit oder Trägheit die Oberhand über die vernünftige Einsicht gewinnen. Es kommt in diesem Fall darauf an, durch Gewohnheit, Übung und Charakterbildung verlässliches moralisches Verhalten zu erreichen. Daher spielen Fragen der Erziehung im Kontext der Moralphilosophie seit jeher eine zentrale Rolle. Aristoteles antwortete auf die Frage, wie man seine Kinder zu guten Menschen mache: indem man sie zu Bürgern eines guten Staates macht. Ethik, Pädagogik und Politik gehören für ihn eng zusammen. Nicht von ungefähr wurden bis zum Beginn der Neuzeit die Fragestellungen der persönlichen Moral, der Politik und auch der Ökonomie, die jetzt getrennt betrachtet werden, unter dem gemeinsamen Oberbegriff der praktischen Philosophie in ihrem Zusammenhang erörtert (vgl. Kap. I, 1.1). Wirtschaftsethik ist daher gut beraten, wenn sie die empirischen Bedingungen, unter denen moralische Probleme auftreten und entschieden werden müssen, in ihre Überlegungen einbezieht. Erst dann ist sie in der Lage, den faktischen Verlauf von Entscheidungsprozessen angemessen zu erklären und nach Möglichkeit positiv zu beeinflussen. Natürlich gehört Erziehung im engeren Sinne nicht mehr zu ihren Aufgaben. Wenn Menschen in das Arbeitsleben eintreten oder in das Wirtschaftsgeschehen eingreifen, sind sie erwachsen und durch ihre Erziehung schon geprägt. Gleichwohl besteht auch im Bereich der Wirtschaft ein Interesse daran, das Verhalten so zu beeinflussen, dass sich Wirtschaftsakteure und Mitarbeiter im Unternehmen moralisch verhalten. Deskriptive Ethik, welche die tatsächlichen Verhaltensweisen und die herrschenden Wertvorstellungen beschreibt, schafft erst die Voraussetzungen für einen nüchternen Umgang mit moralischen Normen.

Moralisches Verhalten setzt voraus, dass zunächst eine Situation überhaupt als moralisches Problem erfasst wird. Danach sind aber mindestens noch zwei weitere Schritte nötig, ohne die auch die beste Einsicht folgenlos bleibt: Ein klares moralisches Urteil muss gefällt und eine moralische Intention hergestellt werden, bevor sich das Engagement in konkretem Verhalten niederschlägt. Auch wenn die Trennung dieser Schritte vielleicht gekünstelt erscheint und sie normalerweise in der Realität kaum zu trennen sind: Das Erfassen einer Situation als moralisch problematisch, die Be- oder Verurteilung dessen, was sich da anbahnt oder angetragen wird, und die feste Absicht, entsprechend seiner moralischen Überzeugung zu handeln bzw. bestimmte Handlungen zu unterlassen, gehören nicht eo ipso untrennbar zusammen. Wenn einer der Schritte fehlt, fällt das Verhalten ganz unterschiedlich aus und wir können uns im Nachhinein fragen, warum wir ein Verhalten an den Tag gelegt haben, das wir eigentlich als falsch hätten durchschauen müssen und das wir rückblickend bedauern oder bereuen. War es z. B. nicht naiv zu überhören, dass die hingeworfene Bemerkung des Einkäufers „und was springt dabei für mich heraus" eine Aufforderung zur Bestechung war? Musste man nicht bemerken, dass der Austausch von Informationen über Preise und Märkte auf dem informellen Treffen der Branchenvertreter der

Schritte einer moralischen Entscheidung

erste Schritt zu einer verbotenen Kartellabsprache war? Der häufig fließende Übergang zwischen Aufmerksamkeiten, Gefälligkeiten unter langjährigen Geschäftspartnern und Korruption in unterschiedlichen Schattierungen macht es nicht immer leicht, den Punkt zu bestimmen, an dem eine moralische Einstellung klare Worte und eindeutige Handlungen erforderlich gemacht hätte. Gerade weil die Situation nicht eindeutig ist, ist es auch nicht ohne Weiteres klar, ob das Kamingespräch unter Branchenvertretern oder die freundliche Einladung des Unternehmensberaters zum Glühweinnachmittag mit Christbaumschlagen überhaupt moralische Relevanz hat. Um das beurteilen zu können, bedarf es nicht nur der Menschenkenntnis, sondern auch der genaueren Kenntnis der einzelnen Situationen, der Gepflogenheiten des Landes und der Geschäftskultur.

Wie in der folgenden Skizze angedeutet, spielen schon bei der Erfassung von Situationen, erst recht aber für das moralische Urteilen und für das tatsächliche Verhalten vor allem zwei empirische Faktoren eine wesentliche Rolle: die individuelle Verfassung der entscheidenden und handelnden Personen und die jeweilige Situation.

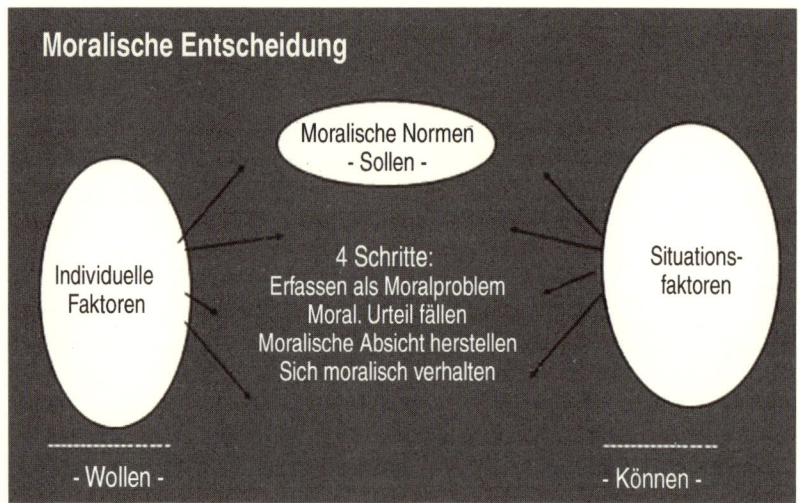

Moralische Entscheidung (nach [IV–2], S. 113, 115)

1.1 Individuelle Faktoren – die Entwicklung des individuellen moralischen Bewusstseins

Reine und „unreine" Moral

Auch wenn die Moralphilosophie von einem Subjekt ausgeht, das selbständig und gewissenhaft über sein Tun nachdenkt und in der Lage ist, aus eigener Einsicht mit guten Gründen über sein Handeln Rechenschaft abzugeben, ist sie sich darüber im Klaren, dass das autonome, selbstverantwortliche Subjekt ein Ideal ist. Antike Philosophenschulen, ein berühmtes Beispiel sind die Stoiker, haben versucht, die Lebensweise ihrer Anhänger so einzurichten, dass diese dem Ideal des autonomen Weisen möglichst nahekommen konnten. Selbstgesetzgebung und Herrschaft über sich selbst (Autonomie und Autarkie) sind die zentralen Fähigkeiten, welche das Individuum von den Zufällen des Schicksals und der Willkür der Mitmenschen frei machen und eine vernünftige Lebensführung ermöglichen sollen. Bis heute haben die Ratschläge dieser Moralphilosophen etwas Faszinierendes, dem sich auch Manager nicht entziehen können. Warum würden sie sonst Bücher wie *Seneca für Manager* [IV–3] lesen? Aber auch der, der den stoischen Weisen bewundert und von der Kant'schen Pflichtenethik so fasziniert ist, dass er persönlich dem Ideal moralischer Autonomie nachstrebt und seine Handlungsregeln daraufhin überprüft, ob sie „als allgemeines Gesetz tauglich" sind, muss sich nicht nur über seine eigene moralische Stabilität, sondern auch über den Umgang mit weniger weisen oder weniger moralbewussten Menschen Gedanken machen. Schon in der Zeit der Aufklärung, in der Kant seine Moralphilosophie entwickelte, gehörten zu den Prinzipien der Moral, die Kant herausarbeiten wollte, auch gesellschaftliche und anthropologische Überlegungen, die Kant z. B. in seinen damals sehr populären Aufsätzen und Vorlesungen über Anthropologie, Pädagogik und die Grundlagen der bürgerlichen Gesellschaft vorstellte. Auch die Lebens- und Anstandsregeln eines Freiherrn von Knigge, der zeitgleich mit Kant sein bis heute berühmtes Buch *Über den Umgang mit Menschen* [IV–4] schrieb, machen deutlich, dass die Verbesserung der Umgangsformen ein wichtiger Faktor bei der Hebung der allgemeinen Moral ist. Mit anderen Worten: Empirisch können und müssen wir bei den Individuen, mit denen wir es zu tun haben, unterschiedliche Grade der Zivilisierung und Kultivierung, damit aber auch unterschiedliche moralische Standards feststellen. Für einen zivilisierten Umgang miteinander ist nicht nur die Einhaltung moralischer Pflichten erforderlich, sondern auch Menschenkenntnis, persönliche Reife, eine gute Erziehung und ein moralfreundliches kulturelles Umfeld, also Faktoren, welche moralisches Verhalten erlauben und fördern. Erst die biologische Ausstattung, die Erziehung und die Sozialisation durch die Gesellschaft schaffen die empirischen Grundlagen dafür, dass individuell moralisches Verhalten möglich und tatsächlich zu erwarten ist.

Zunächst geht es um die persönliche Entwicklung des moralischen Bewusstseins. Klassisch ist die entwicklungspsychologische Studie von Lawrence Kohlberg [IV–5]. Er unterscheidet in einem Stufenmodell eine präkonventionelle, eine konventionelle und eine postkonventionelle Ebene. Die beiden präkonventionellen Phasen, die beim Kleinkind in einem Alter von etwa vier Jahren beginnen, sind noch dadurch gekennzeichnet, dass moralische Ansprüche als Machtansprüche aufgefasst werden. Aus einer egozentrischen Sicht orientiert sich das Kleinkind am Schema von Belohnung und Strafe, von Liebe und Liebesentzug als Richtschnur für Gehorsam. Es ist allenfalls gewillt, Unlust zu vermeiden. In einer zweiten Phase lässt es nach dem Grundsatz „do ut des" mit sich handeln und ist zu einem Austausch zu gegenseitigem Nutzen bereit. Bei der nächsten, der konventionellen Ebene handelt es sich um das Niveau eines gut sozialisierten Kindes. Es ist jetzt in der Lage, die Erwartungen von Autoritätspersonen auf- und vorwegzunehmen und sich insofern interpersonell zu orientieren. Was die Lehrerin gesagt hat, ist maßgeblich und nahezu unumstößlich für das Kind. Diese Autorität geht dann von der verehrten Person, der man gefallen will, zu den Regeln und Gesetzen der sozialen Ordnung über. Die Aufrechterhaltung von „law and order" spielt in dieser Phase eine zentrale Rolle. In der Pubertät wird

Entwicklung
des moralischen
Bewusstseins

das Interesse an der Aufrechterhaltung der geltenden Ordnung wieder in Frage gestellt und durch eine zunächst rein subjektive Orientierung ersetzt. In dieser Übergangsphase, in der alles Bestehende radikal kritisiert wird, dominieren Skepsis und Relativismus. Erst auf der dritten, der postkonventionellen Ebene wird dann das Niveau eines mündigen Erwachsenen erreicht, der bewusst und aus eigenem Willen verabredete Regeln einhält und erst auf der letzten Stufe fähig ist, sein Handeln selbständig an universalen ethischen Prinzipien auszurichten. Diese beiden letzten Stufen werden aber nach den Untersuchungen des Entwicklungspsychologen lediglich von etwa 5 % aller Handelnden erreicht. Für Philosophen und Idealisten ist der geringe Prozentsatz derer, die nach Kohlbergs Einschätzung in der Lage sind, aus eigener Vernunft moralisch zu handeln, eine Enttäuschung und ein deutliches Indiz dafür, dass die Handlungsmotivation in der Regel weniger durch eigene Einsicht als durch emotionale Faktoren wie Anreiz, Abschreckung oder auch durch Gewohnheit zustande kommt. Die Zuordnung der Altersstufen wie auch die Kriterien, die als Maßstab von Kohlberg gewählt wurden, mögen im Einzelnen umstritten sein; an der Tatsache, dass ein unparteiischer und universaler Standpunkt der Moral nur von den wenigsten Akteuren erreicht wird, geht kein Weg vorbei.

Moral zwischen Vertrauen und Kontrolle

Wenn also die meisten Menschen auf unterschiedlichen moralischen Stufen stehen bleiben und sich entsprechend an fremder Autorität, an Sympathie und Antipathie, an den Konventionen oder bestenfalls am Prinzip der Gegenseitigkeit orientieren, so sind diese Unterscheidungen nicht nur für Pädagogen wichtig. Sie können auch dazu verhelfen, das konkrete Verhalten von Menschen im Kontext des Betriebes oder der Gesellschaft besser zu erklären und zu prognostizieren, ob eigenständiges moralisches Handeln und Urteilen zu erwarten ist oder ob Belohnungen und Strafen mehr erreichen. Die Chance, Sicherheit durch Kontrolle zu gewinnen – nach dem leninistischen Grundsatz „Vertrauen ist gut, Kontrolle ist besser" –, ist allerdings eher gering. Angesichts der Komplexität der modernen Gesellschaften, der Undurchschaubarkeit der Abläufe, der Unvorhersehbarkeit der Ereignisse und der astronomischen Höhe der Kontrollkosten bleibt das Vertrauen auf die Moral der Mitmenschen oft der einzig gangbare Weg. In der Tat ist trotz der empirisch zu konstatierenden moralischen Unzuverlässigkeit Vertrauen (*trust*) eine der wichtigsten Grundlagen des modernen Zusammenlebens, wie der britische Soziologe Anthony Giddens [IV–6] in seinen Arbeiten gezeigt hat. In der öffentlichen Wahrnehmung machen zwar die Enttäuschungen dieser Erwartung die großen Schlagzeilen, aber die Verunsicherung, die ein einziger Zwischenfall auslösen kann, macht zugleich deutlich, wie selbstverständlich wir auf die freiwillige Bereitschaft der Menschen setzen, sich an die Regeln zu halten. Die Balance, die zwischen Vertrauen und Kontrolle gefunden werden muss, bleibt eine Herausforderung nicht nur für die Theorie, sondern erst recht für die Praxis. Die hohe Kunst der Menschenführung besteht darin, Menschen dazu zu bewegen, genau das aus eigenem Antrieb zu wollen, was sie aus Vernunftgründen tun sollen.

1.2 Der Einfluss der Situation

Der zweite wichtige Faktor, der das tatsächliche Verhalten der Menschen stark beeinflusst, ist das Umfeld bzw. die Situation. Zunächst seien zwei psychologische Experimente in Erinnerung gerufen. Das sogenannte Stanford-Prison-Experiment fand im Sommer 1971 am Psychologischen Institut der Stanford University in Kalifornien statt und hat erst vor Kurzem wieder ungeahnte Aktualität durch die Vorkommnisse im Gefängnis Abu Ghraib, das die US-amerikanische Armee im Irak unterhielt, gewonnen. Wie ist es möglich, dass normale Menschen unter bestimmten Bedingungen Grausamkeiten und sadistische Quälereien begehen, die weder sie selbst noch andere Menschen wenig vorher überhaupt für möglich gehalten hätten? Für das Experiment in Stanford wurden Studenten angeworben, um eine Gefängnissituation zu simulieren und das Verhalten von Gefangenen und Wärtern experimentell zu überprüfen. Die Rollen von Wächtern und Gefangenen wurden nach dem Zufallsprinzip aufgeteilt. Innerhalb von einer Woche gingen die Probanden dermaßen in ihren Rollen auf, dass die „Gefangenen", die der Willkür der „Wächter" ausgeliefert waren, vor dem psychischen Zusammenbruch standen und umgekehrt die von ihrer Aufgabe gestressten „Wächter" eine geradezu sadistische Willkürherrschaft organisierten, um den Widerstand der „aufsässigen Gefangenen" zu brechen. Eine genaue Darstellung des Experiments in seinem Ablauf, der schließlich zum Abbruch führte, findet man im Internet auf der Website von Philip G. Zimbardo, der das Experiment damals leitete (http://www.prisonexp.org, abgerufen am 1. 10. 2011).

Nicht weniger erschreckend ist ein etwas anders gelagertes Experiment, das der Psychologieprofessor Stanley Milgram schon Anfang der 1960er Jahre an der Yale University in New Haven durchführte. In diesem sogenannten Milgram-Experiment sollte die Gehorsamsbereitschaft gegenüber Autoritätspersonen getestet werden. Die Freiwilligen, die sich fanden, glaubten allerdings, an einem Experiment zur Förderung von Lernverhalten teilzunehmen. Die Probanden sollten durch Stromstöße angeblich das Lernverhalten von Versuchspersonen, die in diesem Fall Schauspieler waren, beeinflussen. Obwohl diese extreme Schmerzen simulierten, hielt das die Probanden, die glaubten, im Dienste der Wissenschaft zu agieren, nicht davon ab, nach Anweisung die Stärke der vermeintlichen Stromstöße immer weiter zu erhöhen. Die hohe Anzahl derer, die bereitwillig der Aufforderung der vorgeblichen wissenschaftlichen Autorität folgten, obwohl ihnen die katastrophalen Folgen ihres Handelns vor Augen standen bzw. vorgespielt wurden, legt den Schluss nahe, dass nahezu jeder von uns unter bestimmten Bedingungen zu derartigen Grausamkeiten fähig und bereit wäre.

Was folgt daraus für die Wirtschaftsethik? Wenn die Situation einen derartig starken Einfluss auf das persönliche Verhalten gewinnen kann, dann ist es von zentraler Bedeutung, derartig heikle Situationen, die zu moralisch unerwünschtem Verhalten führen, so weit wie möglich zu verhindern. Sofern man das nicht kann, bleibt immerhin die Möglichkeit, durch geeignete Vorbereitung der betroffenen Personen die zu befürchtenden Wirkungen zu unterbinden. Um mit dem Zweiten zu beginnen: Bekanntlich ist die Baubranche anfällig für Korruption. Wenn man daher, wie am Anfang dieses Jahrzehnts der Frankfurter Flughafenbetreiber Fraport, den Bau einer neuen, zu-

Stanford-Prison-Experiment und Milgram-Experiment

Konsequenzen für die Wirtschaftsethik

sätzlichen Start- und Landebahn plant, der den Frankfurter Airport über eine Reihe von Jahren zu einer der größten Baustellen in Deutschland machen wird, dann ist angesichts der gewaltigen Summen, die auf dem Spiel stehen, abzusehen, dass die Mitarbeiter mit unseriösen Angeboten konfrontiert sein werden. Die Fraport AG hat daher mit einer groß angelegten Kampagne versucht, rechtzeitig vorzubeugen. Es würde hier zu weit führen, die getroffenen Maßnahmen im Vorfeld im Einzelnen zu beschreiben. In unserem Zusammenhang ist der Hinweis wichtig, dass der angestrebte Kulturwandel im Unternehmen nicht nur dadurch erreicht wurde, dass die einzelnen Mitarbeiter für Versuchungen sensibilisiert und ihr moralisches Bewusstsein geschärft wurde. Auch durch administrative Maßnahmen wie Vertragsgestaltung und Vertragsabwicklung sowie Kontrollen und Sanktionen wurden so weit wie möglich Gelegenheiten zur Bestechung oder Vorteilsnahme unterbunden. So schwierig es im Einzelnen auch sein mag, gezielt die Einstellungen und Gepflogenheiten in einem Unternehmen von der Größenordnung der Fraport AG zu verändern, Erfolge bei der Korruptionsvermeidung und -bekämpfung lassen sich gar nicht anders erreichen als durch den Versuch, einen internen Kulturwandel zugunsten der Moral herbeizuführen. Die gewünschte Bewusstseins- und Verhaltensänderung bei den Mitarbeitern wird sich erst dann verlässlich einstellen, wenn es gelingt, situative Anreize für Fehlverhalten erfolgreich zu eliminieren (vgl. [IV–7]). Das gilt natürlich auch, wenn sich bei Unternehmen ein Wandel der Einstellungen zuungunsten der Moral vollzogen hat. Konnte man vor einigen Jahren noch davon ausgehen, dass Bankberater ihre Kunden in der Regel fair berieten, so haben die letzten Jahre gezeigt, dass die Veränderungen in der Bankenwelt und der permanent erhöhte Gewinndruck die Finanzberater derart unter Verkaufsdruck gesetzt haben, dass sie praktisch alles, was ihnen und vor allem der Bank Geld brachte, nach den Vorgaben der Bank an die Kunden verkaufen mussten, wenn sie ihren Job nicht riskieren wollten. Wer ist unter diesen Umständen so charakterfest und unabhängig, dass er es sich leisten kann, den Kunden von riskanten oder für ihn unsinnigen Geldanlagen abzuraten? Es bleibt abzuwarten, ob durch den Schock der Finanzkrise und die neuen gesetzlichen Regelungen, welche Beratungsprotokolle und die Offenlegung der Provisionen zur Pflicht machen, die Situation so weit im Sinne der Moral entschärft worden ist, dass wieder Fairness zwischen Kunden und Verkäufern hergestellt und moralisches Handeln zu erwarten ist.

1.3 Der Relativismus der Kulturen

In dem Maße, wie die globalen Wirtschaftsbeziehungen unterschiedliche Kulturkreise miteinander in Berührung bringen und zur Zusammenarbeit zwingen, stellen sich neue moralische Herausforderungen, die es erforderlich machen, die Kultur- und Mentalitätsunterschiede einzubeziehen. Deskriptive Ethik bringt in Erinnerung, dass das moralische Bewusstsein der Menschen faktisch von historischen Entwicklungen und dem jeweiligen kulturellen Kontext abhängig ist. Damit ist weder bestritten, dass eine moralische Entwicklung der Menschheit stattgefunden hat, noch dass es herausragende Persönlichkeiten und Gruppen gegeben hat, die ihrer Zeit weit voraus waren und auch gegen ihre Zeit moralische Ideale verfochten haben. Nie-

mand wird heute mehr ernsthaft Kreuzzüge, Hexenverbrennungen, Feuda-
lismus oder Sklavenhaltergesellschaften moralisch verteidigen wollen.
Trotzdem bedurfte es harter Auseinandersetzungen und bitterer Erfahrungen,
bis es zur Ablehnung und erst recht zur Abschaffung dieser Praktiken kam.
Wenn sich in unserer Gesellschaft innerhalb von nur zwei Generationen
z. B. die Sexualmoral oder die Einstellung zur Umwelt grundlegend verändert hat, bedeutet das keineswegs, dass auf diesen Feldern nicht heftiger moralischer Streit herrscht. Die Konflikte innerhalb einer Gesellschaft werden
dadurch verschärft, dass sich die unterschiedlichen Kulturen weltweit wechselseitig beeinflussen. Tourismus und Handel sorgen ebenso wie Flüchtlings-
ströme und Einwanderung dafür, dass wir eine enorme kulturelle Vielfalt
und einen neuen weltanschaulichen Pluralismus erleben. Auch wenn dadurch neue Konflikte auftreten, wird der von Huntington beschworene
„Clash of Civilisations" [IV–8] nicht als Zusammenstoß geschlossener Kulturen, sondern als permanente und hoffentlich mit friedlichen Mitteln ausge-
tragene Auseinandersetzung innerhalb offener Gesellschaften ausgefochten.

Für die Wirtschaft, die einen maßgeblichen Anteil an diesen Prozessen
hat, stellen die unterschiedlichen kulturellen Prägungen der Mitarbeiter und
Handelspartner eine Herausforderung für die erfolgreiche Kooperation dar.
Positiv kann versucht werden, unter dem Stichwort „diversity" die Vielfalt zu
nutzen und diese auch in der Struktur und Zusammensetzung des Managements abzubilden. Negativ machen sich kulturelle Unterschiede bemerkbar,
wenn sich die Landesgesellschaften beispielsweise verselbständigen und
sich in Punkten wie Korruptionsbekämpfung, Arbeitsbedingungen, Personal-
führung und Vermeidung von Diskriminierung den Vorgaben der Firmen-
zentrale widersetzen, diese ihrerseits aber für ein Fehlverhalten ihrer Toch-
tergesellschaften haftbar gemacht wird.

Es kommt also darauf an, die kulturellen Unterschiede zur Kenntnis zu
nehmen, potentielle Konfliktstoffe zu identifizieren und Strategien der Kon-
fliktvermeidung und Konfliktbewältigung zu entwickeln. Für den Umgang
mit chinesischen Geschäftspartnern wird z. B. darauf hingewiesen [IV–9],
dass die Wahrung des Gesichts eine zentrale Bedeutung habe und daher die
offene Kritik an Vorgesetzten oder Autoritäten nicht zumutbar sei. Der
Schutz geistigen Eigentums oder die Respektierung von Patenten spielt dagegen bei Weitem nicht die Rolle wie in westlichen Gesellschaften. Wo aber
ein Unrechtsbewusstsein fehlt und das „Lernen von den Besten" sogar als
besondere Tugend gilt, ist selbst dann nicht mit einer Strafverfolgung zu
rechnen, wenn auf dem Papier Gesetze und internationale Abkommen existieren. Was bedeuten diese Hinweise auf empirische Unterschiede, die sich
lange fortsetzen ließen, für den normativen Anspruch der Moral? Gibt es
trotz aller Kulturunterschiede moralische Grenzen, die nicht überschritten
werden sollten? Auf der normativen Ebene führt diese Frage z. B. zu Debatten um die Universalität der Menschenrechte. Handelt es sich um Individualrechte, die ihren europäischen Charakter nicht ablegen können und
denen daher eine Verpflichtung auf die Familie, das Kollektiv und die Gesellschaft, d. h. sogenannte „asiatische Werte", gegenübergestellt werden
sollten? Können sich Massengesellschaften voller Gegensätze und mit extremen sozialen und ethnischen Spannungen die Individualrechte, die Euro-
päer für selbstverständlich halten, überhaupt leisten (vgl. [IV–10]; [IV–11],

S. 84–92)? Zumindest in solchen grundlegenden Fragen können sich Firmen, die international operieren, nicht heraushalten. Zwar gilt für den geschmeidigen Kaufmann der Rat: „Si Roma fac ut Romani" („Wenn du in Rom bist, verhalte dich wie die Römer"). Die Empfehlung, sich den Landessitten anzupassen, ist sicher ein guter Rat und es ist zunächst nichts gegen ihn einzuwenden. Aber er wird schnell zum Problem, wenn z. B. Schweineaugen oder Stierhoden dem Gast als besondere Köstlichkeit auf den Teller gelegt werden. Schon bei derartigen „Geschmacksfragen" kommen moralische Aspekte ins Spiel, wenn die Zurückweisung der „Köstlichkeiten" vom Gastgeber als grobe Missachtung und persönliche Beleidigung aufgefasst wird. Erst recht aber stellen lokale oder regionale „Üblichkeiten" wie Korruption, ausbeuterische Arbeitsbedingungen oder Diskriminierung von Frauen einen moralischen Konventionalismus in Frage, der vorgibt, sich nur den Gepflogenheiten vor Ort anzupassen. Es kommt also in jedem Fall darauf an, moralische Ansprüche, die sich gegenseitig ausschließen, gegeneinander abzuwägen. Dabei ist es nur fair, wenn versucht wird, ohne eine asymmetrische Wahrnehmung zugunsten der eigenen Gewohnheiten und Werte auch die Wertvorstellungen fremder Kulturen an sich heranzulassen und so weit wie möglich zu respektieren oder zu tolerieren. Was aber zu Hause eine schwere moralische Verfehlung ist, bleibt es auch in einer Umgebung, in der in diesen Punkten nach wie vor raue Sitten herrschen. Es hat also Sinn, sich für das eigenen Verhalten schon vor dem offenen Konflikt klarzumachen, an welchen moralischen Ansprüchen, Normen und Regeln festgehalten werden soll und ob es gute Gründe gibt, abweichendes Verhalten zu tolerieren.

Folgt aus dem deskriptiven Relativismus ein normativer Relativismus? Werden moralische Ansprüche angesichts der Unterschiedlichkeit der Menschen und Kulturen nicht weitgehend relativiert oder sogar gänzlich unhaltbar? Die Überzeugung, dass es einen gemeinsamen Fundus der Moral gibt, den wir Menschen teilen, ist nicht selbstverständlich, aber doch empirisch plausibel zu belegen. Die im folgenden Abschnitt (IV 2.1) genauer erläuterte Auffassung, dass es einen Grundbestand an moralischen Grundsätzen gibt, der in allen Kulturen vorhanden ist und auch nicht aufgegeben werden sollte, muss sich gleichwohl gegen eine tief sitzende Skepsis behaupten, welche aus der faktischen Relativität der Sitten und Gebräuche die Ungültigkeit jedweden Geltungsanspruchs moralischer Normen ableitet. Immer dann, wenn sich der Horizont erweitert und damit die Tatsache stärker ins Bewusstsein rückt, dass in anderen Ländern andere Sitten herrschen, droht die Relativität der Sitten und Gebräuche die Berechtigung normativer Ansprüche abzuschwächen oder sogar ganz in Frage zu stellen. Von der Feststellung, dass in unterschiedlichen Ländern und Kulturen die Sitten faktisch verschieden sind, ist es dann nur ein kleiner Schritt zu der Behauptung, dass damit auch ihr verpflichtender Charakter wegfalle. Aus dem nicht zu bestreitenden deskriptiven Relativismus wird leicht ein normativer Relativismus, der die Moral ausschließlich als Konvention betrachtet und ihren Geltungsanspruch bezweifelt.

Am Ende dieses Abschnitts steht also erneut die Frage, ob wir angesichts der Relativität der Kulturen und trotz der verschiedenen Konzepte moralischer Begründung einen zugrunde liegenden „moral point of view" annehmen dürfen. Wer oder was verpflichtet mich eigentlich, in einer Welt, in der die Maßstäbe sehr unterschiedlich sind und sich außerdem ständig verändern, als Hüter der Moral aufzutreten? Die allgemeine Frage „Warum überhaupt moralisch sein?", die grundsätzlich schon als Auseinandersetzung mit der philosophischen Kunstfigur des rationalen Amoralisten (unter III 3) behandelt wurde, stellt sich durchaus konkret für den, der weltweit agiert und daher auch ständig mit der Relativität der moralischen Vorstellungen konfrontiert wird. Warum soll ich mich auf moralisch motivierte Einschränkungen bei den Arbeitsbedingungen oder Handelsgepflogenheiten festlegen lassen, die zwar in meiner eigenen Kultur, nicht aber dort gelten, wo ich Geschäfte tätige? Warum sollte ich auf Gewinnmöglichkeiten verzichten, die mit hoher Wahrscheinlichkeit der nächste, der die Chance erhält, nicht ausschlagen wird?

Die Antwort lautet auch hier: Wer nicht seine Selbstachtung verlieren will, die ja ursächlich mit dem einmal gewonnenen Standpunkt der Moral verbunden ist, wird diesen nicht einfach wieder aufgeben können und wollen. Sofern ich als Handelnder involviert bin, entlastet mich die Kenntnis von fremden, befremdlichen oder verwerflichen Sitten nicht von der Verpflichtung, selbst eine Einstellung dazu zu gewinnen und Konsequenzen für mein eigenes Handeln zu ziehen. Wirtschaftsethik, als konkrete Ethik, wird sich zwar nicht auf einen realitätsfernen Moralismus festlegen lassen, sie wird aber auch nicht der Illusion verfallen, die Wirtschaft unterliege ihren eigenen Gesetzen, sei daher moralisch neutral und habe sich lediglich den jeweiligen politischen und kulturellen Verhältnissen anzupassen. Die Verpflichtung auf den Standpunkt der Moral lässt sich mit guten Gründen auch für ein Handeln im Wirtschaftskontext plausibel machen. Wenn wirtschaftsethische Überlegungen dazu beitragen sollen, den moralisch vertretbaren und richtigen Weg zu finden, dann müssen sich allerdings normative und deskriptive Ethik sinnvoll ergänzen. Wer dazu beitragen will, dass im Wirtschaftskontext vernünftige und moralisch tragfähige Entscheidungen gefällt werden, braucht empirische Kenntnisse darüber, wie das Verhalten der Menschen zustande kommt und wie es beeinflusst werden kann. Darüber hinaus deutet sich schon an, dass auch die institutionellen Absicherungen individuellen Verhaltens in die Überlegungen einzubeziehen sind.

2. Macht und Ohnmacht individueller Moral

Es bleibt zu klären, wo der Ort der Moral im Wirtschaftskontext zu suchen ist. Selbst wenn die Ökonomie auf Moral angewiesen ist, könnte sich der einzelne Akteur angesichts der ihm aufgebürdeten Last der Moral hoffnungslos überfordert fühlen. Allerdings steht er nicht allein und ohne Hilfe da. Am Beispiel des Projekts Weltethos des Theologen Hans Küng und des sich daran anschließenden Projekts eines Weltwirtschaftsethos, an dem das Tübinger Institut für Ethik maßgeblich mitgewirkt hat, lässt sich zeigen, wie auf neuen Wegen die Grundlinien eines weltweit akzeptablen, weil aus den jeweils eigenen Traditionen gespeisten Ethos Gestalt annehmen und über die Vereinten Nationen institutionell verankert werden. Am fehlenden Wissen braucht Moral auch in einer globalisierten Welt nicht zu scheitern. Praktisch bleibt es allerdings ein Problem, für den Standpunkt der Moral auch persönlich einzustehen. Die Hindernisse, die aus der Sicht der Individuen der Verwirklichung der Moral speziell im Wirtschaftskontext entgegenstehen, sollen an drei Beispielen verdeutlicht werden. Es geht hier bewusst nicht nur um die Integrität von einzelnen Personen, sondern um die öffentliche Förderung und Einforderung von Moral. Das erste Beispiel ist der Eid der Manager, der analog zum hippokratischen Eid der Mediziner seit einigen Jahren vorgeschlagen wird. Das zweite Beispiel ist das sogenannte Whistleblowing, die Bereitschaft, schwere Verstöße gegen die Moral in der eigenen Firma notfalls auch an die Öffentlichkeit zu bringen, wenn sie intern nicht abgestellt werden können. Im dritten Beispiel wird auf eine Erfolgsgeschichte der letzten zwei Jahrzehnte aufmerksam gemacht, den Kampf für die Umstellung der Haushaltskühlgeräte auf natürliche Kühlmittel, die weder die Ozonschicht der Erde zerstören (wie FCKW) noch die Erderwärmung fördern (wie FKW). Speziell diese Erfolgsgeschichte seit den 1990er Jahren kann zeigen, dass auch in der modernen Gesellschaft Handlungsspielräume bestehen, wenn es gelingt, konsequent die institutionellen Bedingungen für die Realisierung moralischer Ziele zu schaffen. Es bleibt dann immer noch die Aufgabe der Individuen, die Moral zu ihrer ureigensten Sache zu machen, auch wenn den institutionellen Rahmenbedingungen eine größere Rolle zukommt, als dies in den traditionellen Ethiken zum Ausdruck kommt. Wie der Ökonom und Nobelpreisträger Amartya Sen zu Recht betont, „ist die Handlungsfreiheit, die wir als Individuen haben, zwangsläufig bestimmt und beschränkt durch die sozialen, politischen und wirtschaftlichen Möglichkeiten, über die wir verfügen. Individuelles Handeln und soziale Einrichtungen sind zwei Seiten einer Medaille" ([IV–12], S. 9).

2.1 Grundzüge einer universalen Moral

Wie könnte eine weltweit gültige Moral aussehen? Stützen empirische Vergleiche die Überzeugung, dass es durchaus ein moralisches Weltethos gibt, das in den unterschiedlichen Kulturen verankert ist?

Eine Gruppe von renommierten Wirtschaftsethikern hat im Anschluss an die weltweite Finanz- und Wirtschaftskrise im Jahre 2009 versucht, die Grundlinien eines Weltwirtschaftsethos zu formulieren. Das Ergebnis, ein *Manifest Globales Wirtschaftsethos* [IV–13], wurde am 6. Oktober 2009 im UN-Hauptquartier in New York der Weltöffentlichkeit vorgestellt. Ausgangspunkt des Unternehmens ist die Einsicht, dass die Wirtschaftskrise mit einer Institutionen- und Organisationskrise einhergeht. Es fehlen – so Josef Wieland in seiner Einleitung zu der deutschen Fassung des Manifestes – „ausreichende gemeinsame Rechtsspielregeln, es mangelt an Erzwingungsmöglichkeiten solcher Spielregeln und uns fehlen die für die Erstellung und Durchsetzung weltweit gültiger und akzeptierter Regeln zuständigen globalen Organisationen" [IV–14]. Daher setzen die Verfasser und Unterzeichner des Manifestes darauf, dass gerade die Individuen, die in der Verantwortung stehen, die Initiative ergreifen. Die Verständigung über akzeptable Standards guten geschäftlichen Verhaltens in einem globalen Dialog soll ein wichtiger erster Schritt sein und dem einzelnen Unternehmer, Investor, Geldgeber, Mitarbeiter oder Konsumenten die Basis für eigenes vorbildliches Verhalten und den politischen und gesellschaftlichen Instanzen Orientierung für ein erfolgversprechendes transkulturelles Management von Werten liefern. Die Unterzeichnung durch möglichst viele und prominente Vertreter aus Wirtschaft, Kultur und Politik sowie die öffentliche Vorstellung des Manifestes können zwar das Fehlen verbindlicher und durch machtvolle Institutionen abgesicherter Regeln nicht kompensieren, aber immerhin lässt die Präsentation vor der internationalen Öffentlichkeit auf eine breite Unterstützung hoffen, die den notwendigen Druck zur Etablierung und Durchsetzung verbindlicher Regeln aufbauen kann.

Wie sehen die vorgeschlagenen moralischen Grundregeln aus, auf die sich ein globales Wirtschaftsethos stützen soll? Die Verfasser des Manifestes berufen sich auf Diskussionen, die in den vergangenen zwei Jahrzehnten zwischen den großen Weltreligionen stattgefunden haben mit dem Ziel, über die Grenzen der unterschiedlichen Kulturen und Traditionen hinweg ein gemeinsames moralisches Grundverständnis herauszuarbeiten. Der deutsch-schweizerische katholische Theologe Hans Küng hatte mit seinem Buch *Projekt Weltethos* 1990 dafür den Grund gelegt. Schon 1993 fand in Chicago eine ökumenische Friedenskonferenz statt, an die sich weitere Treffen anschlossen. In unserem Zusammenhang interessieren vor allem die gemeinsamen moralischen Grundüberzeugungen, welche der ökumenischen Friedensarbeit der großen Religionsgemeinschaften zugrunde gelegt wurden. Die zentralen Stichpunkte betreffen – so die Überzeugung der Verfasser des Manifestes – weithin geteilte moralische Prinzipien und Werte, die seit jeher von allen Kulturen vertreten und von gemeinsamen praktischen Erfahrungen der Menschen getragen werden. Sie bilden das Rückgrat des wirtschaftsethischen Weltethos, das die globalen moralischen Rahmenbedingungen für eine gerechte und faire Wirtschaftsordnung umfasst.

An erster Stelle steht das Prinzip der Humanität. Die Sorge um die Respektierung der Menschenrechte sowie die Bereitschaft, die Menschenwürde als unveräußerlich und unantastbar zu schützen, verbieten es, Menschen als bloßes Mittel oder als Objekt der Kommerzialisierung und Industrialisierung zu missbrauchen. Daraus leitet sich die Verpflichtung ab, die Ökonomie so zu gestalten, dass die Grundbedürfnisse der Menschen abgedeckt werden und sie ein Leben in Würde führen können. Gegenseitiger Respekt im Umgang miteinander und das Verbot von Ausbeutung, Ausnutzung und Diskriminierung sind die logische Folge. Eine Weltökonomie, die sich nachhaltig entwickeln soll, muss einen fairen Wettbewerb und eine Kooperation zum gegenseitigen Nutzen praktizieren.

Das Manifest nennt im Einzelnen als Grundwerte: Gewaltlosigkeit und Achtung vor dem Leben, Gerechtigkeit und Solidarität, Wahrhaftigkeit und Toleranz sowie gegenseitige Achtung und Partnerschaft. Diese Grundwerte buchstabiert es so aus, dass die konkreten Folgen für das Wirtschaftsleben deutlich werden. Der erste Punkt, Gewaltlosigkeit und Achtung vor dem Leben, verbietet beispielsweise jede Form von Sklavenarbeit, Zwangsarbeit, Kinderarbeit oder körperlicher Züchtigung. Stattdessen sind Gesundheitserhalt, Arbeitssicherheit, Produktsicherheit sowie Nachhaltigkeit wichtige Ziele einer humanen Form des Wirtschaftens. Der zweite Punkt, Gerechtigkeit und Solidarität, verlangt einen rücksichtsvollen Umgang mit der Macht, außerdem Rechtstreue und persönliche Integrität. Alle Formen von Korruption werden geächtet, und stattdessen wird die Schaffung von Institutionen ver-

Gemeinsames moralisches Grundverständnis

langt, welche Bildung und soziale Sicherheit für alle ermöglichen. Wahrhaftigkeit ist drittens die unverzichtbare Grundlage jeder Vertrauensbildung, Toleranz bildet die Voraussetzung für Vielfalt und Individualität, die ihrerseits erst die globale Wohlfahrt möglich machen.

Es liegt in der Natur der Sache, dass ein solches Manifest zunächst nur an den guten Willen und die Einsicht aller Wohlgesonnenen appellieren kann. In der Schlusspassage wird daher auch an die Übereinstimmung mit vorangegangenen UN-Deklarationen erinnert, von der Deklaration der Menschenrechte 1948 über die UN-Erklärungen zu Arbeits- und Sozialrechten, zur Umwelt und Entwicklung bis hin zur Konvention gegen Korruption. So löblich und unverzichtbar diese Deklarationen auch sind, es kann sich nur um Anfänge handeln, die dem Einzelnen oder auch Gruppen als Orientierungshilfe dienen, die aber so lange auf den guten Willen aller angewiesen bleiben, wie es an Institutionen zu ihrer Durchsetzung fehlt. Immerhin haben sie das Verdienst, in der Krise eine Rückbesinnung auf die grundlegenden Werte des Zusammenlebens und des erfolgreichen gemeinsamen Wirtschaftens voranzutreiben. Insofern werden auf individueller und freiwilliger Basis Rahmenbedingungen formuliert, die politisch gesichert und mit Leben erfüllt werden müssen. Es bleibt festzuhalten, dass sich der Versuch, eine allgemein geteilte, grundlegende Vision von Legitimität, Gerechtigkeit und Fairness für das wirtschaftliche Handeln zu formulieren, in erster Linie an Individuen richtet. Der Einzelne und seine persönliche Entscheidung werden als der eigentliche Schlüssel zur Lösung in der globalen Krise gesehen. Die Fokussierung auf die Individuen könnte nach einer Alibi-Funktion klingen, sie spiegelt aber eher die Einsicht wider, dass unter den Bedingungen der Globalisierung die Macht und die Regelungskompetenzen der Unternehmen, der internationalen Organisationen und der Staaten an ihre Grenzen stoßen. Klaus Leisinger, der Vorstandsvorsitzende der beteiligten Novartis-Stiftung, stellt in diesem Sinne fest: „[...] social systems such as companies per se can only be moral or immoral to a limited extent: morality – or lack of morality – is introduced to a social system by the people, their values and level of integrity" [IV–15]. Man kann den Idealismus der Protagonisten belächeln, aber dieses Lächeln könnte erstarren und in Resignation oder Entsetzen umschlagen, wenn der Welt erst wirklich jeder Idealismus und die Bereitschaft, mit gutem Willen voranzugehen, abhandenkommen. Weil die empirisch erarbeiteten Grundzüge einer weltweit für gültig gehaltenen Moral bekannt sind, dürfte es schwerfallen, ihren verpflichtenden Charakter in Frage zu stellen.

2.2 Wie wirksam kann individuelle Moral sein?

Woran es also fehlt, ist die Bereitschaft, sich auch an die moralischen Regeln zu halten. Sie kann dadurch geschmälert werden, dass für den Einzelnen die Kosten für moralisches Handeln in unmoralischen Kontexten außerordentlich hoch sein können oder dass auch angesichts der Komplexität und Unüberschaubarkeit der Handlungskontexte das Gefühl überwiegt, doch nichts ausrichten zu können. An drei Beispielen soll daher die Frage nach der Bedeutung und den Grenzen individueller Moral noch weiter verfolgt werden. Sie machen deutlich, dass die Moral der Individuen immer nur in einem sozialen Kontext wirksam ist. Die Erörterung soll nicht nur zu einem besseren Verständnis der Macht und Ohnmacht individueller Moral verhelfen, sondern auch die Unverzichtbarkeit von institutioneller Unterstützung vor Augen führen.

2.2.1 Was sind Versprechen wert? Der Eid der Harvard-Absolventen

Beim ersten Beispiel geht es um einen Eid für Manager, der analog zum hippokratischen Eid der Mediziner am Ende eines Wirtschaftsstudiums abgelegt werden soll. Die Idee, einen Verhaltenskodex für Manager zu formulieren, ist schon 1973 auf dem European Management Forum in Davos behandelt und als Davoser Manifest veröffentlicht worden. Neu ist aber, dass unter dem Eindruck der Finanzkrise diese Idee seit 2009 an Fahrt gewonnen hat und mit dem Gedanken einer Selbstverpflichtung im Rahmen der akademischen Ausbildung verbunden wurde. Jeder, der den Eid am Ende seines Studiums leistet, verpflichtet sich auf die in dem Abschlussversprechen formulierten Normen. Vor allem eine Initiative von Studenten der Bostoner Harvard School of Business erregte Aufsehen in einer breiteren Öffentlichkeit. Schließlich gab es Jahre, in denen ein Großteil der Absolventen der Harvard Business School direkt zur Wallstreet überwechselte, um das große Geld zu machen. Dagegen wäre auch nichts einzuwenden, wenn nicht aufgrund der Finanz- und Wirtschaftskrise in den Jahren 2008/09 der Eindruck entstanden wäre, dass das wichtigste Resultat der Ausbildung für die MBAs aus Boston und anderer Eliteschulen des Landes skrupellose Geldgier war. Um diesem Eindruck und dem dadurch entstandenen Imageverlust entgegenzutreten, formulierten Studenten einen Eid für die Absolventen des Master-of-Business-Studiengangs. Immerhin hat sich im Jahre 2009 etwa die Hälfte der Harvard-Absolventen entschlossen, auf freiwilliger Basis am Ende des Studiums diesen Eid für Manager zu schwören. Das entspricht ziemlich genau dem Bild, das sich auch in Seminaren mit deutschen Studenten der Betriebswirtschaft zeigte. Befürworter und Gegner hielten sich in etwa die Waage. Für unsere Fragestellung nach der Bedeutung und Wirksamkeit individueller Moral sind vor allem zwei Punkte von Interesse. Zum einen stellt sich die Frage nach den Inhalten eines solchen Versprechens, zum anderen wird in der kontroversen Diskussion daran gezweifelt, dass ein derartiges Versprechen überhaupt Sinn haben könne.

Beginnen wir mit der Frage nach dem Sinn eines solchen Versprechens am Beginn einer Laufbahn als Manager. Die Skala der Einschätzungen reicht von „bloßer Werbegag" bis zu „Verhinderung zukünftiger Krisen". Was spricht dafür, dass angehende Manager am Ende ihres Studiums vor der versammelten Gemeinde der Mitstudenten, Lehrer, ihrer Freunde und Verwandten freiwillig ein öffentliches Bekenntnis auf ein Berufsethos ablegen, dessen Grundzüge im MBA-Eid erfasst sind?

Vieles spricht dafür, dass ein solcher Eid, wenn er denn Sinn haben soll, Rückwirkungen auf die Inhalte des Studiums haben wird. Bevor es zum Schwur kommt, müssen seine Inhalte und damit die wirtschaftsethischen Probleme zur Sprache gekommen und diskutiert worden sein. Ein solcher Eid wäre auch geeignet, das Ansehen der Manager als Berufsstand zu heben, denn er könnte Vertrauen stiften. Der Öffentlichkeit würde eine Handhabe

Ein Hippokratischer Eid für Manager?

gegeben, Verfehlungen klar zu benennen und an den akzeptierten Vorgaben des Eids zu messen. Wortbrüchigkeit, Verrat der eigenen Ideale und Einsichten würden auf den Urheber zurückfallen. Zumindest aber kann der Eid die Sicherheit geben, dass der zukünftige Manager um die soziale und moralische Bedeutung seines Handelns weiß und dass er sich darüber hinaus bereit erklärt hat, mit den ihm übertragenen Machtmitteln verantwortlich umzugehen. Ob er das wirklich in Zukunft dauerhaft und zuverlässig tun wird, ist natürlich eine andere Frage. Immerhin ist die Absichtserklärung eine Selbstbindung, auch wenn deren Fesseln schnell wieder gelöst sind. Wenn allerdings damit zu rechnen ist, dass ein Verstoß gegen den Kodex dazu führt, dass sich jemand vor seinen Kollegen und Auftraggebern unmöglich macht und in der Konsequenz nicht mehr mit anspruchsvollen Managementaufgaben betraut wird, dann könnte ein solches Versprechen dazu beitragen, Glaubwürdigkeit aufzubauen. Grundsätzlich schafft der Eid Vertrauen und erhöht die Kosten für ein Abweichen von der selbst festgelegten und vertrauensvoll erwarteten Linie: Er dient damit der Sicherheit der Verhaltenserwartung.

Allerdings behalten die Argumente der Skeptiker Gewicht, die gegen einen solchen Eid, selbst wenn er freiwillig wäre, vorgebracht werden. Wenn der Reiz des Geldes oder der Druck des Umfeldes oder Wettbewerbs groß genug ist, ist auch das Versprechen im Zweifelsfall nichts mehr wert. Deshalb solle man gleich ehrlich sein und zugeben, dass nur Gesetze und Strafen geeignet sind, das gewünschte Wohlverhalten hervorzubringen oder zumindest die größten Exzesse zu verhindern. Gegen einen Eid der Manager spricht auch die Befürchtung von Wettbewerbsnachteilen für die, die nicht schwören wollen, weil aus ihrer Sicht das ganze Unternehmen auf eine Einladung zur Heuchelei hinausläuft. Wägt man die Argumente pro und contra ab, so kann man festhalten, dass es sich bei dem öffentlichen Eid um einen beachtlichen Schritt hin zu der Formulierung und Anerkennung eines Berufsethos handelt, welches allgemeine moralische Grundsätze auf die spezifischen Herausforderungen und Versuchungen zuschneidet, denen der Manager im Wirtschaftsleben ausgesetzt sein wird. Wenn man nicht unrealistische Erwartungen an den Eid für Manager knüpft, hat die ausdrückliche Festlegung auf moralische Prinzipien im wirtschaftlichen Handeln also durchaus Sinn.

Was sind die Inhalte eines solchen Eides? So wie der Arzt im hippokratischen Eid verspricht, seine professionellen Kenntnisse, die ihm Macht über das Wohl und Wehe seiner Mitmenschen geben, nur zum Wohl der Patienten und zur Heilung ihrer Krankheiten einzusetzen, so soll auch der Manager ein Berufsethos anerkennen, das die erworbenen Fähigkeiten nur zum Wohl der Menschen mobilisiert. In einem ersten Schritt, einer Art Präambel, soll der zukünftige Manager sich seine exponierte professionelle Stellung eingestehen und zugleich anerkennen, dass sein Dienst an der Gesellschaft darin besteht, Menschen und Ressourcen zusammenzubringen, damit langfristig Werte für die Gesellschaft produziert werden können. Der angehende Manager versichert, sich darüber im Klaren zu sein, dass seine Entscheidungen und sein Handeln weitreichende Konsequenzen für das Wohlergehen einer Vielzahl von Menschen haben, deren unterschiedliche Interessen und legitimen Ansprüche er berücksichtigen will.

Kurzfassung des MBA-Eids der Harvardabsolventen:

As a manager, my purpose is to serve the greater good by bringing people and resources together to create value that no single individual can build alone. Therefore I will seek a course that enhances the value my enterprise can create for society over the long term. I recognize my decisions can have farreaching consequences that affect the wellbeing of individuals inside and outside my enterprise, today and in the future. As I reconcile the interests of different constituencies, I will face difficult choices.

Therefore, I promise:

- I will act with utmost integrity and pursue my work in an ethical manner.
- I will safeguard the interests of my shareholders, coworkers, customers, and the society in which we operate.
- I will manage my enterprise in good faith, guarding against decisions and behavior that advance my own narrow ambitions but harm the enterprise and the societies it serves.
- I will understand and uphold, both in letter and in spirit, the laws and contracts governing my own conduct and that of my enterprise.
- I will take responsibility for my actions, and I will represent the performance and risks of my enterprise accurately and honestly.
- I will develop both myself and other managers under my supervision so that the profession continues to grow and contribute to the wellbeing of society.
- I will strive to create sustainable economic, social, and environmental prosperity worldwide.
- I will be accountable to my peers and they will be accountable to me for living by this oath.

This oath I make freely, and upon my honor

(Nach: http://mbaoath.org/mba-oath-legacy-version, abgerufen 28. 3. 2011)

Inwiefern stellen die einzelnen Paragraphen, die hier in der Kurzform abgedruckt sind und in der ausführlichen Version leicht im Internet abgerufen werden können, eine Antwort auf spezifische Herausforderungen dar?

1. Integrität und die Treue zu ethischen Prinzipien sind eine Antwort auf jeden Versuch, die persönliche Moral von der vorgeblich amoralischen Ebene des wirtschaftlichen Handelns abzukoppeln. Wirtschaftliches Handeln unterliegt zwar Sachgesetzen, erfolgt aber nicht im moralfreien Raum.

2. Jeder „Macher" läuft Gefahr, die Interessen der Mitarbeiter und derer, die von den eigenen Maßnahmen betroffen sind, beiseitezuschieben. Durchsetzungsfähigkeit als Führungsqualität impliziert leicht auch ein gehöriges Quantum an Rücksichtslosigkeit bei der Verfolgung der eigenen Ziele. Die Anerkennung der Tatsache, dass auch andere Akteure berechtigte Interessen haben und dass die Legitimität nicht mit der

Macht zur Durchsetzung der Interessen deckungsgleich ist, relativiert bewusst die eigenen Ziele und signalisiert die Bereitschaft zur Rücksicht auf andere.

3. Es wird bewusst auf die möglichen Konflikte zwischen persönlichen Interessen und den Interessen des Unternehmens oder der Gesellschaft hingewiesen und auf die Verfolgung des eigenen Nutzens bewusst verzichtet, wenn dies dem eigenen Unternehmen oder der Gesellschaft insgesamt schaden würde.

4. Die Versicherung unbedingter Gesetzestreue könnte banal erscheinen. Sie ist es aber nicht, weil darauf verzichtet wird, sich entweder nur an die Buchstaben des Gesetzes zu halten und sich so ihrem Geist zu entziehen oder aber – bei ungerechten Gesetzen – sich durch Gesetzesgehorsam moralischen Ansprüchen zu entziehen. Die erklärte Bereitschaft zur unbedingten Gesetzestreue akzeptiert die Notwendigkeit zur Stabilisierung einer einmal bestehenden Ordnung, auch wenn sie gleichzeitig deren ständige Reformbedürftigkeit sieht und dafür legale Wege freimachen will.

5/6. Die beiden folgenden Punkte 5 und 6 betreffen das Gebot der Wahrhaftigkeit und der Transparenz in der Unternehmensführung und in der Darstellung der Unternehmenssituation. Es geht nicht nur darum, Bilanzfälschungen und Täuschung der Aktionäre, die im Übrigen ja auch strafbar sind, zu vermeiden, sondern auch den alltäglichen Tendenzen der Vorenthaltung von Informationen, der Beschönigung von Ergebnissen und der Kaschierung von Risiken eine neue Kultur der Offenheit und Wahrhaftigkeit gegenüberzustellen. Die gesamte Einstellung zum Wissen soll auf eine neue Basis offener und kritikfähiger Kooperation gestellt werden.

7. Das Bekenntnis zu nachhaltigem Wachstum geht weit über rein wirtschaftliche Interessen hinaus. Es bezieht ausdrücklich soziale Fragen sowie Fragen der Umwelt ein.

8. Am Ende stellt sich die Frage, gegenüber wem eigentlich Rechenschaftspflicht besteht. Der Eid geht davon aus, dass die Gruppe der Manager insgesamt über die Einhaltung der professionellen moralischen Standards wachen kann. Dazu muss nicht nur der Gruppendruck groß genug sein, sondern die „peer group" der Manager auch insgesamt ein Interesse daran haben, dass das für ihre Arbeit notwendige Vertrauen und der Respekt gegenüber Wirtschaftsführern nicht durch eine Verwischung der üblichen Maßstäbe oder durch schwarze Schafe der Branche auf Spiel gesetzt werden.

Es ist zweifellos ein Verdienst dieses und ähnlicher Versuche, dem Berufsethos von Managern in den Formulierungen der Eidesformel eine konkrete Gestalt gegeben zu haben [IV–16].

2.2.2 Braucht die Moral Helden? – Whistleblowing

Das Wort Whistleblower, nach dem englischen „to blow the whistle" – „die (Triller-)pfeife blasen/ein Alarmsignal geben", hat sich eingebürgert für Leu-

te, die meist aus Gewissensgründen Hinweise auf Fehlverhalten oder Missstände in Firmen oder Behörden geben, durch die unbeteiligte Dritte oder
die Allgemeinheit erheblich geschädigt werden. Es kann und soll, gemäß
der Rechtsprechung, zunächst intern versucht werden, durch Meldung an
die Vorgesetzten die Missstände bekannt zu machen und abzustellen. Praktisch gibt es jedoch häufig keinen Dienstweg, auf dem man Hinweise auf
Missstände gefahrlos weitergeben könnte. Sofern die internen Beschwerden
erfolglos bleiben oder sogar aktiv unterdrückt werden, wendet sich der
Whistleblower an Presse und Öffentlichkeit, um Politik und Gesellschaft zu
alarmieren. Whistleblowing praktizieren also Personen, die auf Missstände,
illegales Handeln oder allgemeine Gefahren aufmerksam machen, von
denen sie am Arbeitsplatz erfahren haben.

Es handelt sich um einen Konflikt, bei dem die dem Unternehmen geschuldete Loyalität mit dem Anspruch auf persönliche Integrität nicht mehr
zu vereinbaren ist. Die Empörung über moralisches Unrecht, das sich intern
nicht abstellen lässt, veranlasst den Whistleblower, die internen Vorgänge
publik zu machen, sich an die Öffentlichkeit zu wenden und sein Wissen,
z. B. als Zeuge vor Gericht, zur Verfügung zu stellen.

Ein bekanntes Beispiel für erfolgreiches Whistleblowing ist das Engagement von Jeffrey Wigand, der ursprünglich Forschungsleiter in der US-amerikanischen Tabakindustrie war und dessen Zeugnis letztlich dafür verantwortlich war, dass es zu einer gerichtlichen Verurteilung führender Manager
der Tabakindustrie und zu extrem hohen Strafen und Schadensersatzleistun-
gen kam. Die unter dem Titel *The Insider* verfilmte Story geht also auf eine
wahre Geschichte zurück (vgl. [IV–2], S. 125 f.). Dass Whistleblower in der
US-amerikanischen medialen Öffentlichkeit zu Helden stilisiert werden, widerlegt nicht die empirische Feststellung, dass im Allgemeinen ein derartiger
moralischer Heroismus mit größten persönlichen Opfern verbunden ist und
in der Regel den Verlust des Arbeitsplatzes und nicht selten den finanziellen
Ruin bedeutet. Kann eine derartige persönliche Aufopferung moralisch geboten sein?

Fakt ist, dass die Strafverfolgung häufig nur dann erfolgreich sein kann,
wenn sie über das Wissen von Insidern verfügt, die bereit sind, vor Gericht
als Zeuge aufzutreten. Das erfordert nicht selten sehr viel Mut und die Bereitschaft, die weitere berufliche Karriere aufs Spiel zu setzen. Dagegen helfen gesetzliche und institutionelle Maßnahmen zum Schutz der Whistleblower nur wenig, auch wenn große Firmen inzwischen über Hotlines, Com-
pliance-Officer und Ombudsleute verfügen, welche die Anonymität der Kla-
genden im Betrieb sichern, gleichwohl aber die Berechtigung der Anklage,
die häufig nur im Detail zu klären ist, untersuchen können. Man muss sehen, dass entgegen der zudem erst nachträglich stattfindenden, öffentlichen
Heroisierung diejenigen, die mit Klagen über Missstände an die Öffentlichkeit gehen, in der Regel in ihrer direkten Arbeitsumgebung angefeindet werden und als Querulanten, Störenfriede oder Nestbeschmutzer verschrien
sind. Unter diesen Umständen bedarf es schon starker persönlicher Motive,
um gegen das Fehlverhalten von Vorgesetzten oder sogar der Firmenleitung
vorzugehen. Ein wesentliches Motiv kann ein ausgeprägtes Gerechtigkeits-
gefühl, Empörung über geschehendes Unrecht oder die Verletztheit durch
persönliche Angriffe sein. Den Ausschlag für den Schritt an die Öffentlich-

keit können aber auch weniger edle Motive wie Neid, Rachsucht, verletzte Eitelkeit oder verratene Liebe geben. Die Motive derer, die einen Missstand oder ein Unrecht öffentlich machen, ändern jedoch nichts am Tatbestand. Selbst wenn die Erfolge der Steuerfahndung zu einem großen Teil auf die anonymen Anzeigen von betrogenen Ehefrauen, verlassenen Geliebten oder neuerdings auf illegal kopierte Bankdaten zurückgehen sollten, bleibt eine Steuerhinterziehung eine Steuerhinterziehung. Gleichwohl erklären die wenig edlen Motive derer, die häufig auch noch anonym Anzeige erstattet haben, das schlechte Image der Whistleblower. Speziell im deutschen Kontext kommen schlechte politische Erfahrungen hinzu: in der Zeit des Nationalsozialismus mit dem berüchtigten Blockwart oder Denunzianten bei der Gestapo, in der DDR mit der Stasi und ihren informellen Mitarbeitern. Fragt man deutsche Studenten, wer bereit wäre, Regelverstöße bei Klausuren anzuzeigen, so wird man weithin auf Ablehnung stoßen, auch wenn bei der Entdeckung von Täuschungsversuchen die Befriedigung bei den ehrlichen Konkurrenten durchaus groß ist. Bei Geschwindigkeitskontrollen im Verkehr lässt sich ähnlich eine Solidarisierung der Kontrollierten gegen die Kontrolleure beobachten. Die Einhaltung der Regeln und die Aufrechterhaltung der Moral werden weithin als ein Problem der Obrigkeit und der Vorgesetzten angesehen. Muss man also ein Held sein oder über ein außergewöhnliches Maß an Zivilcourage verfügen, um die Fahne der Moral in der rauen Realität der Wirtschaftswelt hochzuhalten? Die Tatsache, dass gerichtliche Auseinandersetzungen zum Whistleblowing in Deutschland in der Regel vor Arbeitsgerichten erfolgen, spricht jedenfalls dafür, dass derjenige, der mit Informationen über Missstände oder Fehlverhalten im Unternehmen an die Öffentlichkeit geht, seinen Arbeitsplatz riskiert. Wenn einzelne Mitarbeiter sich fragen, ob sie Missstände öffentlich machen oder lieber schweigen sollen, so sind sie jedenfalls gut beraten, sich der zahlreichen Hilfestellungen zu bedienen, die Gewerkschaften, private Organisationen (wie z. B. die Stiftung Fairness, Transparency International oder auch Netzwerk e. V. mit entsprechenden Internet-Auftritten) oder auch die Unternehmen selbst zur Verfügung stellen. Darin, dass diese institutionellen Hilfen existieren, zeigt sich immerhin ein Umdenken, das durch öffentlichen und politischen Druck in vielen Unternehmen stattgefunden hat (vgl. [IV–17]).

2.2.3 Was kann ein Einzelner schon ausrichten? – Greenfreeze

Ellenbogenfreiheit als Chance für den Einzelnen

Das Gefühl persönlicher Ohnmacht ist weit verbreitet in einer komplexen modernen Welt, in der nahezu alles mit allem zusammenhängt. Diese Welt, die Max Weber einmal mit einem „stählernen Käfig" verglichen hat, scheint für den Einzelnen keinen Ausbruch mehr zu erlauben. Auf der anderen, subjektiven Seite besteht gleichwohl die Erwartung grenzenloser Individualität und persönlicher Freiheit. Beide Faktoren gehören zur modernen Gesellschaft (vgl. [IV–18]). In der Tat ist es eine Illusion zu glauben, der einzelne Akteur könnte an einem Nullpunkt ansetzen. Es steht immer nur eine begrenzte Anzahl von Handlungsoptionen offen, und das auch nur für eine begrenzte Zeit. Nicht zu Unrecht verehrten die Griechen der Antike den *kairos*, den rechten Moment, als einen Gott, der nur vorne auf dem Kopf eine Locke trug, ansonsten aber kahl war. Wer es versäumte, den Gott des richtigen Augenblicks augenblicklich beim Schopf zu fassen, für den war er unwiederbringlich entwischt. Jedes historische Zeitfenster, so würden wir heute sagen, bietet nur für kurze Zeit bestimmte Gelegenheiten und Handlungsmöglichkeiten, dann schließt es sich wieder. Das Problem der Kurzentschlossenen besteht aber darin, dass sie häufig nur über begrenzte Informationen verfügen und daher die Entscheidung unter Bedingungen der Unsicherheit fällen müssen. Betrachtet man ein Geschehen im Nachhinein, dann wirkt es leicht wie eine geschlossene Handlungsabfolge. Dadurch dominiert der Eindruck, dass es ja zwangsläufig so kommen musste. Die Handlungsalternative, die zu einem früheren Zeitpunkt möglicherweise noch bestand, wird dagegen unterschätzt. Es geht um die auch für die Wirtschaftsethik relevante Frage: Welche Handlungsfreiheiten bestanden zu welchem Zeitpunkt? Wer hätte wann eingreifen können oder sogar eingreifen müssen? Wenn wir also Beispiele für erfolgreiches moralisches Handeln moralisches präsentieren, wenden wir uns gegen die fatalistische Neigung dessen, der die Dinge von außen oder im Nachhinein betrachtet, für den alles so kommen musste, wie es gekommen ist, und der glaubt, dass der Einzelne ja doch nichts machen könne. Es soll deutlich werden, dass die Bandbreite zwischen Anpassung und moralischem Heldentum beträchtlich ist und dass durchaus Spielräume für moralisches Handeln zur Verfügung stehen.

Als Beispiel soll im Folgenden eine Erfolgsgeschichte dienen: die Umstellung von Haushaltskühlgeräten auf natürliche Kohlenwasserstoffe als Kühlmittel. Am Anfang steht die sich mehr und mehr durchsetzende Erkenntnis von Wissenschaftlern, dass die schützende Ozonschicht der Erde bedroht ist und mit dem Schwinden dieser Schutzschicht unaufhaltsam eine globale Erwärmung der Erde verbunden sein wird. Einer der Wirkfaktoren, die den Prozess beschleunigen, sind die freigesetzten Fluorchlorkohlenwasserstoffe, die in Kühlmitteln enthalten sind. Die Einsicht in diesen Zusammenhang führt zur Übereinkunft von Montreal, in welcher 1986 die beteiligten Staaten den Gebrauch von FCKW als Kühlmittel in Haushaltsgeräten verbieten und einen Fahrplan für den Ausstieg und die Umstellung auf andere Kühlmittel beschließen. Auch wenn der Anfangspunkt bei der Suche nach der Moral in der Geschichte willkürlich erscheinen könnte, ist es sinnvoll, an dem Punkt anzusetzen, an dem das gesetzliche Verbot von FCKW als Kühlmittel feststeht und die Beteiligten zum Handeln gezwungen sind. Sie müssen sich nach Alternativen umsehen, da niemand auf die Kühltechnik in Haushalten verzichten kann und will. Da es in unserem Zusammenhang darauf ankommt, die Einbindung der Moral in institutionelle Rahmenbedingungen deutlich zu machen und das Zusammenspiel der verschiedenen Handlungs- und Entscheidungsebenen zu erfassen, soll der Ablauf der Ereignisse gerafft dargestellt werden (vgl. [IV–2], S. 383–386; [IV–19]).

Greenfreeze als Erfolgsgeschichte

Zeittafel:

1986	Das internationale Protokoll von Montreal verbietet schrittweise FCKW (fluorierte und chlorierte Kohlenwasserstoffe), weil sie die Ozonschicht der Erde zerstören. Als Ersatzstoffe bietet die chemische Industrie, die mit den Kältemitteln zuvor ein 20-Milliarden-Dollar-Geschäft gemacht hatte,

seit Ende der 80er Jahre Fluorkohlenwasserstoffe (FKW) an, welche die globale Erwärmung immer noch extrem vorantreiben.

seit 1990   Greenpeace sucht nach anderen Möglichkeiten für klimaneutrale Kühlmittel.

1992   Greenpeace entdeckt, dass das Dortmunder Hygiene-Institut über eine Technik verfügt, natürliche Kohlenwasserstoffe als umweltschonende Kältemittel zu nutzen. Die ostdeutsche Firma DKK Scharfenstein (später Foron) in Niederschmiedeberg/Sachsen, die im Zuge der Privatisierung der staatseigenen Wirtschaftsunternehmen nach der Wiedervereinigung durch die damit beauftragte Treuhand abgewickelt werden soll, ist als einzige Firma bereit und technisch in der Lage, einen serientauglichen Kühlschrank mit der neuen Technik – Greenfreeze genannt – zu entwickeln.

Juli 1992   Greenpeace stellt in Kooperation mit der ostdeutschen Firma Foron das Konzept des ersten FCKW-freien und FKW-freien Kühlschranks vor. Es gelingt Greenpeace, 70.000 Vorbestellungen zu erhalten.

Februar 1993   Auf der Hausgerätemesse in Köln stellen alle deutschen Hersteller, die sich zuvor geweigert hatten, plötzlich Greenfreeze-Modelle vor.

März 1993   Der erste Greenfreeze-Kühlschrank wird serienmäßig von der Firma Foron produziert.

Mai 1994   Zusammen mit allen deutschen Herstellern stellt Greenpeace auf der Industriemesse in Shanghai die Kohlenwasserstofftechnik vor.

1993–2001/03   Die deutsche Bundesregierung unterstützt Pilotprojekte in China und Indien. Greenpeace erreicht durch Druck auf die japanischen Hersteller die Umstellung der dortigen Produktion auf die neue Technik bis 2001/03.

seit 1996   Erfolge zeigen sich in Südamerika und Russland, Widerstände vor allem in den USA, außerdem Auseinandersetzungen mit Elektrogroßmärkten und Handelsketten, erste Erfolge bei der Kältetechnik in Supermärkten und Autoklimaanlagen, aber bei Auto- und Raumklimaanlagen sowie bei Tiefkühltruhen in Supermärkten immer noch eine Dominanz der FKW-Kältetechnik.

3. Moral braucht institutionelle Unterstützung: Orte der Moral

Das Beispiel Greenfreeze kann verdeutlichen, dass viele verschiedene Faktoren zusammenwirken müssen, damit ein moralisches Anliegen erfolgreich realisiert werden kann. Man kann zumindest fünf Bereiche unterscheiden, die als Orte der Moral bezeichnet werden können. Sie bilden getrennte Sphären mit eigenen Regeln, beeinflussen sich aber wechselseitig und tragen zu dem Ergebnis moralischen Handelns bei. Es handelt sich um die Bereiche: Staat und Politik, Gesellschaft und Öffentlichkeit, Markt und Wettbewerb, Unternehmen und Gewinnerzielung sowie schließlich um die Individuen mit moralischen Überzeugungen, von denen bisher vor allem die Rede war.

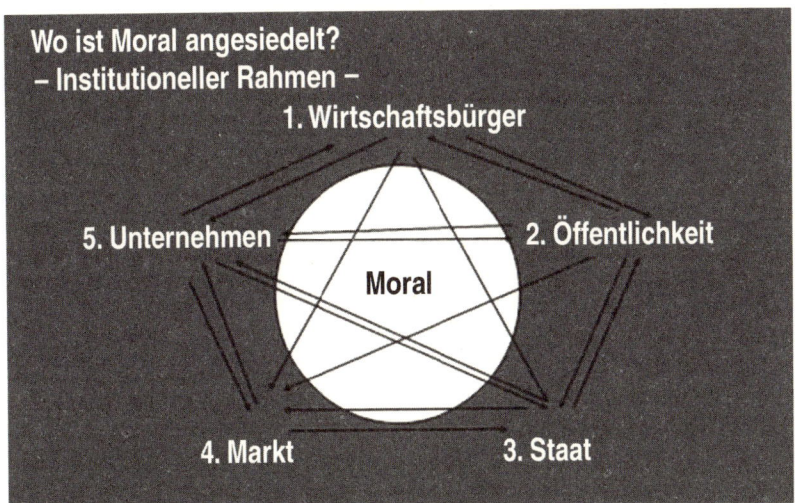

3.1 Individuen als Bürger und Konsumenten

Fragt man nach der Rolle der Individuen im Zusammenhang mit der weltweiten Umstellung auf die Greenfreeze-Technik, so scheint diese auf den ersten Blick angesichts der mächtigen Institutionen verschwindend gering zu sein. Erst bei genauerer Untersuchung erschließt sich dem Betrachter die zentrale Rolle von einzelnen Personen bei allen entscheidenden Weichenstellungen. Die moralische Überzeugung, dass der Gebrauch einer klimazerstörenden Technik unverantwortlich ist, weil er die Lebensgrundlage vieler Menschen zu zerstören droht, kann sich nur deshalb in den Köpfen vieler Millionen festsetzen, weil Einzelne sich dieses Anliegen zu eigen gemacht und erfolgreich Überzeugungsarbeit geleistet haben. Erst diese führt zu praktischen Konsequenzen bei der Produktion von Kühlschränken und ermöglicht die Kaufentscheidung von Millionen Konsumenten. Wolfgang Lohbeck, Umweltexperte bei Greenpeace Deutschland, erfasste die fatale Konsequenz für die globale Erderwärmung, die sich aus einer weltweiten Verwendung des fluorierten Kohlenwasserstoffs als Kühlmittel ergeben würde. Er hatte viel Überzeugungsarbeit zu leisten. Seine Mitstreiter bei Greenpeace mussten überzeugt werden, dass der Versuch einer konstruktiven Zusammenarbeit mit den Kühlschrankherstellern mehr Aussicht auf Erfolg bot als spektakuläre Angriffe auf die großen Chemiefirmen. Die Konsumenten, die zunächst angesichts des fehlenden Angebots an klimaneutralen Kühlschränken keine Wahl zu haben schienen, mussten von der Notwendigkeit einer neuen Technik und dann von der Möglichkeit einer aktiven Förderung durch Subskriptionen überzeugt werden. Erst die große Zahl von 70.000 Vorbestellungen, die in kürzester Zeit erreicht wurde, bewies den Herstellern, dass ein Markt für die neue Technik bestand und dass die Konsumenten in großer Zahl moralische Kaufentscheidungen fällen würden, wenn sie die Wahl hätten.

Angesichts des politischen Drucks, der von der mobilisierten Öffentlichkeit ausging, haben sich Politiker zur Förderung der neuen Technik im nationalen und internationalen Rahmen entschlossen. Die Abwicklung der Firma Foron durch die Treuhand wurde 1992 gestoppt. Auf internationalen Konferenzen wurden die Einführung und Anschubfinanzierung der neuen Technik aktiv unterstützt. Es zeigt sich, dass der Wettbewerb erst mithilfe der Politik in Gang gesetzt werden muss, weil bei den Kühlschrankherstellern Quasi-Kartelle bestehen und da die um ein Milliardengeschäft besorgten Chemiegiganten und großen Abnehmer von Kühltechnik, die jeweils den Verlust von Geschäft und Kapital befürchten, die Innovationen erst einmal abblocken.

Die Individuen, die angesichts neuer Einsichten und einer veränderten Lage auf den verschiedenen Ebenen zu entscheiden haben, sind zu moralischen Einsichten fähig, aber sie denken auch politisch und ökonomisch und sind häufig nicht bereit, eigene Interessen und Vorteile zugunsten einer fernen und für sie unbestimmten Bedrohung zurückzustellen. Es ist fast schon ein Wunder zu nennen, dass sich trotz des Widerstands derartig starker Besitzinteressen die moralische Einsicht durchsetzt, dass die Lebensbedingungen von Millionen Menschen nicht leichtfertig zerstört werden dürfen. Der moralische Standpunkt legt jedenfalls nahe: Eine Technik, welche die Lebenschancen von Millionen Menschen schon in absehbarer Zukunft massiv beeinträchtigen wird, ist nicht zu verantworten und muss aufgegeben oder ersetzt werden, sofern das moralische Verbot der Schädigung anderer Geltung haben soll. Wenn ich die Wahl habe, zu einer Technik ohne diese schädigende Wirkung zu wechseln, mir also noch nicht einmal der Verzicht auf den Kühlschrank zugemutet wird, dann wäre ein Festhalten an einer umweltschädigenden Technik in jedem Fall moralisch verwerflich. Das Beispiel zeigt aber, dass erst eine Reihe von unterstützenden Maßnahmen Moral ermöglichen: Staaten, die Schadstoffe gesetzlich verbieten, Unternehmen, die alternative Techniken entwickeln und zur Verfügung stellen, ein funktionierender Markt, der den Wettbewerb um die besten Lösungen in Gang hält, sowie eine Öffentlichkeit, welche für die Bürger und Konsumenten Transparenz schafft und eine ehrliche Auseinandersetzung über die richtigen Ziele ermöglicht. Das Individuum, sein Wollen und Urteilen, ist zwar nach wie vor der eigentliche Ort der Moral, aber mit der Entstehung einer Gesellschaft von Individuen in der Moderne sind auch die Probleme des kollektiven Handelns, die eine „Neuordnung der kulturellen Rechtfertigungspraxis" ([IV–20], S. 15) notwendig machen, stärker ins Zentrum der Aufmerksamkeit der normativen Philosophie gerückt.

3.2 Markt und Wettbewerb

Hat der Markt eine moralische Qualität?

Markt und Wettbewerb gelten im Allgemeinen nicht als Garanten der Moral. Im Wettbewerb ist jeder interessiert, besser als die anderen zu sein, um erfolgreich bestehen zu können. Jeder denkt an sich selbst, während die Moral dazu auffordert, sich um die anderen zu kümmern. Es wird daher landläufig dem Markt Egoismus und der Moral Altruismus unterstellt. Allerdings zeigt unser Beispiel, dass die bessere Lösung erst in dem Moment eine Chance hatte, in dem eine echte Alternative für die Käufer bestand und damit der Wettbewerb zwischen den Kühlschrankproduzenten wieder in Gang kam. Der Wettbewerbsvorteil, den der neue Konkurrent Foron zunächst hatte, schmolz allerdings schnell dahin, als die etablierten Firmen auf die neue Technik umstiegen und ihre Überlegenheit an Kapital, Produktionsmöglichkeiten, Marktkenntnissen und eingespielten Vertriebswegen ausspielen konnten. Mit dem weltweiten Auftreten, an dem zunächst noch alle zusammen beteiligt waren und welches den überlegenen Produkten mit der Greenfreeze-Technik zum endgültigen Durchbruch verhalf, war die kleine Firma Foron sehr bald überfordert. Sie musste nach wenigen Jahren Konkurs anmelden. Das wird der Betrachter des Marktgeschehens angesichts der Verdienste dieser Firma als ungerecht empfinden. Ist der Markt also unmoralisch zu nennen, weil er erworbene Verdienste nicht honoriert? Berechtigt uns diese „Ungerechtigkeit" dazu, die offensichtliche Rücksichtslosigkeit des Marktes zu verdammen und von einem Marktversagen zu sprechen? Wie verträgt sich damit die Behauptung so angesehener Wirtschaftsethiker wie Karl Homann, dass die Moral im Markt selbst zu finden sei? Sein Schüler Andreas Suchanek formuliert: „Die Marktwirtschaft ist daher [...] die der modernen ‚großen' Gesellschaft angemessene institutionelle Form solidarischer Kooperation. Die Marktwirtschaft mutet jedem Anbieter viel zu, doch dient das grundsätzlich dazu, die Interessen anderer, nämlich der Nachfrager zufrieden zu stellen und dabei selbst durch deren Gegenleistungen besser gestellt zu werden" ([IV–21], S. 99; vgl. S. 97–116). Die „moralische Qualität der Marktwirtschaft" werde – so Suchanek an anderer Stelle – tatsächlich erst dann sichtbar, „wenn man das ‚größere Spiel' betrachtet und sich die relevanten Alternativen hinsichtlich der Koordination wirtschaftlicher Aktivitäten *sehr* vieler Menschen vor Augen hält" ([IV–21], S. 89). Für den Einzelnen bedeutet das Vorhandensein eines Marktes, dass für ihn die größte Chance besteht, seine individuellen Ziele zu verwirklichen. Als Konsument kann er einen Kühlschrank mit den Eigenschaften erwerben, die er braucht, und zu dem Preis, den er zu zahlen bereit ist. Sofern die Anbieter davon überzeugt sind, dass eine Nachfrage besteht, sind sie bereit, das Angebot den Wünschen der Kunden anzupassen. Der Markt ist insofern ein Ort der Moral, als er es möglich macht, die Wünsche vieler Einzelner zu erfüllen, und gleichzeitig alle Marktteilnehmer animiert, ihre Kräfte und Fähigkeiten so weit wie möglich zu entfalten. Das geschieht aber paradoxerweise dadurch, dass im Wettbewerb der Besitz und die Fähigkeiten des Einzelnen permanent in Frage gestellt werden und sehr schnell entwertet sind, wenn andere Besseres anzubieten haben oder sich die Nachfrage verändert. Der Markt kennt keine Pietät (Max Weber). Dem steht idealiter der Vorteil gegenüber, dass jedem Marktteilnehmer die Qualitäten aller anderen zur Verfügung stehen und er so seine persönlichen Ziele erreichen kann. Allerdings zeigt auch das Beispiel Greenfreeze, dass der Markt feste Vorgaben braucht, damit er in der wünschenswerten Weise funktionieren kann. Ob der Markt in seiner jeweiligen Form wirklich ein Ort der Moral ist und tatsächlich vorteilhafte Kooperation für alle ermöglicht, hängt wesentlich von den Rahmenbedingungen ab, welche die Politik vorgibt.

3.3 Unternehmen im Wettbewerb

Warum sperrten sich die Unternehmen gegen die Innovation? Das gesetzliche Verbot von FCKW hatten sie nicht verhindern können und die Tatsache, dass beim Abkommen von Montreal alle wichtigen Staaten eingebunden waren, machte ein Ausscheren einzelner Firmen, ob Kühlgeräteproduzenten oder Hersteller des Kühlmittels FCKW, praktisch unmöglich. Allerdings schieden sich die Geister bei der Frage, ob natürliche Gase als Kühlmittel verwendet werden sollten. Für die chemische Industrie drohte ein riesiger und lukrativer Markt von geschätzten 20 Milliarden Dollar wegzufallen, wenn das von ihr angebotene Ersatzmittel FKW nicht zum Zuge kam und sich stattdessen die von Foron in Zusammenarbeit mit Greenpeace serienreif entwickelte neue Technik auf der Basis patentfreier natürlicher Gase durchsetzen würde. Sie versuchten daher mit zweifelhaften Methoden und – wie sich später herausstellte – vorgeschobenen Pseudo-Sicherheitsargumenten die Zulassung des neuen Verfahrens zu torpedieren. Bis heute funktioniert diese Kampagne auf dem US-amerikanischen Markt, aber glücklicherweise nur noch dort. Die Kühlgerätehersteller waren ebenfalls nicht daran interessiert, kostenträchtige Veränderungen im Herstellungsprozess zu riskieren. Daher blockte die überschaubare Anzahl der etablierten Hersteller in einer Art Oligopol das neue Verfahren ab, jedenfalls so lange, wie kein ernsthafter Wettbewerber auf dem Markt war. Erst als die Käufer von Kühlgeräten mit der Aufnahme der Produktion von Greenfreeze-Geräten bei Foron eine echte Alternative bekamen und die öffentliche Nachfrage dank der Greenpeace-Aktionen unübersehbar wuchs, entstand wieder echter Wettbewerb. Innerhalb kürzester Zeit waren alle Unternehmen in der Lage, eigene Greenfreeze-Modelle anzubieten. Angesichts der gewaltigen Marktchancen, die eine technische Revolution der Kühlgeräte bot, arbeiteten die deutschen und europäischen Firmen sehr bald eng zusammen, um mit Unterstützung der Politik und der Umweltverbände die neuen, klimafreundlichen Geräte weltweit zu produzieren und zum Standard zu machen. Aus Sicht der Unternehmen rechneten sich die Investitionskosten der neuen Technik. Außerdem konnten sie mit dem Argument, einen wichtigen Beitrag zur Verhinderung einer drohenden Klimakatastrophe zu leisten, Punkte für ihre moralische Reputation sammeln. Wie schon erwähnt, fällt allerdings aus Sicht des Betrachters durch den Bankrott der Firma Foron ein Schatten auf das Geschehen. Können wir daran festhalten, dass ein funktionierender Markt moralisch wünschenswert ist, auch wenn dadurch so verdienstvolle Akteure wie die tapfere und tüchtige Firma aus Sachsen, ohne die der ganze Umstellungsprozess niemals stattgefunden hätte, von den Großen aus dem Markt gedrängt werden? Ist der Umgang mit den Verlierern des Wettbewerbs, die aus dem Markt ausscheiden müssen, moralisch akzeptabel? Es ist keine Frage, dass die negativen Folgen für die betroffenen Personen und Regionen von der Gesellschaft insgesamt abgefedert und die sozialen Lasten fair verteilt werden sollten. Das ist aber eine politische Aufgabe, die mit Augenmaß so gelöst werden sollte, dass dadurch der grundsätzlich gewollte Wettbewerb nicht verfälscht oder ganz in Frage gestellt wird. Besitzstandsgarantien sind, auch wenn sie gut gemeint und kurzfristig ein politisch bequemer Weg zur Erhaltung des sozialen Friedens sind, immer ein Festschreiben des Status quo und damit eine Belastung für die Zukunft. Im Falle der Firma Foron, die zu klein war, um von der Politik endgültig vor dem Bankrott gerettet zu werden, kann die Frage nach einer moralischen Verpflichtung zur Erhaltung auch anders gestellt werden. Wäre das weitgehende Erreichen des Ziels einer möglichst vollständigen und weltweiten Umstellung der Kühltechnik ohne die Freigabe des Verfahrens für die Wettbewerber, welche über das erforderliche Kapital und ein weltweites Vertriebsnetz verfügten, überhaupt möglich gewesen? Das Gelingen einer erfolgreichen und moralisch höchst erwünschten Innovation steht so gesehen gegen den Bestandsschutz für ein einzelnes Unternehmen, das Hochachtung und Respekt verdient, weil es mit seinem innovativen Produkt einen Wettbewerb wieder in Gang gebracht hat, dem es nach einigen Jahren nicht mehr gewachsen war. Das ist bitter und wird aus individueller Perspektive als ungerecht empfunden. Gleichwohl sprechen moralische Werte für den Markt und die Aufrechterhaltung des Wettbewerbs, wie ein etwas anders gelagertes Beispiel noch deutlicher vor Augen führen kann.

In der Normandie gibt es seit 25 Jahren eine kleine französische Firma, Nutriset. Deren Gründer, Michel Lescanne, hat angesichts der Hungerkrisen in Afrika auf der Basis von Erdnusscreme Nahrungsprodukte entwickelt, die die optimale Regeneration von geschädigten Kindern ermöglichen, die leicht transportabel und haltbar sind und vor allem ohne das in den betroffenen Regionen selten vorhandene Trinkwasser verabreicht werden können. Dank der Produkte können viele Kinderleben gerettet werden. Die Firma, die sich in Privathand befindet und deren Produkte durch Patente geschützt sind, ist in den letzten Jahren ständig expandiert, aber sie ist bei Weitem nicht in der Lage, den Bedarf ihrer Kunden, der großen internationalen Hilfsorganisationen, abzudecken. Dennoch weigern sich die Besitzer, das Patent oder die Firma an kapitalkräftige Konkurrenten zu verkaufen. Der Patentschutz sichert der Firma für zwanzig Jahre das alleinige Verfügungsrecht an ihrem Produkt. Insofern wird hier, gewissermaßen als Anerkennung der vergangenen Leistung und als Ansporn für weitere Anstrengungen, ein zeitlich begrenztes Monopol verliehen – gegen die Regeln des Marktes. Aus moralischer Sicht stellt sich die Frage: Ist es vertretbar, für den Erhalt von Besitzrechten in Kauf zu nehmen, dass die mögliche Rettung von Millionen Kindern unterbleibt? Vor ähnlichen Fragen stehen übrigens auch die großen Pharmaunternehmen, wenn z. B. die Versorgung mit Aids-Medikamenten in Afrika an den Kosten scheitert.

In unserem Zusammenhang bleibt festzuhalten, dass ein funktionierender Markt aus guten, auch moralischen Gründen wünschenswert ist. Allerdings schließt das nicht aus, dass dort eingegriffen werden muss, wo der Markt bei der Herstellung und Sicherung übergeordneter Güter versagt. Dass aus der Sicht der Unternehmen Wettbewerb die Gefahr einer Entwertung des eigenen Besitzes und des eigenen Könnens bedeutet und daher zu unablässigen Anstrengungen und zu Innovationen zwingt, ist in Kauf zu nehmen, wenn dadurch dem Wohl der Kunden und der Gesamtheit am besten gedient ist. Die schlechte Presse für den Markt, dem häufig Effizienz attestiert, aber Moral abgesprochen wird, hängt damit zusammen, dass die öffentliche Aufmerksamkeit für die Nöte der Verlierer groß ist, weil die Nachteile direkt sichtbar und spürbar sind. Die Vorteile des Wettbewerbs stellen sich dage-

Fazit

gen oft erst langfristig und indirekt ein, und die Gewinner im Markt sind eher „hidden champions", die nicht im Scheinwerferlicht der öffentlichen Aufmerksamkeit stehen. Halten wir also fest, dass dem Markt insgesamt durchaus eine moralische Qualität attestiert werden kann, dass aber aus der Sicht des einzelnen Unternehmens oder Marktteilnehmers der Wettbewerb nicht nur eine große Chance, sondern auch ein hohes Risiko darstellt. Die moralischen Qualitäten des Marktes können sich erst dann entfalten, wenn die politischen Rahmenbedingungen stimmen und eine funktionierende Öffentlichkeit existiert.

3.4 Staat und Markt

Der Staat als Ordnungsgeber des Marktes

Die Auffassungen über die Rolle des Staates und das notwendige Ausmaß staatlicher Gewalt gehen weit auseinander. Die politische Philosophie spiegelt die Breite des politischen Denkens, in dem Anarchisten, Liberale aller Schattierungen und konservative Verfechter eines starken Staates über die Legitimität politischer Gewalt und die Prinzipien einer gerechten politischen Ordnung streiten. Auch wenn diese Grundsatzfragen für die jeweilige Wirtschaftsordnung große Bedeutung haben, muss hier der Hinweis genügen, dass erst die politische Ordnung die Voraussetzungen für einen funktionierenden Markt schafft. Der Staat garantiert die Sicherheit, die die Marktteilnehmer benötigen, um Produkte herstellen und Handel treiben zu können. Er greift ferner da unterstützend ein, wo der Markt versagt. Er korrigiert schließlich die Ergebnisse des Marktes dann, wenn sie den Bestand der Gesellschaft gefährden und ein Auseinanderbrechen der Gesellschaft zu befürchten ist. Der erste Punkt betrifft Aspekte wie die äußere und innere Sicherheit sowie eine funktionierende Rechtsordnung, welche Eigentum schützt und die Verbindlichkeit von Verträgen erst ermöglicht. Wo diese Voraussetzungen nicht gewährleistet sind, können Wirtschaft und Handel nicht gedeihen. Staatliche Strukturen sind – hier geht es um den zweiten Punkt – erforderlich, damit gemeinwohlrelevante Güter erzeugt werden, deren Herstellung man nicht dem Zufall des Marktes und damit der Freiwilligkeit der einzelnen Kooperationspartner überlassen kann. Bildung, Infrastruktur und auch Sicherheit sind Güter, die alle Bürger benötigen und die allen zugutekommen. Der dritte Punkt, die Gewährleistung des Zusammenhalts der Gesellschaft durch eine ausgleichende Gerechtigkeit, ist sicherlich der umstrittenste. Mit welchem Recht kann den Gewinnern des wirtschaftlichen und gesellschaftlichen Wettbewerbs eine Verpflichtung auf das Gemeinwohl abverlangt werden? Ist der Erfolg nicht ausschließlich ihr Verdienst? Diese bei erfolgreichen Managern beliebte Selbsteinschätzung verliert in einer Gesellschaft, in welcher der Zusammenhang von Arbeit, Leistung und Besitz immer weniger gewährleistet ist, ihre Glaubwürdigkeit als Legitimitätsgrundlage für Eigentum und Besitzverteilung. Gemeinwohlverpflichtung des Eigentums und der Anspruch auf Verteilungsgerechtigkeit sind für die politische Akzeptanz des Staates unverzichtbar, auch wenn sie durch den Markt nicht gewährleistet werden. Der Markt, der nach dem Muster freiwillig eingegangener Verträge der Marktteilnehmer funktioniert, erlaubt es, dass jeder Einzelne seine Interessen und Präferenzen verfolgen kann, ohne das Gesamtwohl im Blick zu haben. „The wealth of the nations" soll sich zwar,

nach der berühmten Formulierung Adam Smiths, gleichsam durch eine un-
sichtbare Hand automatisch hinter dem Rücken der einzelnen Marktteilnehmer einstellen, aber selbst wenn generell, also nicht in jedem Einzelfall, die
Schaffung von Wohlstand gelingt, so ist dies allein keine ausreichende Legi-
timationsgrundlage für Macht und politische Herrschaft. Politisches und
ökonomisches Denken unterscheiden sich insofern, als die Politik ausdrücklich das allgemeine Wohl und die bewusste Gestaltung der gemeinsamen
Zukunft anstrebt. Die Berechtigung und die Unverzichtbarkeit von Politik
bestehen darin, dass nur sie diese Aufgabe leisten kann und dass sie für diese
Intention ausdrücklich in die Verantwortung genommen wird. Dieser Anspruch an die Politik gilt unabhängig davon, dass der Staat oder die Politiker
häufig gar nicht im ausreichenden Maße über die Pläne und Strategien der
einzelnen Akteure informiert sein können; denn die gleichen Bürger, die
beispielsweise vehement nach öffentlicher Förderung und Unterstützungs-
leistungen des Staates rufen, sind nicht selten als Privatleute oder Unternehmer bemüht, den dafür notwendigen Steuererhebungen trickreich zu ent-
kommen.

Ökonomisches Denken ist in diesem Punkt von der Sorge für das Allgemeinwohl zunächst einmal entlastet. Der Ökonom kann sich auf ein bestimmtes Ziel konzentrieren und all die Informationen und Faktoren aus-
blenden, die für das Erreichen seines speziellen Zieles irrelevant sind. Die
Nebenfolgen, die sich für alle anderen und für die Gesellschaft insgesamt ergeben, sind nicht seine primäre Sorge. Erst allgemeine gesetzliche Regelungen und öffentlicher Druck lassen ihn überprüfen, ob die Maßnahmen, die
er zur Erreichung seiner privaten Ziele ergreift, auch für diejenigen zumutbar sind, die von den Folgen seines Handelns direkt oder indirekt betroffen
sind. Das Festhalten an der Differenz von ökonomischem und politischem
Denken ist wesentlich für den Erfolg der modernen Marktwirtschaft und
auch so lange grundsätzlich berechtigt, wie Politik nicht durch Ökonomie
ersetzt wird und z. B. Politiker sich nicht von den Lobbygruppen die Geset-
zestexte formulieren lassen. So willkommen und vielleicht auch notwendig
der Rat der Banker in der Finanzkrise war, es dürfte eine Illusion sein zu
glauben, dass Banker nur das Allgemeinwohl und nicht auch und in erster
Linie das Wohl ihres Unternehmens im Blick haben. Gewiss tragen Unternehmer, Manager, Banker oder Händler Verantwortung für das Ganze unter
Hinweis auf ihre Corporate Social Responsibility und Corporate Citizenship
mit, aber die Rollenverteilung in der modernen Marktwirtschaft bringt es mit
sich, dass der Wettbewerb am Markt seine eigenen Gesetze hat und die
Qualitäten des Marktes als Ort der Moral erst dann zum Tragen kommen,
wenn ein gesetzlich bestimmter und politisch kontrollierter Ordnungsrahmen vorgegeben ist. Das Beispiel Greenfreeze kann auch diesen Aspekt verdeutlichen. Wenn die Staaten die Verwendung von FCKW als Kühlmittel
verbieten, so tun sie das mit dem Ziel, Schaden von ihren Bürgern abzuwenden. Der Staat schreibt nicht die neue Technik vor, aber er hat eine Kontroll-
funktion für die Sicherheit und lässt beispielsweise prüfen, ob die neuen Verfahren den notwendigen Sicherheitsstandards genügen, etwa was die Explo-
sionsgefahr durch das verwendete Butangas angeht. Die Ordnungsfunktion
des Staates gegenüber der Wirtschaft wird am Beispiel der beteiligten Firma
Foron besonders deutlich, weil dieser ursprünglich ostdeutsche Staatsbetrieb

Die Differenz von
ökonomischem und
politischem Denken

Anfang der 1990er Jahre im Zuge der deutschen Wiedervereinigung mithilfe der Institution der Treuhand privatisiert wurde. Der überraschende Verzicht auf die Schließung der Firma (später Foron) geht zwar auf den Druck der durch Greenpeace mobilisierten Öffentlichkeit zurück, die Finanzierung der Weiterarbeit wird aber durch öffentliche Mittel möglich, welche die Treuhand zur Verfügung stellt. Schließlich wäre auch der spätere Siegeszug der neuen FCKW- und FKW-freien Technik nicht ohne die politische Überzeugungsarbeit und aktive Unterstützung denkbar gewesen, welche die damalige Bundesregierung mit ihrer Umweltministerin Angela Merkel auf europäischer Ebene und bei internationalen Verhandlungen geleistet hat.

3.5 Gesellschaft und Öffentlichkeit

Die Rolle, welche die Öffentlichkeit bei der Umwandlung der Kühltechnik spielte, verdient eine besondere Betrachtung. Zwar verfügt heute beinahe jeder Haushalt über einen Kühlschrank – der Lebensmittel- und Getränkehandel wäre ohne umfassende Kühltechnik gar nicht denkbar und Klimaanlagen in Gebäuden und Fahrzeugen werden immer selbstverständlicher –, aber dennoch wissen in der Regel nur die Fachleute, worauf die Kühltechnik basiert. Die wenigsten Privatleute würden der Auswahl ihres Kühlschrankes moralische Bedeutung zumessen, wenn sie nicht durch umfangreiche Aufklärungskampagnen über die fatalen langfristigen, zunächst kaum spürbaren Folgen der Zerstörung der schützenden Ozonschicht und der Erderwärmung aufgeklärt würden. Insofern ist es schon bemerkenswert, dass dank wissenschaftlicher Expertisen und öffentlicher Aufklärung die politische Übereinkunft von Montreal mit dem Verbot von FCKW zustande kam. Die Rolle der Zivilgesellschaft mit ihren Verbänden und aktiven Nichtregierungsorganisationen (NGOs), welche die Öffentlichkeit mobilisieren und beeinflussen, kann nicht hoch genug eingeschätzt werden. Moral, Aufklärung und Öffentlichkeit gehören zusammen. Nur dort, wo eine freie Presse und Medienlandschaft existieren und der öffentliche Austausch von Informationen und Argumenten möglich ist, haben die Mittel einer „zwanglosen Vernunft" (Kant, KrV B 774; [IV–22], S. 636) und der „zwanglose Zwang des besseren Arguments" (Habermas; [IV–23], S. 137) die Chance, moralischen Einfluss auf die Bereiche der Wirtschaft und Politik auszuüben. Man könnte einwenden, dass diese eher idealtypische Betrachtungsweise zu wenig die realen Machtverhältnisse in den gesellschaftlichen Auseinandersetzungen berücksichtigt. Aber auch wenn politische Druckmittel, Marktmacht und polemischer Einsatz von Argumenten an der Tagesordnung sind und es in der Regel schwer ist, der Stimme der Vernunft Gehör zu verschaffen bzw. klar auszumachen, was die Vernunft erfordert, so schließt das nicht aus, dass ein Ringen um Vernunft und Wahrheit notwendig und möglich ist. Häufig verschaffen allerdings erst spektakuläre Protestformen die nötige Aufmerksamkeit. Organisationen wie Greenpeace verstehen sich entsprechend zunächst einmal als Protestorganisationen und werden als solche auch von der breiten Öffentlichkeit wahrgenommen. Sie stören mit ihren spektakulären Aktionen die Kreise der Politik und der Wirtschaft. Man sollte sich aber durch die drastischen Auftritte nicht davon ablenken lassen, dass hier ein Anliegen verfochten wird, das seit der Zeit der Aufklärung zu den Kernelementen einer gesellschaftlichen und moralischen Weiterentwicklung gehört: der freie und öffentliche Vernunftgebrauch. Immanuel Kant hat schon vor mehr als 200 Jahren in seiner *Kritik der reinen Vernunft* (1781) auf diesen Zusammenhang von Vernunftgebrauch, Öffentlichkeit und Aufklärung hingewiesen. Was vernünftig ist, solle gleichsam in einem öffentlichen Gerichtsverfahren festgestellt werden. Dafür sei es aber notwendig, dass auch jeder seine Stimme erheben und Argumente, Kritik und Einsprüche zur Prüfung vorlegen könne. Die Existenz der Vernunft beruhe auf der Freiheit der Kritik. Kant spricht von einer Vernunft, „die kein dictatorisches Ansehen hat, sondern deren Ausspruch jederzeit nichts als die Einstimmung freier Bürger ist, deren jeglicher seine Bedenklichkeiten, ja sogar sein Veto, ohne Zurückhalten muß äußern können" (Kant, KrV B 767; [IV–22], S. 631). Das Recht auf freie Meinungsäußerung, das ja längst zum Grundrecht geworden ist, begründet Kant nicht nur mit der Gleichberechtigung der Bürger, die sich frei äußern wollen, sondern auch mit dem Prozess einer öffentlichen Urteilsbildung, zu der jeder Einzelne beitragen, von der er sich unter Umständen aber auch eines Besseren belehren lassen muss: „Zu dieser Freiheit gehört denn auch die, seine Gedanken, seine Zweifel, die man sich nicht selbst auflösen kann, öffentlich zur Beurtheilung auszustellen, ohne darüber für einen unruhigen oder gefährlichen Bürger verschrien zu werden. Dies liegt schon in dem ursprünglichen Rechte der menschlichen Vernunft, welche keinen anderen Richter erkennt, als selbst wiederum die allgemeine Menschenvernunft, worin ein jeder seine Stimme hat [...]" (Kant, KrV B 780; [IV–22], S. 640). Vernunft ist auf Aufklärung durch einen freien Gedankenaustausch angewiesen. Dieser grundsätzliche Zusammenhang bedarf der konkreten Realisierung in der Zusammenarbeit von Menschen, welche die Zustimmung und die Kooperation ihrer Mitmenschen erreichen müssen, um ihre Vorstellungen von einem guten Leben im Rahmen der gegebenen Möglichkeiten verwirklichen zu können.

4. Zusammenfassung, Lektürehinweise, Fragen und Übungen

Zusammenfassung

Ein einfaches Experiment von Leonard Bickmann belegt die Differenz, die zwischen der moralischen Einsicht und dem tatsächlichen Verhalten besteht. Die Erklärungen antiker Philosophen, die diese Differenz aus einem Wissensdefizit oder dem Kampf der Seelenteile herleiten, bleiben unbefriedigend. Wirtschaftsethik muss die empirischen Faktoren berücksichtigen, die moralische Entscheidungen beeinflussen; denn moralisches Verhalten steht erst am Ende eines Entscheidungsprozesses, auf den die individuelle und Situationsfaktoren einwirken. Die Entwicklung des moralischen Bewusstseins erfolgt (nach Lawrence Kohlberg) in Stufen. Nach der präkonventionellen und konventionellen Ebene erreicht nur ein geringer Prozentsatz der Menschen mit der postkonventionellen Ebene die entscheidende Stufe eines selbständigen moralischen Bewusstseins. Daher sind Institutionen und Kontrollen erforderlich, auch wenn moderne Gesellschaften in einem erstaunlich hohen Maße auf Vertrauen und die freiwillige Bereitschaft zur Regeleinhaltung setzen können. Zwei weitere Experimente (Stanford Prison, Milgram) zeigen, dass moralisches Verhalten stark von der

Situation abhängig ist. Wirtschaftsethik muss entsprechend versuchen, richtige situative Anreize zu schaffen. Eine weitere Herausforderung stellen kulturelle Unterschiede dar. Weder die Feststellung, dass Menschen häufig anspruchsvollen moralischen Standards nicht genügen, noch die Relativität der Verhaltensweisen in unterschiedlichen Zeiten und Kulturen können eine grundsätzliche Skepsis gegenüber moralischen Ansprüchen rechtfertigen. Allerdings ist es wichtig, sich mit einer naheliegenden relativistischen Skepsis auseinanderzusetzen. Eine moralische Position setzt voraus, dass die Notwendigkeit, aber auch die Grenzen von Toleranz sowie der Beginn einer Verpflichtung erfasst werden. Auch wenn die Grenzen zwischen flexibler Anpassung, Konformismus und Zynismus manchmal fließend zu sein scheinen, zeigen die Bemühungen um die Formulierung eines Weltwirtschaftsethos oder auch die Initiativen zur Formulierung und Ablegung eines Eids für Manager, dass über die Grundsätze moralischen Handelns in der Wirtschaft durchaus Übereinstimmung zu erzielen ist. Im konkreten Fall kann individuelle Moral einen schwierigen Stand haben, wie die zahlreichen Fälle von Whistleblowing belegen. Individuelle Moral bleibt unverzichtbar, aber sie ist stark auf institutionelle Unterstützung angewiesen, wie die Erfolgsgeschichte Greenfreeze deutlich macht. Es zeigt sich bei genauerer Betrachtung, dass es außer den Individuen als Bürger und Konsumenten weitere Orte der Moral gibt: Markt, Unternehmen, der Staat und die Öffentlichkeit verkörpern jeweils gewachsene Moral und bewirken zusammen mit den Normvorstellungen der Individuen, dass Moral Realität wird. Die institutionelle Verankerung von Moral ist gerade für die Wirtschaftsakteure von entscheidender Bedeutung. Maßgebliche Vertreter der Wirtschaftsethik fordern daher dazu auf, den moralischen Blick auf die Strukturen auszuweiten, die den Rahmen und die Bedingungen für individuelles Handeln vorgeben. Die Wirtschaftsethik arbeitet entsprechend eng mit der politischen Philosophie und der politischen Ökonomie zusammen und bezieht die Ergebnisse der Verhaltenspsychologie und der Sozialwissenschaften in ihre Überlegungen ein.

Lektürehinweise

- Die Fragen der empirischen Ethik spielen unter dem Aspekt „decision-making" eine wichtige Rolle in den angelsächsischen Lehrbüchern der Business Ethics; ausführlich in ([IV–2], S. 111–138), ebenso ([IV–24], S. 39–222); für die deutsche Unternehmensethik vgl. ([IV–25], S. 63–82). Auf Kohlbergs Modell der Entwicklung eines moralischen Bewusstseins bezieht sich auch ([IV–26], S. 50–55), eine Übertragung auf das Entscheidungsverhalten im Wirtschaftsleben versucht [IV–27].
- Die Bedeutung kultureller Unterschiede für die Wirtschaftsethik wird in [IV–28] erörtert. Auf die Interdependenz von Religion und Wirtschaft macht ([IV–29], Bd. 1, S. 567–668) aufmerksam. Die sich daraus ergebenden Probleme eines ethischen Relativismus behandeln ([IV–30], S. 33–54), ([IV–31], S. 65–79), [IV–32]. Die Deutung des globalen Wirtschaftsethos als Basis für ein transkulturelles Management erläutert [IV–33].
- Das Thema Whistleblowing wird in jedem angelsächsischen Lehrbuch behandelt, z. B. ([IV–30], S. 298–322); für die deutsche Unternehmensethik vgl. ([IV–34], S. 181ff.).
- Die Rede von den „Orten" der Moral findet sich ausführlich in ([IV–26], S. 289–392), in knapper Form auch in ([IV–34], S. 28–31). Eine umfassende Darstellung der Institutionalisierung wirtschaftlicher Prozesse enthält ([IV–29], Bd. 2). Einen guten Überblick über die institutionellen Arrangements von Marktwirtschaft, Unternehmen und Politik gibt ([IV–21], S. 89–166), ausführlicher dazu ([IV–35], S. 184–390).

Fragen und Übungen

– Welche Schritte sind notwendig, um die Kluft zwischen moralischer Einsicht und moralischem Verhalten zu überbrücken? Welche empirischen Faktoren beeinflussen das tatsächliche Verhalten?
– Welche Stufen in der Entwicklung des moralischen Bewusstseins unterscheidet Lawrence Kohlberg und inwiefern haben diese entwicklungspsychologischen Untersuchungen Bedeutung für die Wirtschaftsethik?
– Inwiefern stellen kulturelle Unterschiede eine Herausforderung für die Moral dar? Was spricht für oder gegen den Grundsatz: *Si Roma fac ut Romani*?
– Welche Gründe sprechen für eine Verpflichtung auf den Standpunkt der Moral?
– Was versteht das Manifest *Globales Wirtschaftsethos* unter dem Prinzip der Humanität? Welche Grundwerte werden im Einzelnen genannt?
– Erörtern Sie die Chancen, aber auch die Grenzen individueller Moral am Beispiel eines Eids für Manager!
– Welche institutionellen Voraussetzungen sollten gegeben sein, damit Whistleblowing für Arbeitnehmer zumutbar ist? Recherchieren Sie zur Beantwortung der Frage im Internet unter diesem Stichwort!
– Was spricht dafür, Institutionen wie den Markt oder den Staat als Orte der Moral zu bezeichnen?
– Welcher systematische Zusammenhang besteht nach Kant zwischen der Vernunft und einer funktionierenden Öffentlichkeit?

V. Wie bringt man die rationale Ökonomie
wieder zur Vernunft?

In diesem Kapitel werden drei Positionen vorgestellt, welche gegenwärtig die theoretische Diskussion unter deutschen Wirtschaftsethikern dominieren. Der Ansatz von Peter Koslowski, der in der Traditionslinie der klassischen Tugendethik des Aristoteles und des Naturrechts steht, will mit dem Konzept einer ethischen Ökonomie die Ethik als die zentrale Perspektive für das menschliche Handeln auch im Bereich der Ökonomie zur Geltung bringen. Karl Homann und seine Schüler vertreten demgegenüber eine Ordnungsethik, welche den Ort der Moral vor allem in den institutionellen Handlungsbedingungen sieht. Peter Ulrich hat schließlich eine integrative Wirtschaftsethik entwickelt, welche die Ökonomie in das umfassende Gesamtkonzept einer lebensdienlichen Vernunftethik einbinden will. Im zweiten Teil des Kapitels wird der Handlungsbedarf auf der Ebene der Unternehmen angesprochen. Es werden vier Varianten erörtert, entsprechend der unterschiedlichen Einstellung zum Verhältnis von Profit und Moral. Die These von der besonderen sozialen und politischen Verantwortung von Unternehmen (Corporate Social Responsibility, Corporate Citizenship) wird anhand der Stakeholder-Theorie genauer untersucht. In einem dritten und abschließenden Teil werden am Beispiel Korruption Möglichkeiten und Instrumente eines Wertemanagements im Unternehmen vorgestellt.

1. Drei Konzepte der Wirtschaftsethik

In der Öffentlichkeit und hinter den Kulissen wird zurzeit eifrig über die Ursachen der Finanzkrise gestritten. Es ist kaum zu glauben, dass die regelmäßig wiederkehrenden und sich verschärfenden Krisen im Kapitalismus gleichsam ein in Kauf zu nehmendes Naturereignis darstellen. Zugleich ist unübersehbar, dass die Banken und die Banker, die am Boom extrem gut verdient haben, nicht in die Pflicht genommen werden konnten, um für die Verluste ihrer Kunden oder der Steuerzahler zu haften. Die Folgen sind für die Realwirtschaft ebenso spürbar wie für die Staaten, die einspringen mussten und nun für die Schulden geradezustehen haben, welche, wenn überhaupt, von zukünftigen Generationen abgetragen werden müssen. Die Situation bleibt weiterhin höchst unsicher, weil krisenhafte Entwicklungen im Bereich der Staatsfinanzen, der Realwirtschaft oder der Finanzwirtschaft jederzeit andere Bereiche anstecken und Dominoeffekte auslösen könnten. Die Fragen nach den Ursachen des Desasters sind zum einen technischer Art. Wie konnte es zu einer Finanzkrise dieses Ausmaßes überhaupt kommen und wie ist es möglich, dass die Protagonisten der Ökonomie ebenso wie die Ökonomen davon überrascht wurden? Zum anderen wird die Frage nach den Schuldigen aufgeworfen. Wen kann man für das Geschehen verantwortlich machen? Wer ist rechtlich oder zumindest moralisch haftbar zu machen? Das sind nicht mehr nur technische, sondern normative Fragen. Es geht um Schuld und Sühne oder, konkreter fassbar, um Verbrechen (wie Betrug, Untreue), Verantwortung von Personen und Bestrafung von Schuldigen. Wenn jeder Diebstahl und Betrug, wenn grob fahrlässiges Verhalten, bei dem fatale Nebenfolgen vielleicht nicht gewollt, aber billigend in Kauf genommen wurden, verurteilt und geahndet werden, so fällt es schwer zu glauben, dass die für viele Unbeteiligte ruinösen Folgen der Geschehnisse auf den Finanzmärkten moralisch neutral und dem System geschuldete „Unfälle" sein sollen.

Um den Fragen einer moralischen Beurteilung nachzugehen, werden im ersten Teil des Kapitels die drei wirtschaftsethischen Konzepte vorgestellt, die gegenwärtig im deutschsprachigen Raum die Diskussion bestimmen. Wieweit sind sie geeignet, die Auseinandersetzung mit den aufgeworfenen normativen Fragen zu ermöglichen? Die drei Konzepte – darauf wurde schon im ersten Kapitel im Rückgriff auf Formulierungen von Wolfgang Kersting hingewiesen (I 3.3) – versuchen die rationale Ökonomie, die den Vernunftbegriff auf ein Konzept eigeninteressierter Effizienzsteigerung verkürzt hat, jeweils auf andere Weise wieder zur Vernunft zu bringen, sei es als Prämodernismus, als Ökonomismus oder als integrative Wirtschaftsethik. Man kann diese drei Konzepte auch nach ihrer Stellung zur Moderne und deren instrumentellem Vernunftbegriff unterscheiden und von modernitätskritischer, dogmatisch-moderner und reflektiert-moderner Wirtschaftsethik sprechen. Alle drei Konzepte sind sich darin einig, dass die moralisch problematischen Folgen des gegenwärtigen wirtschaftlichen Handelns damit zusammenhängen, dass die instrumentelle ökonomische Rationalität verabsolutiert wird. Übereinstimmend wird die Quelle der gegenwärtigen Übel in der Dominanz eines verkürzten Begriffs von Vernunft gesehen. Allerdings gehen die Wege auseinander, wenn es darum geht, eine Therapie für die Überwindung der dadurch verursachten Krisen zu finden (vgl. [V–1], S. 20ff.).

In der Finanz- und Geldwirtschaft wird der Kontrast zwischen einer individuellen, personenbezogenen Betrachtungsweise auf der einen Seite und einer systemischen Betrachtungsweise auf der anderen Seite besonders deutlich. Letztere verflüchtigt sich leicht in eine „strukturierte Verantwortungslosigkeit" (vgl. [V–2]) ohne handelnde Akteure. Dem modernen Wirtschaftsakteur als „Mann ohne Eigenschaften" korrespondieren dann anscheinend, wie es Wolfgang Hetzer formuliert hat, auf Seiten des Systems die „Eigenschaften ohne Mann" ([V–3], S. 133). Zugespitzt lautet die Frage: „Haben Einzelne versagt oder das System als Ganzes?" ([V–3], S. 137). Auf der Suche nach den Ursachen der Finanzkrise stößt man immer wieder auf diese Alternative: Die einen machen die Gier verantwortlich, wie z. B. John Gutfreund, der ehemalige Chef einer New Yorker Investmentbank im Interview mit seinem Ex-Mitarbeiter und heutigen Bestsellerautor Michael Lewis: „Gier auf beiden Seiten – Gier der Investoren und Gier der Banker". Sein Gegenüber hält die Sache für komplizierter: „Gier an der Wall Street war eine Gegebenheit, fast schon eine Pflicht. Das Problem bestand im System der Anreize, das die Gier kanalisierte" ([V–4], S. 299). Der unterschiedliche Umgang mit dieser Spannung zwischen individualethischem und ordnungsethischem Ansatz kennzeichnet auch die Debatten der Wirtschaftsethik in Deutschland.

1.1 Prämodernismus

Die modernitätskritische Wirtschaftsethik, die Wolfgang Kersting als Prämodernismus bezeichnet, hat einen exponierten Vertreter in Peter Koslowski, der einen Lehrstuhl an der Freien Universität Amsterdam innehat und seit fast drei Jahrzehnten die Anliegen der Wirtschaftsethik als Theoretiker mit seinen wissenschaftlichen Arbeiten und als Praktiker in der Wissenschaftsorganisation (Deutsches Netzwerk Wirtschaftsethik, Deutsche Gesellschaft für Philosophie) vorantreibt. Er wendet sich gegen die Grundirrtümer einer Ökonomie, die alle ordnungspolitischen oder ethischen Ansprüche zurückweist. Stattdessen sucht er schon in seinen *Prinzipien der Ethischen Ökonomie* (1988) nach einer Theorie, welche „in der Ethik eine der Optimierungsbedingungen der Marktwirtschaft erkennt" ([V–5], S. 23). Der Markt erfülle nicht die Funktion, die ihm von den neoliberalen Verfechtern der Deregulierung zugesprochen werde. Im Einzelnen wendet sich Koslowski gegen eine Reihe von Annahmen, welche die Protagonisten einer reinen Marktwirtschaft machen: Er hält die Behauptung für falsch, dass Verträge schon aus Eigennutz eingehalten würden. Es gäbe auf dem Markt Informationsasymmetrien, die ausgenutzt werden könnten. Es bestehe eine Divergenz von Eigen- und Unternehmensinteresse, die trotz aller Anreize (*incentives*), welche die Interessengleichheit erreichen und damit die Loyalität fördern sollen, ausgenutzt werden könnte. Er glaubt außerdem, dass die zunehmende Größe des Marktes auch seine Probleme eher verschärfe als minimiere und dass die zunehmende Kommerzialisierung speziell für die Banken den Abbau ihrer spezifischen Professionalisierung und damit auch eines ursprünglich vorhandenen Berufsethos bedeutet. Es ist daher für ihn offensichtlich, dass der Markt einer Ordnung bedarf und dass dieser Ordnungsrahmen nach moralischen und politischen Regeln gesetzt werden muss. Angesichts der zu erwartenden egoistischen Motivation der Akteure auf den Märkten und im Finanzwesen sei eine ethische Motivation unverzichtbar, um für den Einzelnen und die Gesellschaft ein Optimum zu erreichen. Ethik zielt für ihn sowohl auf die Regeln und Normen des institutionellen Rahmens als auch auf das individuelle und interpersonale Handeln. Das Anliegen einer ethischen Ökonomie geht aber von der Priorität der Ethik aus, die auf die optimale Entscheidung eines Individuums im Einzelfall zielt und von diesem verlangt, innerhalb des rechtlich Zulässigen das Gute zu realisieren. Wenn er seine Theorie der Ökonomie „ethisch" nennt, so deshalb, weil für ihn die Motivation der Individuen, die sich an der Natur der Sache orientieren, der entscheidende Schlüssel zu einer vernünftigen Form des Wirtschaftens bleibt. Die Betonung der Moral des Einzelnen basiert auf der Vorstellung eines sittlichen Common Sense, der sich an einer zweckmäßigen Gesamtordnung ausrichten kann (vgl. [V–5], S. 24 ff., 244 ff.).

Natürliche Sittlichkeit? — Die Frage ist allerdings, ob dazu auf eine natürliche Sittlichkeit und ein Naturrecht zurückgegriffen und ob die Ökonomie wieder in den Gesamtzusammenhang einer Traditionswelt eingebunden werden kann, die sich im Zuge der Modernisierung aufgelöst hat. Ökonomie soll wieder eingebettet werden in eine ganzheitliche, religiös oder metaphysisch zentrierte Sinnwelt und so wieder eine menschliche Gestalt bekommen. Die verloren gegangenen alten Tugenden und Werte sollen wieder Bedeutung bekommen, damit das gemeinsame gute Leben verwirklicht werden kann. Die Schwierigkeit liegt darin, dass die alte Welt der Sicherheit unwiederbringlich dahin ist und auch niemand den Preis zahlen will, der fällig wäre, wenn Wirtschaft, Politik und Gesellschaft wieder zu einer für alle verbindlichen einheitlichen Vorstellung von Sinn zurückgeführt würden. Das würde nämlich den weitgehenden Verzicht auf die gesellschaftliche Ausdifferenzierung, Individualisierung und vernünftige Selbstbestimmung bedeuten. Auf freiwilliger Basis ist die Ausrichtung des Handelns an Sinnvorgaben sicher wichtig und geradezu unverzichtbar, aber als Maßgabe für eine ganze Gesellschaft illusorisch und allenfalls mit autoritären Mitteln und durch die Unterdrückung einer kritischen Öffentlichkeit vorübergehend erreichbar. Wir sollten also skeptisch sein, wenn die „natürliche Ordnung" als Heilmittel angeboten wird. Die Empfehlung, „wieder den einfachen Gesetzen der Sittlichkeit zu folgen" ([V–5], S. 249), ist bezogen auf moderne pluralistische Gesellschaften einfacher gesagt als getan. Appelle an Anstand und Üblichkeiten nützen wenig. Was genau sind zum Beispiel die Treuhänderpflichten eines Managers oder einer Bank? Würde man beispielsweise versuchen, die Fragen des Umweltschutzes über den Appell an Werte und moralische Normen steuern zu wollen, so würde das kaum Erfolg versprechen. „Es wird verkannt, dass die moderne Gesellschaft nicht mehr werte-, sondern vielmehr regelintegriert ist" ([V–6], S. 115).

Es bleibt festzuhalten, dass sein Kriterium der „Natur der Sache" sehr viel mehr gesellschaftliche Entwicklungen und Entscheidungen als „Natur" enthält. Diese bedürfen aber ihrerseits einer Rechtfertigung. Und zweitens bleibt offen, wie die Verpflichtungen aus der „Natur der Sache" für das Individuum in der Wettbewerbsgesellschaft umzusetzen sind. In diesem Zusammenhang analysiert er sehr genau die Funktion und den Zweck von Finanzinstrumenten. Allerdings lässt sich schwer und meist erst im Nachhinein beurteilen, ob und ab wann Änderungen dieser Funktion ethisch verwerflich sind. Wo endet beispielsweise beim Hedging (engl. Einzäunen) die legitime Absicherung von Geschäften z. B. gegen Währungsschwankungen oder eine Steigerung der Rohstoffkosten, und wo fängt die leichtfertige und volkswirtschaftlich schädliche Spekulation an? Ein im Euroraum produzierendes Unternehmen, das in den Dollarraum exportiert und sich für die Zeit zwischen Angebot, Vertragsabschluss, Produktion und Bezahlung Sicherheit in Bezug auf wesentliche Kostenfaktoren verschaffen möchte, kann sich gegen eine Gebühr feste Wechselkurse oder Preise für einen bestimmten Zeitraum in der Zukunft sichern. Eine solche Absicherung ist auf einem unsicheren Markt vernünftig, auch wenn sie mit Kosten verbunden ist. Allerdings muss ein Gegenspieler gefunden werden, der umgekehrte Interessen hat (wie z. B. ein Exporteur aus dem Dollarraum) und der sich angesichts der Unsicherheit über die zukünftige Entwicklung ebenfalls absichern will. Als Versicherer kommen aber nicht nur Unternehmen mit komplementären Interessen bzw. Befürchtungen in Frage, sondern auch „Spekulanten", welche die Markt- oder Währungsentwicklung anders einschätzen und bereit sind, auf ihre Prognose mit hohem Einsatz zu wetten. Missbrauchen diese die vorhandenen Finanzinstrumente? Sind Wetten auf eine zukünftige Entwicklung grundsätzlich unmoralisch, weil sie auf Kosten der Verlierer (wie z. B. der häufig kolportierten „dummen deutschen Landesbanken") gehen, oder ha-

Kriterium „Natur der Sache"

ben sie sogar eine positive Funktion, weil sie Übertreibungen und Fehlein-
schätzungen der Marktteilnehmer korrigieren und in Grenzen halten? Die
Grenzziehung ist nicht einfach und der Sinn und Zweck eines Finanzinstru-
mentes oder einer Institution nicht so eindeutig, wie es für die ethische
Theorie wünschenswert wäre.

Attraktivität des indi-
viduellen Ansatzes

Wie bei Koslowski, so besteht bei vielen Wirtschaftsethikern die Sorge,
dass der Systemgedanke über- und die Rolle des individuellen Menschen
unterbewertet werden könnte. Klaus Leisinger, Chief Executive Officer der
Novartis Stiftung für nachhaltige Entwicklung, betont zum Beispiel: „Moralität – oder der Mangel daran – wird von den Menschen, ihren Werteorientie-
rungen, ihrer moralischen Integrität und ihrem konsistenten und kohärenten
Verhalten in soziale Systeme hineingebracht" (zit. nach [V–7], S. 230). Die
vor allem von wertkonservativer Seite betonte Sorge um die personale Seite
der Wirtschaftsethik spielt im Hintergrund mit, wenn neuerdings das Leitbild
des ehrbaren Kaufmanns beschworen wird. Die Nähe zur Tugendethik ist
unübersehbar. Die Aufmerksamkeit richtet sich auf die handelnden Personen, insbesondere auf deren Charakter, Integrität und moralische Kompetenz. Mit Recht wird betont, dass auf die personale Komponente in der Wirtschaftsethik gar nicht verzichtet werden kann (vgl. [V–8], S. 168, 63 ff.).
Allerdings fehlt der Tugendethik die notwendige Verbindlichkeit und Ent-
schiedenheit. Stattdessen werden Ratschläge erteilt und es wird auf Vorbil-
der verwiesen, die das ganzheitliche Bild vom ehrbaren Kaufmann oder
vollendeten Gentleman vor Augen stellen. Das jeweilige Ethos ist aber stark
zeitgebunden und auf eine konkrete lebensfähige moralische Gemeinschaft
bezogen, die über einen übereinstimmenden Wertekanon und über eine
gemeinsame Vorstellung von einem guten Leben verfügt. Diese Voraussetzung ist in der modernen, von Individualismus und Pluralismus geprägten
Welt kaum noch gegeben. Moderne Versuche einer Rehabilitierung der
Tugendethik, wie z. B. die von Martha Nussbaum und Amartya Sen, legen
daher den Akzent darauf, Möglichkeiten zu einer angemessenen Entfaltung
der eigenen Fähigkeiten (capabilities) zu schaffen. Der Hinweis auf die
Grenzen der Tugendethik unter modernen Bedingungen soll nicht unsere
Hochachtung für vorbildliche und tüchtige Unternehmer trüben. Er wird uns
aber davor bewahren, die Hoffnung der Wirtschaftsethik einseitig auf die
Motivierung der einzelnen Akteure zu setzen.

1.2 Ökonomismus

Ökonomische Ethik
– eine von Moral ent-
lastete Ökonomie?

Das zweite, von Kersting als dogmatisch-moderne Wirtschaftsethik bezeich-
nete Konzept, das auch – im Anschluss an den Begriff „ökonomischer Imperialismus" des US-Amerikaners Gary Becker ([V–8]; [V–9]) – unter dem Titel
„Ökonomismus" firmiert, wird in Deutschland vor allem von Karl Homann
und seinen Schülern vertreten. Sein Vorteil liegt darin, dass es dem Denken
der Ökonomen entgegenkommt und daher überhaupt an die Ökonomik, an
die Theorien der Wirtschaftswissenschaftler anschlussfähig ist. Andreas Suchanek, prominenter Schüler Homanns, hat entsprechend eine ökonomische Ethik geschrieben, deren Aufgabe er darin sieht, „die Menschen zunächst mit der Welt, wie sie ist, zu konfrontieren in einer Weise, die motiviert, zu ihrer Verbesserung beizutragen [...]" Ökonomische Ethik fragt dazu

„systematisch nach der besseren Alternative im Ausgang vom Status quo" ([V–6], S. 10). Dieses Programm einer „Versöhnung mit der Wirklichkeit" stellt in gewisser Weise unsere moralisch-kulturellen Hintergrundüberzeugungen auf den Kopf, weil es Vernünftigkeit und Marktförmigkeit konvergieren lässt. Die wirtschaftsethische Moral soll auf die individuelle weitsichtige Klugheit der Individuen gegründet werden. Unsere vertraute Moralsprache mit Begriffen wie Verbindlichkeit, Pflicht, Verantwortung verschwindet, stattdessen wird die ökonomische Vorteilhaftigkeit kooperativen Verhaltens betont. Es ist – vorausgesetzt, die Regeln stimmen – eine Frage der Klugheit jedes Einzelnen, sich regelkonform und kooperativ zu verhalten. Moral und profitorientierter Wettbewerb schließen sich – so die Annahme – nicht länger aus. In der Sicht der Kritiker stellt sich das anders dar. Das philosophische Paradigma von Homanns Münchener Schule der ökonomischen Ethik lasse sich – so Matthias Kettner in einer vergleichenden Übersicht – „als das Paradigma der moralisch entlasteten (d. h. von Moral entlasteten) ökonomischen Rationalität charakterisieren" ([V–10], S. 22).

Was spricht dennoch für diesen die traditionelle Ethik provozierenden und entsprechend heftig bekämpften Ansatz? Wie kann oder darf die Ökonomie von der Moral „entlastet" werden? Muss die Ökonomie – um noch eine ähnliche Metapher anzuführen – stattdessen durch Moral gefesselt oder im Zaume gehalten werden? In der Sicht der Homann-Schule liegt einer derartigen Gegenüberstellung von Marktwirtschaft und Moral ein einseitiges und dualistisch verfehltes Verständnis von Moral zugrunde. Homann schließt sich in gewisser Weise der Kritik Hegels an Kant an, dessen Loslösung des (moralischen) Sollens vom Sein (der politischen und ökonomischen Realität) als abstrakt kritisiert wird. Die Forderungen der Moral, so die These, können nicht unabhängig von der gesellschaftlichen Ordnung, in der sie erhoben werden und in der sie erst ihre konkrete Ausgestaltung erhalten, ihre Berechtigung haben. Das Sollen sei, so Homann, an das Können gebunden. Der klassische Satz aus der scholastischen Tradition der Ethik, dass niemand über sein Vermögen hinaus eine moralische Verpflichtung habe (*nemo tenetur ultra posse*), wird so ausgelegt, dass zu den Restriktionen, welche Absolution von einer moralischen Verpflichtung erteilen, neben den physischen und psychischen auch die ökonomischen Zwänge gehören. Die Gültigkeit moralischer Normen für das Handeln wird davon abhängig gemacht, ob zu erwarten ist, dass sich auch die anderen an die Regeln halten (vgl. [V–11], S. 51f.). Der inneren Verpflichtung auf die Moral entspricht nur unter diesem Vorbehalt auch eine „äußere" Verpflichtung zum Handeln, wie unter Berufung auf die Unterscheidung zwischen einem *forum internum* und einem *forum externum* von Thomas Hobbes festgestellt wird (Leviathan Kap. 15; [V–12], S. 140). Gilt also das, was der politische Philosoph Thomas Hobbes für den Überlebenskampf im Bürgerkrieg formuliert hat, auch für das Verhalten im wirtschaftlichen Überlebenskampf? Darf ich, wenn alle anderen betrügen, gegen mein Gewissen, das *forum internum*, ebenfalls mit List, Betrug und Bilanzfälschung arbeiten, um mich und meine Firma im kapitalistischen Haifischbecken vor dem Ruin zu retten? Das dürfte kaum die Botschaft sein, die Karl Homann übermitteln will, der persönlich vom Wert individueller Moral überzeugt ist und sich selbst als wertkonservativ bezeichnet. „Ich bin ein ganz wertkonservativer Mensch. Oberste Werte für mich sind die Freiheit und die Würde des Einzelnen und die Solidarität aller Menschen. Und dann muss ich sehen, unter welchen Bedingungen ich das durchsetzen kann" ([V–13], S. 12). Warum also die Konzentration auf die Ordnungsethik und die geringe Aufmerksamkeit für die Individualethik, an der vor allem das Problem ihrer Implementierbarkeit interessiert?

Karl Homann und seine Schüler weisen besonders darauf hin, dass Menschen unter Endlichkeitsbedingungen handeln. Das heißt, sie handeln unter Knappheitsbedingungen und sind in ihrem Handeln abhängig von anderen Akteuren. Sie müssen also, wenn sie rational handeln wollen, bei ihren Entscheidungen berücksichtigen, dass Kosten anfallen und diese gegen den Nutzen abzuwägen sind. Zum moralischen Problem wird die Knappheit allerdings erst dann, wenn auch andere auf diese knappen Güter angewiesen sind. Das Kernproblem stellt nicht die Knappheit, sondern der Konflikt dar. Er wird dadurch gelöst, dass die Zusammenarbeit für alle Vorteile bringt Auch der einsame Robinson ist, wenn er sein Leben retten will, zu einem ökonomischen, d. h. effizienten Umgang mit den wenigen Gütern, die er aus dem Schiffbruch retten konnte oder mit primitiven Mittel herstellen kann, gezwungen. Die eigentlich moralischen Probleme entstehen erst im Umgang mit anderen Menschen, beim Auftauchen der Kannibalen, die ihn bedrohen, und bei der Zusammenarbeit und Arbeitsteilung mit seinem neuen Gefährten Freitag (vgl. [V–14], S. 32 ff.). Wer über moralische Ideale verfügt und nach diesen sein Leben gestalten will, lebt in einer Welt, in der er mit Widerständen zu kämpfen hat, in der ihm nicht alles möglich ist und in der er vor allem nicht allein ist. Jeder ist, wenn es um die Verwirklichung von moralischen Idealen geht, abhängig von dem, was andere tun, weil er auf ihre Kooperation angewiesen ist und gleichzeitig mit ihnen in Konkurrenz steht. Wie aber kann die Kooperation von Konkurrenten funktionieren?

Soziales Dilemma

Unter Wettbewerbsbedingungen kommt es regelmäßig zu Krisen in der Zusammenarbeit, denn wer im Wettbewerb mit anderen Akteuren steht, befindet sich grundsätzlich in einem sozialen Dilemma. Er weiß, dass es besser wäre, zu kooperieren, als die Zusammenarbeit zu verweigern, aber er weiß trotzdem nie, ob es nicht doch besser ist, auf die Vorteile der Zusammenarbeit zu verzichten, weil seine Kooperationsbereitschaft von den anderen ausgenutzt werden kann. Diese Dilemmastruktur menschlicher Interaktion wird von der Homann-Schule als systematischer Ausgangspunkt genommen. Für jeden Akteur gilt: Wenn er selbst kooperiert, macht er sich ausbeutbar. Da diese Befürchtung aber für alle gilt, besteht die Gefahr, dass die gesellschaftliche Kooperation überhaupt scheitert, solange nicht sicher ist, dass alle sich an die Regeln halten. Das heißt umgekehrt: Schon wenn wenige versuchen, sich auf Kosten der anderen zu bereichern, besteht die Gefahr, dass alle ihre Kooperation einschränken und sich gegen Ausbeutung sichern müssen. In modernen Gesellschaften besteht eine Asymmetrie von Kooperationsbedarf und Defektionspotential: Für die Zusammenarbeit müssen (fast) alle gewonnen werden, für die Erschütterung des gesellschaftlichen Miteinanders genügen schon wenige Störer (vgl. [V–11], S. 49f.). Die Frage lautet also: Wie lassen sich im Normalbetrieb moderner Gesellschaften die glaubwürdigen Verhaltensbindungen aufbauen, die jedem die notwendige Zuversicht in die Kooperationswilligkeit der anderen geben können? Woher weiß ich z. B. als Anbieter, dass der Kunde nach Erhalt der Ware auch zahlt, und wie kann ich als Kunde sicher sein, dass das angebotene Produkt auch die vom Anbieter versprochenen Qualitäten hat?

Ein erhöhtes Risiko für die gesellschaftliche Zusammenarbeit besteht vor allem dann, wenn Leistungen gemeinsam erbracht oder Güter gemeinsam genutzt werden müssen. Das Phänomen wird in den Wirtschaftswissenschaften auch unter dem Titel „Tragik der Allmende" diskutiert. In stabilen vormodernen Gesellschaften stand die Allmende allen Dorfbewohnern als Weideland zur Verfügung. Ihre Nutzung durch alle war in der Regel verlässlich geregelt. In dynamischen und unübersichtlichen modernen Gesellschaften lassen sich Regeln, welche die bisweilen notwendigen Einschränkungen in der Nutzung garantieren, kaum noch durchsetzen. Das führt dazu, dass speziell in einer Gesellschaft konkurrierender Individuen die Grundlage des gemeinsamen Lebens, z. B. die Weide oder der Fischbestand der Meere, deshalb zerstört wird, weil jeder sich in Konkurrenz mit den anderen einen möglichst großen Anteil sichern will. Dabei ist die Logik, welche das Handeln des Einzelnen leitet, durchaus rational. Er muss befürchten, dass er zu kurz kommt, wenn er sich nicht einen möglichst großen Anteil sichert. Eigene Bescheidenheit würde nur dazu führen, dass die anderen ihre Herden oder Fangquoten erhöhen könnten. Deshalb ist es vielversprechender, seinerseits einen größeren Anteil in Anspruch zu nehmen, der ja zunächst auch niemandem zu fehlen scheint. Erst wenn alle so verfahren, leben sie von der Substanz. Die soziale Falle, die am Ende alle mit leeren Händen dastehen lässt, besteht so lange, wie nicht sachgerechte Regeln glaubhaft durchgesetzt werden, welche die nicht intendierten Nebenwirkungen (wie z. B. die Versteppung des Weidelands bei erhöhtem Viehbestand) in Grenzen halten und außerdem jedem Einzelnen die Sicherheit geben, dass er nicht der Dumme ist, wenn er sich an die Regeln oder verabredete Quoten hält. In neueren Untersuchungen [V–15] wurde zu Recht darauf hingewiesen, dass es auch heute durchaus noch Gesellschaften gibt, bei denen das Prinzip der Allmende, also die gemeinsame Nutzung eines allgemeinen Gutes, auf freiwilliger Basis funktioniert. Allerdings handelt es sich dabei um überschaubare lokale Einheiten, für die sich noch die vormodernen Bedingungen eines „harmonischen Kollektivs" ([V–1], S. 14) erhalten haben. Im Umkehrschluss heißt das: Dort, wo wir es wie in der modernen Wettbewerbsgesellschaft mit einem „Kollektiv der Egoisten" zu tun haben, stellt sich als Ergebnis je individueller Rationalität ein Ergebnis ein, das rational suboptimal und meist auch moralisch problematisch ist. Die Gefahr, ausgenutzt zu werden, ist immer dann besonders groß, wenn es Einzelne oder Gruppen gibt, die nichts zu verlieren haben. Die Existenz von „Habenichtsen" ist also zusätzlich eine Bedrohung für auf Kooperation angewiesene moderne Gesellschaften, der sie entweder durch erhöhte Kontroll- und Sicherheitsmaßnahmen begegnen werden oder von der sie sich durch Transfer- und Sozialleistungen gleichsam freikaufen können.

Die Überlegungen zur Dilemmastruktur sozialer Interaktionen werden in der Regel mit einem Modell aus der Spieltheorie illustriert, dem Gefangenendilemma. Es kann plausibel machen, dass rationale Vorteilsüberlegungen isolierter Individuen dazu führen, dass es für sie insgesamt nicht zu optimalen Lösungen kommt. Das Modell geht davon aus, dass zwei Gefangene nur dann verurteilt werden können, wenn mindestens einer von ihnen das

Die Tragik der Allmende

Das Gefangenendilemma als Modell

Verbrechen, z. B. einen Bankraub, gesteht. Um ein solches Geständnis zu erreichen, bietet der Richter eine Kronzeugenregelung an, die dem, der als Einziger gesteht, Straffreiheit verspricht. Für jeden Einzelnen, der gesteht, wäre dies die beste Lösung. Gestehen allerdings beide, so werden sie auch wegen Bankraubes verurteilt. Gesteht keiner von beiden, so können sie nur wegen eines geringfügigen Delikts (z. B. Steuerhinterziehung), das man ihnen nachweisen kann, zu einer geringen Strafe verurteilt werden. Das wäre für beide zusammen betrachtet die beste Lösung, diejenige, welche sie – salopp ausgedrückt – locker absitzen könnten. Diese aus der Sicht der Bankräuber optimale Lösung wird aber dadurch verhindert, dass keiner von ihnen sicher sein kann, dass der andere nicht von der angebotenen Kronzeugenregelung Gebrauch macht, wenn er selbst dichthält. In diesem Fall wäre das Ergebnis für den, der nicht gesteht, eine echte Katastrophe: lange eigene Haft, während der geständige Kumpel straffrei ausgeht. Um das zu verhindern, gebietet es die Klugheit für jeden von beiden, vorsichtshalber zu gestehen. Das führt aber am Ende zu einem Ergebnis, das keiner intendiert hat, nämlich einer langen Haftstrafe für beide, die allenfalls dank der Kooperation mit dem Gericht etwas verkürzt wird. Zeichnet man diese Konstellation in einer Matrix auf, so wird sichtbar, dass es für das Gesamtwohl beider Gefangenen die beste Lösung wäre, wenn beide schwiegen und dafür jeweils kurze Haftstrafen für die auch ohne Geständnis nachweisbare Steuerhinterziehung in Kauf nähmen. Die rationale Überlegung aus der Sicht der einzelnen Akteure, die auf persönliche Straffreiheit spekulieren lässt, verhindert ein optimales Ergebnis für jeden Einzelnen und für das Kollektiv. Aus der Straffreiheit bzw. aus den vier (2+2) Gefängnisjahren, mit denen man hätte davonkommen können, werden so zwölf (6+6).

MATRIX der zu erwartenden Gefängnisjahre:
0 = Straffreiheit als Kronzeuge
2 = Verurteilung wegen Steuerhinterziehung
6 = Verurteilung wegen Bankraubs mit Geständnis
8 = Verurteilung wegen Bankraubs ohne Geständnis

		Gefangener B ↓	Gefangener B ↓
		Kein Geständnis	Geständnis
Gefangener A →	Kein Geständnis	2/2	8/0
Gefangener A →	Geständnis	0/8	6/6

   Zu diesem Ergebnis kommt es allerdings deshalb, weil die Unsicherheit jedes Einzelnen über das Verhalten des anderen im Modell eingebaut ist. Erst dadurch sieht sich jeder gezwungen, vorsorglich selbst den vom anderen befürchteten Verrat zu begehen. Das ist freilich im Falle der Bankräuber gesellschaftlich geradezu erwünscht. Das Beispiel illustriert also nicht nur, dass individuelle Nutzenüberlegungen zum Schaden für die Gesamtheit (der Räuberbande) führen, sondern lässt außerdem die Relativität des Begriffs „Gesamtwohl" erkennen und unterstellt durch die Gefängnissituation

eine Isoliertheit der Individuen, die kaum der gesellschaftlichen Wirklichkeit entspricht. Es stellen sich zwei Fragen:
1. Ist das Modell geeignet, das Verhalten in der Wirklichkeit des gesellschaftlichen und wirtschaftlichen Wettbewerbs abzubilden?
2. Wie geht man, wenn man das Modell verwendet, mit seiner offensichtlichen Ambivalenz in Bezug auf den Begriff „Gesamtwohl" um?

Die Tatsache, dass wir in der Realität des Alltags in der Regel wissen, wem und worauf wir vertrauen können, berechtigt uns noch nicht, das Gefangenendilemma als Modell beiseitezuschieben. In geordneten Verhältnissen bewegen wir uns weitgehend sicher, weil wir auf Erfahrungen und Routinen zurückgreifen können und daher auch im Geschäftsalltag wissen, was uns erwartet oder was wir von anderen erwarten können. Wie schon im Zusammenhang mit der empirischen Ethik (Kap. IV) erörtert, verschaffen uns Staat und Gesetze, gesellschaftliche Institutionen, historisch gewachsene Verhaltensmuster, Anstand und das Interesse an gesellschaftlicher Reputation die nötige Sicherheit im Hinblick auf das zu erwartende Verhalten unserer Mitmenschen. Offen zur Schau gestelltes Misstrauen wirkt unter diesen Umständen geradezu beleidigend, übertriebene Kontrolle pathologisch. Allerdings ändert diese relativ große Sicherheit der mitteleuropäischen Normalität im 21. Jahrhundert noch nichts an der Grundunsicherheit. Im Zeitalter der Globalisierung kann sich durch die Ausweitung der Geschäftstätigkeit auf andere Kulturkreise oder durch den Ausbruch einer Krise die Situation sehr schnell verändern. Durch die Situation werden dann Anreize zum Betrug – oder allgemeiner – zur Defektion geschaffen. Die Wirklichkeit kann sehr schnell die im Modell unterstellte Dramatik erreichen oder sogar übertreffen, wie sich am Beispiel eines Bank Runs leicht zeigen lässt. Falls das Gerücht aufkommt, dass einer Bank Liquiditätsprobleme drohen, so weiß jeder, dass vermutlich nichts passiert, wenn alle Gläubiger stillhalten und ihre Geldeinlagen nicht auf der Stelle zurückfordern. Unter normalen Bedingungen braucht eine Bank nur so viel Geld vorzuhalten, dass sie den geringen Prozentsatz (z. B. 10 %) ihrer Kunden, die ihr bei der Bank angelegtes Geld wieder zurückfordern, auszahlen könnte. Falls aber plötzlich alle Kunden ihr Geld abziehen wollen, kommt sie in Schwierigkeiten. Sie kann allenfalls die ersten 10 % auszahlen, bevor sie ihre Schalter schließen muss. Weil das aber jeder Kunde weiß, wird er, wenn es ernst zu werden droht, nicht darauf vertrauen, dass die anderen schon stillhalten. Es kommt unweigerlich zum allgemeinen Ansturm auf die Bank nach der Devise: „If there is a bank run, run". Erst wenn es gelingt, die Situation glaubwürdig zu verändern, wie z. B. durch die Garantieerklärung der deutschen Bundesregierung im Herbst 2008, kann der Einzelne wieder so agieren, dass der Bankenzusammenbruch vermieden werden kann.

Das Modell Gefangenendilemma beansprucht nicht, ein Abbild der Realität zu sein. Es eignet sich aber sehr gut, um das Verhalten der Menschen unter Wettbewerbsbedingungen zu erfassen. Es erklärt nicht nur, warum unter bestimmten Bedingungen die gewohnte Ordnung zusammenbricht, sondern erlaubt es auch umgekehrt, die Faktoren zu identifizieren, welche normalerweise trotz der zugrunde liegenden Unsicherheiten einer Interaktion Stabilität verleihen.

Zu 1: Wirklichkeitsnähe des Modells

Zu 2: Ambivalenz
der Dilemma-
strukturen

Das führt zur zweiten Frage nach der Ambivalenz der Dilemmastrukturen und nach geeigneten Möglichkeiten zu ihrer Überwindung. Beim Gefangenendilemma wird ganz aus der Sicht der Bankräuber argumentiert, die möglichst ungeschoren davonkommen wollen. Aus der Perspektive der Gesellschaft ist es aber höchst wünschenswert, dass Kriminelle ihrer gerechten Strafe zugeführt werden. Gesamtgesellschaftlich gesehen ist das Dilemma, in dem die Räuber dank der Kronzeugenregelung stecken und aus dem sie sich in ihrer isolierten Situation nicht befreien können, höchst wünschenswert. Das soziale Dilemma kann einerseits als eine Falle betrachtet werden, in der eigentlich kooperationswillige Akteure stecken, aus der sie sich aber nicht oder nur schwer befreien können. Andererseits besteht die Möglichkeit, bewusst Dilemmastrukturen einzurichten, um auf diese Weise gesellschaftlich unerwünschtes Verhalten zu verhindern. Die schon angesprochene Kronzeugenregelung ist ein solcher Versuch, die unerwünschte Kooperation zwischen Verbrechern und Mafiosi riskant zu machen. Auch Kartellabsprachen zwischen Unternehmen, die für Außenstehende nur sehr schwer nachzuweisen sind, sind in Europa erheblich erschwert, seit eine neue EU-Regelung die Strafen drastisch erhöht hat und gleichzeitig dem Unternehmen, welches auspackt, Straffreiheit zusichert. Die Verlockung, selbst straffrei auszugehen und gleichzeitig alle Konkurrenten durch hohe Strafen geschwächt zu sehen, ist einfach zu groß, als dass man dem Konkurrenten Standhaftigkeit gegen diese Versuchung zutrauen könnte. Alles spricht dafür, dann schon lieber selbst auf den Pfad der Tugend zurückzukehren und die angebotene Belohnung für die Rückkehr zum Wettbewerb als willkommenes Startguthaben mitzunehmen.

Einrichtung und
Überwindung von
Dilemmastrukturen

Die Struktur des (idealisierten) Marktes, die Kooperation und Konkurrenz, Zusammenarbeit und Wettbewerb miteinander verbindet, wird in der Ökonomik der Homann-Schule bewusst als gezielte Etablierung von Dilemmastrukturen rekonstruiert. Dort, wo ein Markt funktioniert, konkurrieren beispielsweise die Anbieter miteinander, um einen Käufer zu finden. Das ist erwünscht aus Sicht der Kunden, deren Wünsche erfüllt werden und die sich so das beste Angebot (in Bezug auf Qualität, Preis, Lieferzuverlässigkeit usw.) aussuchen können. Für die Anbieter bedeutet die Konkurrenzsituation, dass die Gewinne geringer ausfallen und dass sie ihre Produkte ständig verbessern müssen, um nicht hinter die anderen Wettbewerber zurückzufallen. Trotzdem kooperieren auch die Wettbewerber, indem sie sich z. B. auf Regeln festlegen wie die Einhaltung von Qualitäts- und Sicherheitsstandards, Gütesiegel, Öffnungszeiten, ISO-Normen usw.; denn sie haben ein gemeinsames Interesse daran, dem Kunden die Sicherheit zu geben, die er braucht, um sich auf einen Kauf einlassen zu können. Wie können sie aber sicher sein, dass sich die Mitwettbewerber um die Gunst des Kunden auch an die vereinbarten Auflagen, die zusätzliche Kosten verursachen, halten? Sie müssen die potentiellen „schwarzen Schafe" ihrerseits in eine Dilemmasituation bringen, die sie zwingt, lieber „freiwillig" regelkonform zu handeln (und damit auf Extragewinne zu verzichten), als in der Hoffnung auf Extragewinne regelwidrig zu arbeiten, um dann mit hoher Wahrscheinlichkeit für die Regelwidrigkeit bestraft zu werden (durch Reputationsverlust, Ausschluss vom Handel, Abschöpfen der illegalen Gewinne usw.). Die Einrichtung einer Marktaufsicht, eine neutrale Instanz zur Qualitätskontrolle oder Verbraucherschutzgesetze verändern die Situation nachhaltig und geben auch den konkurrierenden Anbietern die Sicherheit, dass sich die anderen Wettbewerber an die vereinbarten Auflagen halten werden.

Dilemmastrukturen sind also ambivalent. Sie können Kooperation verhindern oder auch gezielt eingesetzt werden, um die Kooperation in die gewünschte Richtung zu lenken. Wer in einem Dilemma steckt, kann sich allerdings nur daraus befreien, wenn er die Situation selbst zum Thema machen und die Strukturen verändern kann. Die für eine Kooperation notwendige Sicherheit und das für eine Zusammenarbeit erforderliche Vertrauen entstehen entweder, indem eine glaubwürdige Selbstbindung zwischen den Konkurrenten zustande kommt, oder, indem eine Kontrollinstanz eingerichtet wird, die deshalb jedem Sicherheit gibt, weil sie über genügend Macht verfügt, um Regelverstöße zu verhindern oder zu bestrafen. Wenn ich z. B. als Kunde Zweifel an der Lieferfähigkeit meines Partners habe, dann beruhigt mich dessen Bereitschaft, hohe Vertragsstrafen bei einer Lieferverzögerung in Kauf zu nehmen. Diese freiwillige Selbstbindung beruhigt mich aber nur dann, wenn ich sicher sein kann, dass mein Vertragspartner zahlungsfähig bleibt und dass die ausgehandelten Vertragsstrafen im Zweifelsfall auch gerichtlich durchgesetzt werden können.

Was bedeuten die Überlegungen zur Dilemmastruktur des Marktes für die Wirtschaftsethik? Die ökonomische Ethik wird zweistufig. Sie verlagert die Moral von der Handlungsethik auf die Ebene der Wettbewerbsordnung. Der Markt bekommt moralischen Charakter zugesprochen (vgl. Kap. IV 3.2). Homann ist der Überzeugung, dass die Marktwirtschaft die der modernen Welt angepasste „institutionalisierte Nächstenliebe" ist ([V–13], S. 6). Dieser moralische Charakter der Marktordnung beruht nicht nur darauf, dass die marktwirtschaftliche Ordnung für Effizienz sorgt, indem sie das Kapital an die richtige Stelle bringt, die Warenversorgung optimiert und so allgemein den Wohlstand fördert. Die Marktwirtschaft soll auch „die Welt verbessern, und zwar nach Maßgabe ethisch fundamentaler Werte: Freiheit, Frieden, Gerechtigkeit. Ökonomische Wirtschaftsethik soll [...] dabei helfen." Dem Ökonomismus lässt sich – trotz aller Kritik – ein „sozialutopisches visionäres Moment" nicht absprechen ([V–10], S. 29).

Die Zweistufigkeit der ökonomischen Ethik

Wirtschaftsethik, so der Ansatz Karl Homanns und seiner Schüler, die sich als Befürworter einer Ordnungsethik verstehen, muss dafür sorgen, dass die Regeln so gesetzt werden, dass es für jeden, der rational die Kosten vergleichen kann, vorteilhafter ist, sich an die Regeln zu halten und zu kooperieren, als zu versuchen, sich auf Kosten der Regeltreuen unlautere Vorteile zu verschaffen. Die Moral liegt in den Regeln. Wenn sie schlecht sind oder versagen, könnte der Einzelne nur um den Preis der Benachteiligung oder der Aufopferung die Moral aufrechterhalten. Das kann aber niemand verlangen. Wenn also keine oder nur schlechte Regeln bestehen, bleibt für den einzelnen Unternehmer oder Wirtschaftsakteur nur die Möglichkeit, mit den Wölfen zu heulen. Homann versucht zwar den Bruch mit der alten Moral zu kaschieren, indem er die Moral auf der Ebene der Regeln wieder etabliert und darauf verweist, dass auch für die traditionelle Ethik der Grundsatz „Nemo tenetur ultra posse" gegolten habe. Aber das ändert nichts daran, dass die Kosten-Nutzen-Rechnung im Kontext der Moral befremdlich ist. Gleichwohl hat die Idee etwas Bestechendes, dass die Harmonie in der Gesellschaft nicht durch soziale Kontrolle oder Druck von außen erreicht werden soll, sondern dadurch, dass jeder Einzelne seinen persönlichen Vorteil in der Kooperation sieht. Damit wird nicht Kooperation um jeden Preis befürwortet oder zum einzigen Wert der Moral erklärt. Wie der Hinweis auf die Ambivalenz der Dilemmastrukturen schon deutlich gemacht hat, gibt es gesellschaftlich erwünschte, aber auch unerwünschte Kooperation. Wenn entschieden werden muss, nach welchen Kriterien die Regeln für die Zusammenarbeit in der Gesellschaft aufgestellt oder verändert werden sollen, kommt die Moral wieder ins Spiel. Genaugenommen taucht Moral sogar auf drei Ebenen auf, wenn auch in unterschiedlicher Form, nämlich als individuelle Handlungsmoral, als Moral, die in den Regeln steckt, und als moralische Vorstellungen, die über die Legitimität oder Reformbedürftigkeit von Ordnungsregeln entscheiden. Auch wenn Homann in diesem letzten Punkt die visionäre Komponente nicht abgesprochen werden kann, setzt er zu selbstverständlich voraus, dass aus der Moral der Marktwirtschaft die Moral der Gesellschaft insgesamt erwächst. Er unterstellt der Marktwirtschaft ein Selbstkorrekturpotential, das erst noch empirisch zu überprüfen wäre. Allein schon der Blick auf die Finanz- und Wirtschaftskrisen der letzten Jahre mahnt zur Vorsicht und bringt skeptische Beobachter wie Matthias Kettner dazu, Karl Homann als einen „Wettbewerbsmetaphysiker" zu bezeichnen ([V–10], S. 30).

Methodische
Aspekte und Kritik

Bevor wir uns im nächsten Abschnitt näher mit der Kritik und der Sichtweise im Umfeld der Frankfurter Schule befassen, ist es allerdings ein Gebot der Fairness, zuvor kurz auf die methodischen Rechtfertigungen des Ökonomismus einzugehen. Das Wort Ökonomismus hat – wie viele Ismen – einen negativen ideologischen Beigeschmack. Ökonomismus bedeutet dann „die Verselbständigung, Verabsolutierung und normative Überhöhung ökonomischer Gesichtspunkte" und verdient als die „vorerst letzte und vielleicht wirkungsmächtigste Großideologie aller Zeiten" ([V–16], S. 15) heftige Kritik. Das trifft allerdings dann nicht zu, wenn es sich, wie Homann angibt, um einen methodischen Schachzug handelt, der sich der Leistungsfähigkeit der ökonomischen Betrachtungsweise, aber auch ihrer Grenzen bewusst ist. Man muss der Ordnungsethik zugutehalten, dass der Begriff des Nutzens und der Kosten nicht im engen Sinne ökonomisch, sondern sehr weit gefasst ist und dass es sich zweitens um einen bewusst gewählten, methodischen Zugang handelt, der keineswegs mit der Behauptung gekoppelt sein soll, dass alles nur unter der Brille der ökonomischen Kosten zu sehen sei und Menschen grundsätzlich als Nutzenmaximierer bzw. Kostenminimierer aufzutreten hätten. Die methodische Annahme vom *homo oeconomicus* wird bewusst als gedanklicher Stresstest für die Bestandsfähigkeit von Strukturen und Institutionen gewählt und ist etwas völlig anderes als eine anthropologische Aussage über die Natur des Menschen (vgl. [V–14], S. 438ff.; [V–13], S. 18f.; [V–6], S. 179ff.).

1.3 Reflektiert-moderne Wirtschaftsethik – integrative Wirtschaftsethik

Die integrative Wirtschaftsethik von Peter Ulrich stellt die erwähnte dritte Variante einer reflektiert-modernen Wirtschaftsethik dar. Die ökonomische Vernunft soll wieder in den umfassenden Kontext einer Vernunftethik gestellt werden. Was vernünftig ist, steht allerdings nicht von vorneherein fest, sondern soll in einem umfassenden gesellschaftlichem Diskurs herausgearbeitet werden. Ulrich verfolgt in seinem Buch zunächst die philosophische Entwicklung der Ethik, welche zu einer Universalisierung des Blickwinkels und zu einer Generalisierung der moralischen Ansprüche geführt habe. Die Vernunftansprüche, die im Zuge der Neuzeit und Moderne in politischen und gesellschaftlichen Institutionen ihren Niederschlag gefunden haben, werden in einem öffentlichen Diskurs zur Sprache und zur Geltung gebracht.

Ulrich kritisiert den Ansatz von Homann heftig (vgl. [V–16], S. 110 ff.). Seinen Beteuerungen, es handele sich lediglich um einen methodischen Ökonomismus bzw. ökonomischen Imperialismus, schenkt er keinen Glauben. Auch der methodische Ökonomismus sei hintergründig normativ, weil er eine Moralbegründung aus Interessen unterstelle. Homann verfehle den eigentlichen Standpunkt der Moral, wenn er die Geltung der moralischen Ansprüche von den Verhältnissen und Bedingungen der modernen Gesellschaft abhängig mache. Diese nur bedingte Anerkennung von Moral laufe auf eine implizite Normativität der Gesetze der Marktwirtschaft und der Ökonomie hinaus. Damit werde aber der alte Gegensatz von einer Ökonomie, die ihren eigenen rationalen Gesetzen unabhängig von Wertfragen folge, und einer Moral, die subjektiv sei und sich einer wissenschaftlichen Bewertung entziehe, aufrechterhalten. Das Ergebnis eines solchen Dualismus sei dann, dass Moral allenfalls eine kompensatorische oder korrigierende Rolle spiele oder aber, wie bei Homann, gleich im ökonomischen Denken aufgehe.

Kritik an Homann durch Peter Ulrich

Halten wir die Gegensätze fest, die Ulrich im hegelschen Sinne aufheben und im Rahmen seiner integrativen Wirtschaftsethik in eine lebensdienliche Ökonomie überführen will: Ulrich stellt der normativen Logik des Marktes die normative Logik der Zwischenmenschlichkeit gegenüber ([V–16], S. 119). Er hält die ökonomische Rationalität zwar für geeignet, um Effizienzfragen zu lösen, aber sie versage bei Gerechtigkeitsfragen. Dazu bedürfe es einer kommunikativen Vernunft der Bürger, welche der ökonomischen Vernunft die Richtung vorgeben müsse. Die Konsequenzen für die Unternehmenspolitik haben Peter Ulrich und sein Schüler Ulrich Thielemann am Beispiel der Bankenethik aufgezeigt [V–17]. Es genügt nicht, in der Geschäftspolitik nur auf die Legalität zu achten, entscheidend ist die Legitimität. Dialoge mit Geschäftspartnern, den Mitarbeitern oder der Öffentlichkeit dürfen nicht nur unter strategischem Aspekt gesehen werden, sondern sollen als „echte" Diskurse unter gleichberechtigten Partnern mit offenem Ergebnis geführt werden. Der Erfolgsorientierung wird eine verständigungsorientierte Grundhaltung gegenübergestellt, oktroyierte Vorschriften sollen abgelöst werden von gemeinsamen Grundwerten der Mitarbeiter. Wenn in den weit verbreiteten, als Ökonomismus kritisierten Positionen die Kategorien einer strategischen Selbstbehauptung oder die Erfordernisse eines normativen Individualismus nicht weiter in Frage gestellt werden, liegt für Ulrich ein unzulässiger Reflexionsstopp vor. Empirische Gegebenheiten dürften aber nicht einfach ungefragt hingenommen werden. Das Ziel seiner integrativen Wirtschaftsethik besteht jedenfalls darin, „eine umfassende, vernunftethisch begründete Perspektive des Wirtschaftens zu entwickeln" ([V–16], S. 119). Das soll dadurch geschehen, dass „die ökonomische Rationalität [...] selbst philosophisch-ethisch *transformiert* und so gleichsam selbst zur *Vernunft* gebracht" wird ([V–16], S. 121). Ulrich fordert also, um noch eine weitere Formulierung zu zitieren, grundsätzlich ein „Primat der Ethik [...] vor der Ökonomik". Ethik versteht er dabei als normative „Logik der unbedingten, wechselseitigen Anerkennung der Menschen", Ökonomik fasst er als „normative Logik der bedingten Kooperation zwischen strikt eigennützigen, erfolgsorientiert handelnden Individuen" ([V–16], S. 121).

Ideal und
Wirklichkeit

Nun ist natürlich die Frage, wer genau die Prüfinstanz für die umfassende Vernünftigkeit und Moralität der Wirtschaft sein soll. Ist es der Gerichtshof gesellschaftlicher Billigung oder sollen wir von der historischen und empirischen Zufälligkeit der öffentlichen Meinung in der Gegenwartsgesellschaft abrücken und lieber, wie die Diskursethiker, auf die Weisheit einer idealen Kommunikationsgemeinschaft setzen? Dieser Streit entzweit selbst die Diskursethiker untereinander, was nicht einer gewissen Ironie entbehrt (vgl. [V–10], S. 23). Obwohl Peter Ulrich seine integrative Wirtschaftsethik ausdrücklich unter Berufung auf das von Habermas und Apel vertretene Paradigma des Diskurses entwickelt hat, wird er von Apel heftig kritisiert, weil er in seiner Wirtschaftsethik das Problem der „Anwendung" vernünftig begründbarer Moralnormen vernachlässigt habe. Ein „Anwendungsproblem" entsteht allerdings erst dann, wenn man zuvor die Begründungsebene isoliert hat. Ulrich argumentiert entsprechend, dass die Kategorie der Anwendung und die Rede von „applied ethics" unangebracht seien.

Es bleibt allerdings ein Problem, dass die integrative Wirtschaftsethik das Ideal und die regulative Idee einer grundsätzlichen Priorität der Moral formuliert, der die Realität nicht entspricht und der sie bestenfalls hinterherhinkt. Wer öffentlich auf Ungereimtheiten und moralische Widersprüche z. B. in der Kombination von Bankgeheimnis und Beihilfe zur Steuerhinterziehung verweist (vgl. [V–17], S. 84–104), wird zwar nicht mehr wie der antike Überbringer von schlechten Nachrichten erschlagen, aber er riskiert den Zorn der Nutznießer des Status quo und bringt sich leicht um seine Karrierechancen. Manchmal dauert es nur ein Jahrzehnt, bis es dann doch – wie im Fall des Steuerabkommens zwischen Deutschland und der Schweiz – zu zwischenstaatlichen Regelungen kommt, die den moralischen Bedenken im Konflikt der widerstreitenden Interessen Rechnung tragen. Die Diskrepanz zwischen den Realitäten der Wirtschaftswelt und dem Ideal einer integrativen Wirtschaftsethik stellt für den immanenten Vernunft- und Fortschrittsoptimismus des dritten Konzepts von Wirtschaftsethik, die sich selbst als „politische Ethik in emanzipatorischer Absicht" ([V–16], S. 124) versteht, zweifellos eine Schwierigkeit dar. Speziell für die Praxis der Unternehmen wird die Forderung Peter Ulrichs nach einer integrierten Wirtschaftsethik als eine Überforderung gesehen (vgl. [V–18], S. 241 ff.).

1.4 Wirtschaftsethik als rationales Gewissen auf unterschiedlichen Ebenen

Es ist unübersehbar, dass die Wirtschaft in der modernen Gesellschaft kein in sich abgeschlossenes System ist. Soziologen sprechen nicht von ungefähr von einer „Moralisierung der Märkte" [V–19]. Das soll nicht heißen, dass die Wirtschaftsunternehmen zu moralischen Anstalten mutiert sind, wohl aber, dass auch die Wirtschaft in den „gesellschaftlichen Kosmos morali-

scher Selbstverständigungsdiskurse" integriert und involviert ist. „Wir leben
[...] in einer von internen Widersprüchen bewegten und vorangetriebenen
Kommunikationsgesellschaft, in der die einzelnen Funktionsbereiche immer
stärker miteinander kommunikativ vernetzt werden und sich immer stärker
diskursiv durchdringen" ([V–1], S. 23). Wenn die Unternehmen überleben
wollen, sind sie gezwungen, ihre Strategie auf die Moral auszurichten. Es genügt nicht mehr einfach, Moral für die Unternehmensziele instrumentalisieren zu wollen. Richard Münch beschreibt unter dem Titel *Dialektik der
Kommunikationsgesellschaft* die Kultur der wechselseitigen Kritik und
Rechtfertigung, welche die Kommunikation in der modernen Gesellschaft
kennzeichnet und die Wertvorstellungen in der Gesellschaft prägt. Diesem
Prozess können sich auch die Unternehmen nicht entziehen; denn der
Markt, der über ihren Erfolg entscheidet, wird von den öffentlichen Diskur-
sen beeinflusst und zwingt dazu, sich auf die moralischen Diskurse einzulassen, die ihrerseits auf die Entwicklung der Unternehmenskultur zurückwir-
ken. Die Öffentlichkeitsarbeit der Unternehmen kann sich unter diesen Bedingungen nicht auf eine strategische Imagepflege beschränken, sondern
muss sich selbst als Teil des öffentlichen Diskurses begreifen (vgl. [V–20],
S. 143). Einerseits werden ethische Aspekte, moralische Orientierungen und
kulturelle Verpflichtungen – wirtschaftlich einträglich – in Produkte und
Dienstleistungen eingebettet. Andererseits bestärkt das wieder die Bedeutung der gesellschaftlichen Moralnormen. Es besteht ein Wechselspiel zwischen Gesellschaft und Wirtschaft, in dem Vernunft verwirklicht wird. Auch
die wirtschaftsethischen Diskurse lassen sich hier anschließen, und Wirtschaftsethik kann versuchen, sich aktiv in diesen Prozess der „Moralisierung
der Märkte" einzubringen und ihn voranzutreiben.

Es hat sich eingebürgert, in wirtschaftsethischen Diskussionen und Über- | Drei Ebenen
legungen drei Ebenen zu unterscheiden: eine Mikro-, eine Meso- und eine
Makroebene. Ausgangspunkt moralischer Ansprüche ist immer der Einzelne,
seine Überzeugungen und sein Gewissen, die mittlere Ebene ist die Ebene
der Unternehmen und der Institutionen, also das gesellschaftliche Umfeld
mit seinen Regeln und Usancen, schließlich die staatliche und zwischen-
staatliche Ebene mit der Möglichkeit, gesetzliche und vertragliche Regelungen vorzuschreiben. Konkret geht es auf der Mikroebene z. B. um Betrug
oder arglistige Täuschung bei Bankern, Finanzhändler und Investoren. Auf
der Mesoebene handelt es sich um die Organisation und Firmenpolitik der
Banken, um die Vorgaben und Anreize, die sie für ihre Mitarbeiter gesetzt
haben. Auf der politischen Ebene geht es schließlich um die Politik des
leichten Geldes, um die Abschaffung von Regeln und Kontrollen oder die
Torpedierung internationaler Abkommen. Alle drei Ebenen sind Thema
einer Wirtschaftsethik im weiteren Sinne.

2. Unternehmensethik

Auch Unternehmensethiker sind sich darüber im Klaren, dass nur ein weit
gefasster Ansatz der Vielschichtigkeit der Probleme angemessen ist. Elisabeth Göbel ([V–21], S. 95 f.) hebt zum Beispiel hervor, dass Unternehmensethik sowohl in die Mikroebenen der individuellen Ethik als auch in die Ma-

kroebene, auf der die Spielregeln für die Wirtschaft festgelegt werden, hineinreicht. Das Zusammenwirken zwischen den verschiedenen Ebenen von der Mikro- über die Meso- bis zur Makroebene geschieht dabei in beide Richtungen. Individuen schaffen und betreiben Unternehmen, deren Struktur und Zielsetzung wieder auf die mitwirkenden Individuen Einfluss ausüben. Die Unternehmen agieren innerhalb einer Rahmenordnung, die ihr Handeln maßgeblich bestimmt, auf deren Gestaltung sie aber auch ihrerseits Einfluss nehmen. Auf den verschiedenen Ebenen entstehen unterschiedliche moralische Probleme, für die im Rahmen der Literatur zur Unternehmensethik und in zahlreichen Kompendien der Business Ethics Lösungen gesucht werden. In dieser Einführung sollen in Form eines Ausblicks nur drei grundsätzliche Aspekte der Unternehmensethik zur Sprache gebracht werden: die unterschiedlichen Einstellungen zum Verhältnis von Gewinn und Moral, die Frage einer besonderen Verantwortung von Unternehmen (Corporate Social Responsibility) sowie die Notwendigkeit eines gezielten Wertemanagements.

2.1 Gewinn und Moral – Varianten der Unternehmensethik

Ein Unternehmen, das keine Gewinne macht, kann sich nicht lange am Markt behaupten. Wenn der Markt über den Erfolg entscheidet und die Regeln des Marktes als die relativ beste ökonomische Option von der Gesellschaft gewollt sind, so gilt mit Recht der Grundsatz: „The business of business is business" [V–22]. Erst beim Umgang mit den Reichtümern, die der Lohn für die Tüchtigen und Erfolgreichen sind, kommt dann die Moral ins Spiel.

Korrektive Unternehmensethik   Unternehmensethik kann zusätzlich darauf achten, dass die Geschäftsziele und Geschäftspraktiken daraufhin überprüft werden, ob sie mit den Regeln von Moral und Anstand vereinbar sind. In diesem Sinne bewegt sich beispielsweise die von Steinmann/Löhr [V–23] vertretene Form der Unternehmensethik auf der pragmatischen Ebene eines moralischen Common Sense, der eine bestimmte Art von Geschäften verbietet. Problematisch an einer derartigen korrektiven Unternehmensethik ist, dass von Fall zu Fall entschieden werden muss, ob ein Geschäft zu heiß ist, und im Zweifelsfall die Kriterien fehlen bzw. die Prinzipien über Bord gehen, wenn man etwa annehmen muss, dass die anderen mit Korruption arbeiten oder dass in einem bestimmten Umfeld ohne Korruption keine Aufträge zu erlangen sind.

Sind diese Modelle, die wir als karitative und korrektive Unternehmensethik bezeichnen können (vgl. [V–16], S. 416), wegweisend für das Selbstverständnis von Unternehmensethik? Die Schwächen dieser Ansätze liegen auf der Hand: Philanthropie ist Privatsache und stellt nur eine Verbindung zum Charakter wohlhabender oder reich gewordener Personen her, nicht aber zu den Geschäften, die sie reich gemacht haben. Es handelt sich, wie immer wieder betont und in der US-amerikanischen Gesellschaft auch erwartet wird, um die (teilweise) Rückgabe der Gewinne an die Gesellschaft, die ihren Mitgliedern Erfolg ermöglicht hat. Wie diese Erfolge zustande gekommen sind, spielt keine Rolle, wenn es sich um legale Geschäfte gehandelt hat. Die großen Stiftungen der Industriebarone der Vergangenheit, der Rockefellers, Carnegies und anderer, sind weithin Vorbild und stiften noch

Generationen später Segen, ohne dass dem Ursprung des Geldes weiter nachgeforscht würde. Spätestens, wenn es Segen stiftet, gilt endgültig: *„Pecunia non olet"* (Geld stinkt nicht). Ohne die persönlichen Verdienste der Stifter zu schmälern und ohne generell eine unmoralische Herkunft kapitalistischer Reichtümer zu unterstellen, bleibt an dem Institut einer dominanten Stiftungskultur systematisch unbefriedigend, dass es dem Belieben des Einzelnen überlassen bleibt, ob er stiftet und für welchen Zweck. Wenn es sich nicht um ergänzende Akte der Menschenliebe, sondern um einen Ausgleich für vorenthaltene soziale Rechte (z. B. auf Ernährung, Bildung, medizinische Behandlung) oder um die Kompensation fehlender Solidarität in der Gesellschaft handelt, wäre es aus moralischer Sicht notwendig, die Form des Wirtschaftens und das Ausmaß der Gewinne auf den Prüfstand zu stellen. Mit Rawls wäre zumindest zu prüfen, ob die Regeln der Fairness in der Gesellschaft noch Geltung haben.

Besondere Aufmerksamkeit verdient der Versuch, die Moral direkt in die Geschäftstätigkeit zu integrieren, wenn auch unter Federführung der Ökonomie (Corporate Social Responsibility). Der Grundsatz „Doing well by doing good", welcher den strategischen Einsatz von Moral leitet, beflügelt Marketingexperten [V–24] nicht zuletzt deshalb, weil die Moral in das Gewinnstreben integriert werden kann. Die Devise „Tue Gutes und rede darüber" passt besser in ein Business-Klima als der biblische Grundsatz, dass beim Verteilen der Almosen die linke Hand nicht wissen solle, was die rechte tut. In der Bibel wird das Verhalten der Pharisäer, die sich vor Gott ihrer Gesetzestreue und Großherzigkeit rühmen wollen, zurückgewiesen und stattdessen auf das Scherflein der armen Witwe verwiesen. Vor Gott zählt der gute Wille, aber unter Menschen lässt sich mit Stiftungsmillionen mehr Gutes tun oder auch mit Werbekampagnen, die z. B. aus dem Erlös jedes Verkaufs einen Anteil für einen guten Zweck versprechen. Statt eher zufällig als reine Spender aufzutreten, wird den Unternehmen geraten, durch ein sorgfältiges und gezieltes Vorgehen die moralische Absicht mit geschäftlichem Gewinn zu verbinden. Das beginnt mit der Auswahl von Projekten, die zum Unternehmensbild passen sollten, setzt sich bei der Auswahl und genauen Planung von geeigneten und sichtbaren Initiativen fort und endet mit einer Überprüfung der Ergebnisse. Die Beispiele, die präsentiert werden, sind beachtlich: vom Tierschutz der Kosmetikkette Body Shop, die bewusst auf Tierversuche bei ihren Produkten verzichtet, bis zu den Coffee Shops von Starbucks, die etwas teureren Kaffee anbieten, der dafür nicht aus der Monokultur von Plantagen stammt, sondern unter Urwaldriesen angepflanzt wurde (vgl. [V–24], S. 212).

Handelt es sich bei diesem strategischen Vorgehen um eine unzulässige Instrumentalisierung von Moral? Ist es kleinlich, gegen die offensichtliche Win-win-Situation von Geschäft und Moral Bedenken zu erheben? So wie niemand etwas dagegen haben sollte, dass moralisches Handeln Freude macht, so sollte auch nichts dagegen einzuwenden sein, wenn Geschäftsleute Gutes tun und ihre Kunden, die freiwillig mitmachen, daran beteiligen. Wenn auf diese Weise der Umsatz gesteigert wird, kommt das dem guten Zweck zugute. Wichtig ist allerdings, dass nicht der Eindruck entsteht, es reiche schon aus, den bloßen Anschein von Moral zu erwecken. Es stellt ein Paradox der Moral dar, dass richtiges und verdienstvolles Handeln nur so

Geschäftserfolge durch Moral

lange dem Konto Moral gutgeschrieben wird, wie nicht Eigeninteresse als leitendes Motiv sichtbar wird; auf Widersprüche reagieren Kunden sehr empfindlich, und eine Firma macht sich sehr schnell unglaubwürdig oder sogar lächerlich, wenn das moralische Angebot sich als Schwindel entpuppt. So ist die Werbekampagne einer deutschen Brauerei, die anlässlich der Fußballweltmeisterschaft für jeden getrunkenen Kasten Bier ein Stück Urwald retten wollte, nicht zuletzt daran gescheitert, dass sich bei genauerem Nachrechnen die Spenden als kleinliche Pfennigbeträge erwiesen. Die Firma Nike musste Millionen für eine Image-Kampagne aufwenden, als sie den Käufern ihrer Sportschuhe in einer Werbekampagne die große Freiheit des persönlichen Lebensstils versprochen hatte, aber schließlich zugeben musste, dass ihre Produkte in Sweatshops und durch Kinderarbeit hergestellt wurden (vgl. [V–25], S. 286f.).

Die Käufer sind also sehr wohl in der Lage, gute Zwecke von getarnten Eigeninteressen zu unterscheiden. Die von den Firmen erhoffte bessere Reputation und die höhere Attraktivität als Arbeitgeber schlagen schnell ins Gegenteil um, wenn sich der Rückgriff auf die Moral als Mogelpackung erweisen sollte. Insofern sind die Bedenken, die Peter Ulrich (vgl. [V–16], S. 393–462) gegen die Instrumentalisierung der Moral durch bestimmte Formen der Unternehmensethik erhebt, nachvollziehbar. Aus der Sicht seiner integrativen Wirtschaftsethik lassen die meisten Vertreter der Unternehmensethik die ethische Reflexion zu früh vor angeblichen Sachzwängen kapitulieren, weil das Gewinnprinzip als sakrosankt gilt. Dadurch werde der eigentliche Punkt der Moral verfehlt; denn Moral verlange bedingungslose Geltung und dürfe nicht an Bedingungen wie z. B. die Gewinnsituation des Unternehmens oder das Verhalten der Konkurrenten geknüpft werden ([V–16], S. 405ff.). Von Ulrich stammt die oben zugrunde gelegte Einteilung der Unternehmensethik. Von seinem eigenen integrativen Ansatz unterscheidet er entsprechend der jeweiligen Einstellung zum Gewinnprinzip eine karitative, korrektive und instrumentalistische Unternehmensethik. Der Geburtsfehler dieser Ansätze bestehe in der grundsätzlich privatistischen Sicht der Unternehmen. Wenn Moral nicht als eine mehr oder weniger nützliche oder schmückende Beigabe ins Belieben der Unternehmen gestellt werden solle, müsse sie durch eine republikanische Betrachtungsweise der gegenseitigen Anerkennung ersetzt werden. Das ist allerdings ein weitgehend ethisch-politischer Anspruch, der von den Unternehmen allein gar nicht erfüllt werden kann und der übersieht, dass eine „Moralisierung der Wirtschaftswelt" nur durch ein Zusammenspiel mit Öffentlichkeit und Politik zustande kommen kann. Man kann sich die Wirtschaftswelt republikanisch denken und wünschen, man müsste sie dazu aber weitgehend neu erschaffen.

Es dürfte zielführender sein, das Verständnis von Moral noch einmal zu präzisieren. Sofern es um den harten Kern der Moral im Sinne einer Pflichtethik geht, ist die Forderung nach der Priorität der Moral vor Gewinninteressen unbestritten und geradezu unaufgebbar. Auch Unternehmen dürfen nicht lügen, stehlen, ausbeuten oder morden. Gesetze, internationale Abkommen, die Kontrolle durch eine funktionierende Öffentlichkeit und die Angewiesenheit der Unternehmen auf Akzeptanz und Reputation bei ihren Kunden und Geschäftspartnern sind geeignet, diese Verpflichtung auf Moral im engeren Sinne zu unterstreichen. Wie schon die Beispiele von Kinderarbeit oder der Verletzung von Sozial- und Menschenrechten bei Lieferanten gezeigt haben, erspart das prinzipielle Eintreten für moralische Maßstäbe allerdings nicht schwierige Abwägungen im Einzelfall. Anders liegt der Fall, wenn es um Moral im weiteren Sinne, um Maßnahmen der Fürsorge und der Wohltätigkeit zu tun ist. Man kann sich einerseits nicht durch Wohltätigkeit von moralischen Verfehlungen im engeren Sinne – gleichsam in der Art eines kapitalistischen Ablasshandels – freikaufen, andererseits besteht aber für Unternehmen genauso wenig wie für Privatpersonen eine strenge moralische Verpflichtung zur Wohltätigkeit oder Philanthropie. Es lohnt sich, diesen Punkt unter den gängigen Titeln „soziale Verantwortung" von Unternehmen oder „Corporate Social Responsibility" weiterzuverfolgen.

2.2 Die Verantwortung der Unternehmen: Interessen, Ansprüche, Rechte

Die Annahme, dass Corporate Social Responsibility erwartet wird, muss durch die Überzeugung ergänzt werden, dass eine Verpflichtung der Unternehmen zur Übernahme derartiger Verantwortung tatsächlich besteht. Das ist nicht selbstverständlich. Wenn man eine besondere Verantwortlichkeit bejaht, ist die Art der Verpflichtung zu präzisieren. Nicht zuletzt der inflationäre Gebrauch der Begriffe „Corporate Social Responsibility" (CSR) und „Corporate Citizenship" (CC) erschwert eine Klärung und verführt leicht zu leerer Rhetorik. Im Kern fassen die beiden Begriffe die Bemühungen von Unternehmen zusammen, Wirtschaftsethik in die Praxis umzusetzen. Der erste zielt auf die moralischen Herausforderungen, die sich im Zusammenhang mit der Unternehmenstätigkeit stellen, besonders im Verhältnis zu Mitarbeitern, Lieferanten, Kunden und anderen Wirtschaftsakteuren. Der Begriff „Corporate Citizenship" fordert davon unterschieden eine Verantwortung der Unternehmen für öffentliche Anliegen ein: Firmen sollen sich sozialen Herausforderungen in der Gesellschaft stellen und über ihre Geschäftstätigkeit hinaus einen Beitrag zur Bewältigung gesellschaftlicher, politischer, ökologischer und kultureller Probleme leisten. Die integrative Kraft des deutschen Begriffs „Verantwortung" (vgl. [V–21], S. 103 ff.) entlastet nicht von der Verpflichtung zur Klarheit: Wer hat wem gegenüber, wofür genau, welche Verantwortung?

2.2.1 Was heißt Verantwortung?

„Verantwortung" ist ein Relationsbegriff. Umstritten ist schon, wer als Träger von Verantwortung in Frage kommt (vgl. [V–26], S. 169–190). Moralische Verantwortung im eigentlichen Sinne können nur natürliche Personen tragen, die bewusst handeln können und vermögend sind, sich in die Lage anderer zu versetzen und moralische Pflichten zu verstehen. Wenn man Unternehmen als juristischen Personen Verantwortung zuschreibt, geht es dagegen nicht um persönliche Verantwortung, sondern um Fragen der Haftung. Ein Unternehmen muss für die Schäden geradestehen, die aufgrund firmenintern gefallener Entscheidungen in seinem Namen, mit seinen Produkten oder durch seine Mitarbeiter entstanden sind. Verantwortung kennt dabei eine doppelte Stoßrichtung: retrospektiv und prospektiv. Die Verantwortung für ein zurückliegendes Geschehen hängt dabei davon ab, ob Personen aufgrund ihrer Rollen und Zuständigkeiten bestimmte Verpflichtungen hätten wahrnehmen müssen; denn mit sozialen Rollen sind entsprechende Verantwortlichkeiten verbunden, welche als soziale Normen oder Üblichkeiten festgeschrieben und (prospektiv) wahrzunehmen sind. Zu unterscheiden ist auch zwischen einer allgemeinen Verantwortung, die immer besteht, wenn andere von den Folgen des eigenen Tuns betroffen sind, und einer speziellen, moralischen Verantwortung, die der trägt, der für spezielle Bereiche, Aufgabenstellungen oder Personengruppen zuständig ist.

2.2.2 Shareholder und Stakeholder

Konkret werden die moralischen Ansprüche, denen sich Unternehmen zu stellen haben, am ehesten in der Stakeholder-Theory formuliert. Stakeholder eines Unternehmens sind all diejenigen Individuen oder Gruppen, die durch ein Unternehmen profitieren oder von seinen Aktivitäten materiell oder in ihren Rechten beeinträchtigt werden (vgl. [V–25], S. 50). Im engeren Sinne sind das Kunden, Mitarbeiter und Kapitalgeber (Eigentümer, Aktienbesitzer), im weiteren Sinne handelt es sich auch um Lieferanten, Konkurrenten, Nachbarn, Gemeinden und den Staat als Gesetzgeber.

Die Debatte, ob überhaupt eine derartige Verantwortung besteht, wird seit fast drei Jahrzehnten geführt. Sie ging aus von der bis zum Überdruss zitierten These des US-amerikanischen Ökonomen und Nobelpreisträgers Milton Friedman [V–22], für den die Unternehmen und die für die Unternehmensführung zuständigen Manager nur gegenüber den Kapitalgebern verantwortlich sind, und zwar allein dafür, dass der Gewinn auf das zur Verfügung gestellte Kapital möglichst hoch ausfällt. Diese einseitige Sicht, nach der sich die Verantwortung der Unternehmen ausschließlich auf die Steigerung des Shareholder-Value bezieht und nach der alles, was den Unternehmenswert steigert, auch gut für alle anderen beteiligten Gruppen sei, hat für die Wirtschaftspolitik und das Selbstverständnis der Kapitalbesitzer und Unternehmensmanager in den letzten Jahrzehnten eine große Rolle gespielt. Das kann so nicht stimmen, wie schon die Tatsache zeigt, dass die Aktien eines Unternehmens steigen, wenn Massenentlassungen angekündigt werden. Richtig verstanden macht allerdings die Forderung Sinn, dass es die Aufgabe des Managements sei, sorgfältig und treuhänderisch mit dem zur Verfügung gestellten Kapital zu wirtschaften. Treuhänder haben nicht das Recht, nach eigenem Gutdünken das anvertraute Kapital sozialen oder wohltätigen Zwecken zuzuführen. Sie sollten allerdings das langfristige Wohl des Unternehmens im Blick haben, und das impliziert auch die Rücksicht auf die Interessen aller Anspruchsgruppen wie Mitarbeiter, Zulieferer und Kunden (vgl. [V–27], S. 181 ff.). Im Zuge der gegenwärtigen Finanzkrise und der von ihr ausgelösten allgemeinen Wirtschaftskrise bestätigt sich ebenfalls, dass z. B. Banken und Großunternehmen angesichts der volkswirtschaftlichen Schäden, die sie anrichten können, für das Wohl der Allgemeinheit weit mehr in der Pflicht stehen und in die Pflicht genommen werden müssen als neoliberale Wirtschaftstheoretiker und Industrievertreter zugestehen wollen. Aus der Sicht der Unternehmen ergeben sich Managementaufgaben, die zu bewältigen sind. Die meisten Management-Lehrbücher legen eine strategische Einstellung für den Umgang mit Stakeholdern nahe (z. B. [V–28]). Diese sollen nach ihrer Bedeutung für das Unternehmen klassifiziert werden, konkret nach ihrem Nutzen bzw. der jeweiligen Fähigkeit, dem Unternehmen zu schaden. Wenn das heißen soll, dass über die Erfüllung der Ansprüche an das Unternehmen nicht die Legitimität der Forderungen, sondern letztlich die Macht entscheidet, wäre das aus der Sicht des Unternehmensethikers skandalös. Aber welche Ansprüche bzw. Forderungen sind legitim? Wieweit können Unternehmen über die allgemeinen moralischen Grundsätze hinaus, die ein Schadensverbot beinhalten, für Gruppen, mit denen sie nicht in einem vertraglichen Verhältnis stehen, zu Solidaritätsleistungen verpflichtet werden?

Geht man davon aus, dass langfristiger geschäftlicher Erfolg das Ziel der Unternehmenspolitik ist, so kann es klug sein, auch dann auf Forderungen von Stakeholder-Gruppen einzugehen, wenn keine vertragliche oder gesetzliche Verpflichtung besteht. So hat z. B. die Firma Nokia im Zuge der Werksschließung in Bochum zusätzliche Millionen bereitgestellt, die der entlassenen Belegschaft und der Region zugutekommen sollten. Das ändert aber nichts daran, dass nur eine begrenzte und kontextabhängige soziale Verantwortung von Unternehmen besteht. Wegweisend in diesem Punkt kann die nüchterne Analyse der von Klaus Peter Rippe vertretenen „interessenbasierten Wirtschaftsethik" sein. Danach ist es legitim, im wirtschaftlichen Kontext von selbständigen Akteuren auszugehen, die wissen, was sie tun, und als gleichberechtigte Handels- und Vertragspartner auftreten. Das schließt Ansprüche auf eine besondere soziale Fürsorge, die beispielsweise über den Jugendschutz oder andere gesetzliche Vorschriften hinausgehen würden, weitgehend aus. Kein Geschäftsinhaber kann dazu verpflichtet werden, Sozialrabatte für bedürftige Kunden zu gewähren. Sozialfürsorge ist Sache der Allgemeinheit, welche für die Lasten der Grundsicherung Steuern erhebt und möglichst gerecht auf alle Bürger verteilt. Den Unternehmen bleibt es überlassen, über die verbindlichen gesetzlichen und sozialen Standards hinaus ein Übriges zu tun, um ihre öffentliche Reputation oder Attraktivität als Arbeitgeber zu steigern. Dann handelt es sich aber nicht um eine moralische Verpflichtung im strengen Sinne.

Werden allerdings von außen, etwa durch Bürgerinitiativen oder NGOs, Praktiken eines Unternehmens an den Pranger gestellt, so ist dieses gut beraten, wenn es sich mit der Argumentation seiner Gegner ehrlich auseinandersetzt, anstatt sich auf den Rechtsstandpunkt zurückzuziehen oder den Konflikt nur als Machtfrage zu behandeln. Nicht selten sahen sich Unternehmen, die die Skandalträchtigkeit ihres Geschäftsgebarens nicht einsehen wollten, nach langwierigen und imageschädigenden Auseinandersetzungen schließlich doch zum Einlenken gezwungen. Die Firma Nestlé, die aufgrund ihrer Verkaufspraktiken beim Milchpulver in Entwicklungsländern für den Tod zahlreicher Babys verantwortlich gemacht wurde, ist nur ein besonders prominentes Beispiel für den Erfolg öffentlicher Kampagnen (vgl. [V–29], S. 324 f.; [V–25], S. 299 ff.).

2.3 Wertemanagement

Für die Unternehmen hängt zu viel von ihrem moralischen Erscheinungsbild ab, als dass sie es dem Zufall überlassen könnten. Schon im eigenen Interesse müssen sie sich um ein aktives Wertemanagement kümmern und sich die Instrumente und Techniken aneignen, die ein erfolgreiches „Business Ethics Management" (vgl. [V–25], S. 143–180; [V–30]) ermöglichen. Moralische Werte beruhen allerdings auf persönlichen Überzeugungen und müssen individuell akzeptiert und verwirklicht werden. Daher kann es auf den ersten Blick wie ein Widerspruch erscheinen, dass ihnen mittels eines betrieblichen Managements Realität verschafft werden soll. Der Blick auf die Ergebnisse der deskriptiven Ethik und vor allem der ordnungsethische Ansatz haben jedoch gezeigt, wie sehr die Verlässlichkeit des moralischen Verhaltens von den Rahmenbedingungen und den Anreizen abhängt. Entsprechend zielt ein professionelles Wertemanagement, das sich inzwischen auf eine umfangreiche Beratungsindustrie stützen kann, darauf, ethische Fragen im betrieblichen Ablauf auszumachen, zu klären und Wege zur Lösung der zu erwartenden Probleme auf formelle und informelle Art aufzuzeigen. Am Beispiel der Korruptionsaffäre, welche die Firma Siemens in den letzten Jahren aufgerüttelt hat, sollen zunächst noch einmal die Risiken eines unethischen Verhaltens vor Augen geführt werden, bevor das Instrumentarium und die verschiedenen Stufen, welche den Prozess der Implementierung von Werten kennzeichnen, abschließend skizziert werden.

2.3.1 Chefsache Ethik – Siemens räumt auf

Unternehmer und Manager gehen in der Regel davon aus, dass Profit und Moral miteinander vereinbar sind. Das schließt nicht aus, dass im Konfliktfall klare Entscheidungen zugunsten der Moral zu treffen sind. Insofern steht der Wirtschaftsakteur immer wieder vor der Wahl „zwischen Profit und Moral". In einem Sammelband mit diesem Titel hat vor einigen Jahren der damalige Vorstandsvorsitzende der Siemens AG, Heinrich von Pierer, die Aussage des Buchtitels in seinem eigenen Beitrag mit einem Fragezeichen versehen, weil er offensichtlich deutlich machen wollte, dass es ein solches „Zwischen" nicht geben könne und dürfe. Sein Plädoyer „für das absolute Verbot jeder Form der Korruption" ([V–31], S. 19) war von der Überzeugung getragen: „Moral und Profit sind kein Gegensatz. Im Gegenteil: Moralisches Handeln bringt langfristig Vorteile" ([V–31], S. 14). Dieses langfristige Denken habe Tradition in der seit 150 Jahren bestehenden Firma. Schon der Firmengründer Werner von Siemens schrieb seinem Bruder: „Für augenblicklichen Gewinn verkaufe ich die Zukunft nicht" ([V–31], S. 15).

Die Ironie der Geschichte besteht darin, dass trotz dieses überzeugenden Aufsatzes des Vorstandsvorsitzenden drei Jahre später der Siemenskonzern von einem Korruptionsskandal eingeholt wurde, der das Unternehmen bis in die Grundfesten erschütterte. Wie sich herausstellte, waren in den letzten Jahren zwischen 1,1 [V–32] und 1,3 Milliarden Euro [V–33] an Schmiergeldern gezahlt worden, so dass man von kriminellen Strukturen ausgehen muss und nicht glauben kann, dass nur „eine kleine Zahl von Führungskräften fundamentale Grundsätze von Recht und Gesetz, aber auch Anstand und Moral verletzt hat" [V–34]. Leitende Manager wurden in Untersuchungshaft genommen; die Staatsanwaltschaft beschlagnahmte Geschäftsunterlagen im Ausmaß ganzer Möbelwagen; es drohten höchst unangenehme Gerichtsprozesse und – noch schlimmer für das seit 2001 an der US-amerikanischen Börse gelistete Unternehmen – die Verhängung horrender Strafzahlungen durch die US-amerikanische Börsenaufsicht (SEC) und der Ausschluss von öffentlichen Aufträgen in den USA. Erst durch eine umfassende Kooperation des Unternehmens mit den Strafverfolgungsbehörden, durch Umstrukturierungen im Unternehmen und nach dem Austausch fast des gesamten Spitzenpersonals, einschließlich des zuvor in den Aufsichtsrat gewechselten Heinrich von Pierer, gelang es, die Reputation des Unternehmens wiederherzustellen und den Schaden zu begrenzen. Immerhin blieben Kosten von rund 2,5 Milliarden Euro (Gewinnabschöpfungen und Strafzahlungen zuzüglich der Kosten für die internen Untersuchungen sowie der Rechnungen der Anwaltskanzleien und Prüfgesellschaften). Die Aussage von Pierers, dass „unrechtmäßige Verhaltensweisen [...] letztlich zu einem immensen wirtschaftlichen Schaden führen" ([V–31], S. 12), hatte sich an seinem eigenen Unternehmen bewahrheitet. Ob von Pierer als Vorstandsvorsitzender von den Gesetzesverstößen wusste, hätte wissen müssen oder nicht wissen konnte, blieb offen. Zumindest hatte er es versäumt, die Strukturen des Unternehmens rechtzeitig so zu verändern, dass systematische Korruption in diesem Umfang ausgeschlossen gewesen wäre. Mitwisserschaft konnte ihm nicht nachgewiesen werden, aber er zahlte wie andere Vorstandskollegen Entschädigungen in Millionenhöhe an das Unternehmen, um nicht auf Schadensersatz verklagt zu werden, und akzeptierte einen Bußgeldbescheid der Münchner Justiz. Inzwischen hat sich die Firma unter neuer Leitung, mit neuen Führungsstrukturen einschließlich einer zentral gesteuerten Audit-Einheit, die noch ausgebaut wird, vom Saulus zum Paulus gewandelt. Andere Korruptionsaffären (z. B. um die Firmen MAN oder Ferrostaal) haben mittlerweile die Schlagzeilen erobert und lassen daran zweifeln, dass Korruption schon ausgestorben ist. Allerdings wird sie – wofür nicht zuletzt eine erhöhte öffentliche Sensibilität und zahlreiche sachkundige und aufmerksame Beobachter wie z. B. Mitglieder von Transparency International [V–35] sorgen – zunehmend riskanter für die Beteiligten. Die institutionellen Voraussetzungen und das internationale Umfeld haben sich in den letzten beiden Jahrzehnten verändert. Es lohnt sich, am Ende des Buches noch einen Blick auf die Instrumente zu werfen, die für ein internes und externes Wertemanagement, also auch für das Ziel Korruptionsverhinderung, zur Verfügung stehen. Zugleich lässt sich an diesem Beispiel zeigen, wie sehr die Fragen der Moral eingebettet sind in ökonomische, rechtliche und politische Kontexte. Erst wenn diese Rahmenbedingungen stimmen, lässt sich eine Bewusstseinsveränderung der Wirtschaftsakteure erhoffen.

2.3.2 Die Implementierung von Moral im Unternehmen – Instrumente

Da Unternehmen generell, erst recht aber, wenn sie weltweit operieren, auf eine gemeinsame Werthaltung nach innen und außen angewiesen sind, suchen sie Wege, diese Gemeinsamkeit zu erreichen und sicherzustellen. So wichtig die Auswahl und moralische Integrität der beteiligten Personen sind, so unverzichtbar ist es auch, dass das Unternehmen als Organisation über geeignete Abläufe, Anreize und Kontrollmechanismen verfügt, um die Mitarbeiter zu moralischem Verhalten und zu einer Einhaltung der Unternehmensstandards zu veranlassen. Durch geeignete Maßnahmen lässt sich die gewünschte Übereinstimmung mit den Werten des Unternehmens mit hoher Wahrscheinlichkeit erreichen, auch wenn der Begriff „Wertemanagement" zunächst nach Manipulation der Mitarbeiter klingen könnte. Dass die Organisation des Unternehmens eine hohe Bedeutung für die moralische Performance hat, bestätigt indirekt die Praxis der US-amerikanischen Börsenaufsicht. Nach dem Gesetz ist sie ermächtigt, den Unternehmen bei Gesetzesverstößen extrem hohe Strafen aufzuerlegen. Diese können aber herabgesetzt werden, wenn das Unternehmen nachweisen kann, dass es mit der nötigen Sorgfalt organisatorische Maßnahmen ergriffen hat, um Fehlverhalten der Mitarbeiter zu verhindern bzw. unwahrscheinlich zu machen. Dass die Firma Siemens beispielsweise in der Korruptionsaffäre relativ glimpflich davonkam, verdankt sie auch ihrer Bereitschaft zur Zusammenarbeit mit den Untersuchungsbehörden, der Neuorganisation der Kontrollinstanzen sowie der Installierung eines unabhängigen Anwaltsbüros als Anlaufstelle für Whistleblower.

Vier Stufen des Wertemanagements
Für die Implementierung von Werten in die Praxis des Geschäftsalltags empfiehlt sich ein systematisches Vorgehen, das z. B. Josef Wieland ([V–30], S. 23 ff.) wie folgt beschreibt. Er unterscheidet vier Stufen: die Kodifizierung der Unternehmenswerte, ihre Kommunikation, ihre Implementierung und ihre Absicherung in der Organisation. Auf der ersten Stufe geht es darum, eine Vision oder Mission für das Unternehmen zu formulieren, die geeignet ist, den gemeinsamen Nenner der Unternehmenstätigkeiten vor Augen zu stellen und den Mitarbeitern eine Identifikation mit der Zielsetzung des Unternehmens zu ermöglichen. Für das Unternehmen Nokia, das Mobiltelefone herstellt, kann die Vision lauten: „We connect people"; ein Automobilunternehmen sieht seine Mission in der Ermöglichung von allgemeiner Mobilität usw. Die verbindlichen Grundwerte, welche moralische Werte im engeren Sinne, aber auch Leistungs-, Kooperations- und Kommunikationswerte umfassen können, werden in einem Code of Ethics zusammengestellt und in Codes of Conduct auf das Alltagsverhalten zugeschnitten. Es versteht sich, dass die Mitarbeiter an der Festlegung, Formulierung und gegebenenfalls Aktualisierung der gemeinsamen Werte möglichst beteiligt werden. Auf jeden Fall muss es gelingen, auf der zweiten Stufe die Werte im Unternehmen zu kommunizieren. Dazu reicht es kaum, dass jeder Mitarbeiter beim Eintritt in das Unternehmen eine umfangreiche Compliance-Erklärung unterschreibt, die sicherstellen soll, dass er sich an die gesetzlichen Regeln halten wird. Es ist wichtig, dass die Vermittlung der eigenen Werte z. B. auch in die Arbeitsverträge, Leistungsanreize, Lieferantenbeziehungen und Arbeitsanweisungen Einzug hält. Zur gezielten Implementierung – die dritte Prozessstufe – bedarf es bestimmter Instrumente wie eines Compliance-Programms, das aber zunächst einmal nur die Rechtmäßigkeit von Handlungen und Unternehmensentscheidungen betrifft und durch die Orientierung an den Unternehmenswerten ergänzt werden muss. Die entscheidende vierte Stufe stellt organisatorisch sicher, dass Ethik Chefsache ist und beispielsweise durch ein Compliance Office, durch Revision und Qualitätsmanagement in die Führungsstruktur integriert wird. Es muss so sichergestellt sein – um noch einmal auf das Beispiel Siemens zurückzugreifen –, dass diejenigen, die schwarze Kassen anlegen und Bestechung praktizieren, nicht glauben können, mit stillschweigender Duldung der Unternehmensleitung im Dienste der Firma

zu agieren (vgl. [V–36]). Über das interne Wertemanagement hinaus können auch Vereinbarungen von Unternehmen innerhalb einer Branche oder auch international moralische Standards setzen. Das wird vor allem dann der Fall sein müssen, wenn nationale, gesetzliche Regelungen oder internationale Abkommen fehlen. Auch hier stellt sich wieder die Frage, wieweit sich Unternehmen moralische Vorleistungen leisten oder wieweit sie sogar dazu verpflichtet werden können. Zur Verfügung stehen Instrumentarien wie freiwillige Verpflichtungen auf Verbandsebene (Bayerische Bauwirtschaft) oder im internationalen Kontext (Global Compact), ebenso Gesetzesinitiativen sowie übergeordnete Norm- und Kontrollinstanzen (ILO). Durch sie können die Unternehmen in der Sicherheit bestärkt werden, dass auch die anderen mitziehen. Weltweite Initiativen unter dem Dach der UN oder internationale Abkommen schaffen ein Umfeld, in dem Vertrauen und Moral möglich sind und damit eine internationale Geschäftätigkeit gedeihen kann. Das impliziert umgekehrt den Verfall von Wohlstand und Geschäftätigkeit in korrupten Verhältnissen.

> Nationale und internationale Vereinbarungen

Was Thomas Hobbes für den Fall des Zusammenbruchs aller politischen Gewalt im Bürgerkrieg feststellte – „the life of man, solitary, poore, nasty, brutish, and short" (Leviathan Kap. II 13; vgl. [V–12], S. 116) –, das würde mit wenig Einschränkung auch für eine Welt skrupelloser Profitsucht drohen. Der Verlust an Wohlstand und Lebensqualität wäre der Preis für den Verlust der Moral. Der Umkehrschluss ist ebenso einfach zu ziehen wie schwierig zu realisieren: „Wer nachhaltige Wertschöpfung erreichen will, so die alte und neue Erkenntnis, muss sich an moralische Prinzipien und Überzeugungen binden und diese im Geschäftsalltag mit Leben erfüllen" ([V–30], S. 15).

3. Zusammenfassung, Lektürehinweise, Fragen und Übungen

Zusammenfassung

In den öffentlichen Debatten um die Ursachen der gegenwärtigen Finanzkrise werfen Begriffe wie „strukturierte Verantwortungslosigkeit" die Frage auf, ob angesichts der Systemzwänge überhaupt noch persönliche Verantwortung eingefordert werden kann. Die Wirtschaftsethiker sind sich in der Überzeugung einig, dass die Ökonomie zwar ihren eigenen Gesetzen folgt, sich aber ethischen und ordnungspolitischen Ansprüchen nicht entziehen darf. Der Blickwinkel einer rein ökonomischen Vernunft, welche ihre Aufgabe ausschließlich darin sieht, Wirtschaftsabläufe effizienter zu machen, das Wachstum zu steigern und für maximale Profite zu sorgen, muss so erweitert werden, dass die Dinge zu Ende gedacht und die Voraussetzungen und Ziele der Wirtschaft in die vernünftige Reflexion einbezogen werden. Die wirtschaftsethischen Schulen unterscheiden sich in der Frage, wo die Moral anzusetzen hat und welche Form der Vernunft als Maßstab angelegt werden sollte. Die Bandbreite reicht vom klassischen Tugendansatz bei den einzelnen Akteuren über eine Anpassung des Ordnungsrahmens an das Vorteilsdenken der Individuen bis hin zu der Forderung, das gesamte Wirtschaftssystem kritisch zu überprüfen.

Peter Koslowski konzentriert sich in seiner ethischen Ökonomie auf die Motivation der Individuen und trifft sich darin mit anderen wertkonservativen Autoren. Die Auswüchse des Marktes sollen zurückgeschnitten werden, stattdessen wird auf natürliche Sittlichkeit gesetzt und die Ethik als eine der Optimierungsbedingungen der Marktwirtschaft propagiert.

Karl Homann und seine Schüler sehen dagegen den einzelnen Akteur in der Marktwirtschaft einem sozialen Dilemma ausgesetzt, das er aus eigener Kraft nicht auflösen kann und für das die Tragik der Allmende und das Gefangenendilemma als Illustration dienen. Moralische Vorleistungen können jederzeit ausgenutzt werden, weshalb der Schlüssel zur Moral in der Wirtschaftsordnung und nicht beim Individuum gesucht werden muss. Nur die Einrichtung eines geeigneten moralischen Ordnungsrahmens führt aus dem sozialen Dilemma hinaus. Die Suche nach Regeln, die es für den Einzelnen vorteilhaft erscheinen lassen, sich moralisch zu verhalten, ist für Homann die entscheidende Aufgabe. Wirtschaftsethik in diesem Sinne ist auf die Implementierung, nicht auf die Begründung von Moral fokussiert. Sie setzt weitgehend einen moralischen Common Sense voraus, der in den Institutionen seine feste Form gefunden hat. Zwar gibt es Verbesserungsbedarf, aber dieser ergibt sich aus den sichtbar werdenden Defiziten des bestehenden Systems. Die Aufmerksamkeit der Ordnungsethik gilt daher vor allem der politischen Ebene staatlicher Gesetze und der Gesellschaftspolitik. Im Zusammenhang mit der Unternehmensethik wird der institutionelle Ansatz von Josef Wielands Konzept eines Wertemanagements weiterverfolgt. Es spricht allerdings viel dafür, dass für die Ethik im Unternehmen und für die moralischen Entscheidungen, die dort anstehen, ein handlungsorientierter Ansatz wieder eine erheblich größere Rolle spielen muss, weil die Handlungsbedingungen im konkreten Konfliktfall nicht kurzfristig verändert werden können.

Auch Peter Ulrichs Ansatz einer integrativen Wirtschaftsethik, der von ihm in Zusammenarbeit mit Ulrich Thielemann für den Bereich der Bankenethik konkretisiert wurde, kennt zwei Stufen. Die ordnungspolitische Ebene, für die er eine republikanisch orientierte Verbandsarbeit fordert, wird aber ebenfalls moralischen Kriterien untergeordnet, die einem politisch-strategischen Vorgehen Grenzen setzen. Der Standpunkt der Moral dürfe nicht von Realisierungsbedingungen abhängig gemacht werden. Die normative Logik der Zwischenmenschlichkeit müsse in jedem Fall der normativen Logik des Marktes vorangestellt werden.

Diese Forderung wird aus Sicht der Ordnungsethik, aber auch von Vertretern der Unternehmensethik als Überforderung angesehen. Eine Moralisierung der Märkte lässt sich zwar aus soziologischer Sicht beobachten, sie muss aber als Teil eines moralischen Selbstverständigungsdiskurses gesehen werden, der in der modernen Kommunikationsgesellschaft stattfindet und in den auch die Wirtschaft integriert ist. Wirtschaftsethik versucht, diesen Prozess einer Moralisierung der Märkte aktiv auf der Mikro-, Meso- oder Makroebene voranzubringen.

Unternehmensethik im engeren Sinne unterscheidet sich in der Einstellung zum Verhältnis von Moral und Profit: Sie tritt als karitative, korrektive, instrumentalistische oder integrative Unternehmensethik auf. Die These von einer besonderen sozialen Verantwortung der Unternehmen hat nur Sinn, wenn der Begriff der Verantwortung genau präzisiert wird und wenn die Stakeholder-Theorie nicht zu weit ausgelegt wird. Das Beispiel Korruptionsbekämpfung kann deutlich machen, dass die Implementierung von Moral ein mehrstufiges Wertemanagement erfordert und dass erst durch breite institutionelle Unterstützung Moral im Unternehmenskontext realisiert werden kann.

Lektürehinweise

– Einen ersten, vorläufigen Überblick über die Ursachen und den Verlauf der Bankkrise ermöglichen Schmidt [V–37] und Sinn [V–38], bei dem sich auch eine genaue Chronik der Finanzkrise für die Jahre 2007–2010 findet (S. 406–448). Eine kritische Analyse der neuen Finanzinstrumente aus ethischer Sicht legt Koslowski [V–5] vor.

Knappe Stellungnahmen aus wirtschaftsethischer Sicht werden in [V–39] präsentiert.

– Die wichtigsten Paradigmen der Wirtschaftsethik in Deutschland skizzieren Kettner [V–10] und Kersting [V–40]. Eine ausführliche Darstellung der unterschiedlichen Positionen bietet Gerlach im *Handbuch der Wirtschaftsethik* ([V–41], Bd. 1, S. 834–883), darin eine kritische Würdigung der Ansätze von Peter Koslowski (S. 858–863) und Peter Ulrich (S. 863–871).

– Der Ansatz der Ordnungsethik wird entwickelt in [V–42], [V–14], [V–11], [V–6]; eine aktuelle Zusammenfassung seines Anliegens einer integrativen Wirtschaftsethik gibt Ulrich z. B. in [V–43], [V–44].

– Die Unterscheidung zwischen einer Mikro-, Meso- und Makroebene erläutern ([V–45], S. 19 f.), ([V–46], S. 307–312). Enderle dient sie zur Strukturierung von [V–47].

– Eine umfassende Darstellung der Frage- und Aufgabenstellungen einer Unternehmensethik hat Küpper [V–48] vorgelegt. Eher als Einführung geeignet, aber ebenfalls systematisch umfassend und bestechend klar in der Gedankenführung ist die Arbeit von Göbel [V–21].

– Mit dem Begriff der Verantwortung beschäftigen sich zahlreiche Autoren. Einen zusammenfassenden Überblick gibt Bayertz [V–49], klärend für den Wirtschaftskontext sind Rippe ([V–26], S. 169–190) und Suchanek [V–50]. Das Problem der Verantwortung kollektiver Akteure behandeln Werhane ([V–45], S. 329–336), French ([V–45], S. 317–328) und Wieland [V–51]. Die gesellschaftliche Verantwortung von Unternehmen, vor allem auch im globalen Kontext, wird ausführlich erörtert in [V–52]. Einen guten Überblick über die mit den Begriffen „Corporate Social Responsibility" (CSR) und „Corporate Citizenship" diskutierten Probleme gibt ([V–25], S. 37–70). Aus der Sicht der Ordnungsethik wird die Verantwortung von Unternehmen bei Suchanek ([V–6], S. 116–152) begründet.

– Ein Überblick zum Thema Korruption wird in ([V–41], Bd. 4, S. 310–333) gegeben. Beispiele für die Korruptionsbekämpfung finden sich in ([V–30] S. 222 ff., 348 ff., 595 ff.). Die Notwendigkeit einer institutionellen Unterstützung der Moral zeigt Lübbe-Wolff am Beispiel der Korruption auf [V–53]. Ausführliche Informationen auf dem aktuellen Stand finden sich auf den Internetseiten von Transparency Deutschland und Transparency International [V–54].

Fragen und Übungen

– Was sind die zentralen Kategorien in Peter Koslowskis Ansatz einer ethischen Ökonomie?

– Was spricht für den homannschen Ansatz einer ökonomischen Ethik?

– Erläutern Sie den Begriff des „sozialen Dilemmas" und machen Sie deutlich, weshalb Dilemmastrukturen in einer Wettbewerbsgesellschaft allgegenwärtig sind!

– Inwiefern sind Dilemmastrukturen ambivalent?

– Halten Sie die These für richtig, dass rationale Akteure in der Zusammenarbeit immer nur zu suboptimalen, zweitbesten Lösungen gelangen werden?

– Erläutern Sie Peter Ulrichs Selbstdeutung als „politische Ethik in emanzipativer Absicht"! Was kann die Forderung nach einem „Primat der Ethik vor der Ökonomik" konkret z. B. für die Bankenethik bedeuten?

– Welche Phänomene sprechen für die These von einer „Moralisierung der Märkte"? Inwiefern sind damit dem strategischen Einsatz der Moral für die Geschäftspolitik und Öffentlichkeitsarbeit der Unternehmen Grenzen gesetzt?

– Erörtern Sie – entsprechend den vier möglichen Konstellationen von Gewinn und Moral – die Stärken und Schwächen der jeweiligen Konzeptionen von Unternehmensethik!

– Inwiefern ist Verantwortung ein Relationsbegriff? Was unterscheidet prospektive und retrospektive Verantwortung? Wann spricht man von allgemeiner, wann von einer speziellen Verantwortung?

– Was wird unter Corporate Social Responsibility (CSR), was unter Corporate Citizenship (CC) verstanden?

– Erläutern Sie die vier Stufen des Wertemanagements nach Josef Wieland!

– Welche Gründe sprechen gegen Korruption? Differenzieren Sie zwischen moralischen (Integrity) und rechtlichen (Compliance) Normen und Ansprüchen.

– Welche Maßnahmen sind geeignet, die Gefahr von Korruption zu verringern? Unterscheiden Sie bei Ihrer Zusammenstellung zwischen den Mikro-, Meso- und Makroebenen, auf denen jeweils agiert werden kann.

Literatur

I. Was heißt Wirtschaftsethik und was kann und soll sie leisten?

[I–1] Höffe, O. (Hg.): Lexikon der Ethik. München 1992 (4. Aufl.).

[I–2] Quante, M.: Einführung in die allgemeine Ethik. Darmstadt 2003.

[I–3] Vieth, A.: Einführung in die Angewandte Ethik. Darmstadt 2006.

[I–4] Nida-Rümelin, J. (Hg.): Angewandte Ethik. Die Bereichsethiken und ihre theoretische Fundierung. Ein Handbuch. Stuttgart 1996.

[I–5] Bayertz, K.: Was ist angewandte Ethik? In: Ach, J./Bayertz, K./Siep, L. (Hg.): Grundkurs Ethik 1. Paderborn 2008, S. 165–179.

[I–6] Bayertz, K.: Praktische Philosophie als angewandte Ethik. In: Bayertz, K. (Hg.): Praktische Philosophie. Grundorientierungen angewandter Ethik. Reinbek bei Hamburg 1991, S. 7–47.

[I–7] Siep, L.: Konkrete Ethik. Grundlagen der Natur- und Kulturethik. Frankfurt am Main 2004.

[I–8] Halbig, Chr./Vieth, A.: Ethik und die Möglichkeit einer guten Welt. Berlin 2008.

[I–9] Gerhardt, V.: Der Thronverzicht der Philosophie. Über das moderne Verhältnis von Philosophie und Politik bei Kant. In: Höffe, O. (Hg.): Immanuel Kant. Zum ewigen Frieden. Berlin 1995, S. 171–194.

[I–10] Stehr, N.: Die Moralisierung der Märkte. Eine Gesellschaftstheorie. Frankfurt am Main 2007.

[I–11] Höffe, O.: Moral als Preis der Moderne. Frankfurt am Main 1993.

[I–12] Wieland, J. (Hg.): Handbuch Wertemanagement. Hamburg 2004.

[I–13] Pieper, A.: Einführung in die Ethik. Tübingen 1991.

[I–14] De George, R. T.: Business Ethics. Upper Saddle River 2006 (6th ed.).

[I–15] Loitlsberger, E.: Einzelwirtschaftliche Theoriebildungen. In: Korff, W. (Hg. u. a.): Handbuch der Wirtschaftsethik (4 Bde.). Gütersloh 1999, Bd. 1, S. 524–566.

[I–16] Küpper, H.-U.: Unternehmensethik. Hintergründe, Konzepte, Anwendungsbereiche. Stuttgart 2006.

[I–17] Göbel, E.: Unternehmensethik. Stuttgart 2006.

[I–18] Ulrich, P./Thielemann, U.: Ethik und Erfolg. Unternehmensethische Denkmuster von Führungskräften – eine empirische Studie. Bern/Stuttgart 1992.

[I–19] Ulrich, P./Thielemann, U.: How do Managers think about Market Economies and Morality? Empirical Enquiries into Business-ethical Thinking Patterns. In: Journal of Business Ethics 12 (1993), S. 879–898.

[I–20] Ulrich, P./Thielemann, U.: Wie denken Manager über Markt und Moral? Empirische Untersuchungen unternehmensethischer Denkmuster im Vergleich. In: Wieland, J. (Hg.): Wirtschaftsethik und Theorie der Gesellschaft. Frankfurt am Main 1993, S. 54–91.

[I–21] Buß, E.: „Man überlebt nicht, wenn man die Moral hochhält" – Wie werden ethische Fragen auf Deutschlands Führungsetagen diskutiert? In: Frankfurter Allgemeine Zeitung vom 26. 2. 2008, S. 14.

[I–22] Buß, E.: Die deutschen Spitzenmanager – Wie sie wurden, was sie sind. Herkunft, Wertvorstellungen, Erfolgsregeln. München 2007 (vgl. v. a. Kap. 8: Wirtschaft und Ethik, S. 162–189).

[I–23] Zimmerli, W. Ch./Aßländer, M.: Wirtschaftsethik. In: Nida-Rümelin, J. (Hg.): Angewandte Ethik. Stuttgart 1996, S. 300 f.

[I–24] Waibl, E.: Praktische Wirtschaftsethik. Innsbruck 2001.

[I–25] Dienhart, J. W.: Business, Institutions and Ethics. New York 2000.

[I–26] Audi, R.: Business Ethics and Ethical Business. New York/Oxford 2008.

[I–27] Crane, A./Matten, D.: Business Ethics. A European Perspektive. Oxford 2004.

[I–28] De George, R. T.: Die angloamerikanischen Business Ethics. In: Lenk, H./Maring, M. (Hg.): Wirtschaft und Ethik. Stuttgart 1992, S. 301–316.

[I–29] Brenkert, G. G.: Business Ethics in the US. Characteristics and Social-Cultural Background. In: Wieland, J. u. a.: Unternehmensethik im Spannungsfeld der Kulturen und Religionen. Stuttgart 2006, S. 11–39.

[I–30] Palazzo, B.: The story so far – revisited: Die kulturellen Hintergründe der Business Ethics. In: Beschorner, T. u. a.: Wirtschafts- und Unternehmensethik. Rückblick – Ausblick – Perspektiven. München 2005, S. 181–193.

[I–31] Enderle, G. (Hg. u. a.): Lexikon der Wirtschaftsethik. Freiburg i. Br./Basel/Wien 1993.

[I–32] Korff, W. (Hg. u. a.): Handbuch der Wirtschaftsethik (4 Bde.). Gütersloh 1999.

[I–33] Kersting, W. (Hg.): Moral und Kapital. Grundfragen der Wirtschafts- und Unternehmensethik. Paderborn 2008.

[I–34] Kant, I.: Werke in sechs Bänden. Weischedel, W. (Hg.). Darmstadt 1975, Bd. VI (Schriften zur Anthropologie, Geschichtsphilosophie, Politik und Pädagogik).

[I–35] Kant, I.: Werke in sechs Bänden. Weischedel, W. (Hg.). Darmstadt 1975, Bd. IV (Schriften zur Ethik und Religionsphilosophie).

[I–36] Nida-Rümelin, J.: Theoretische und angewandte Ethik: Paradigmen, Begründungen, Bereiche. In: Nida-Rümelin, J. (Hg.): Angewandte Ethik. Stuttgart 1996, S. 2–85.

[I–37] Badura, J.: Ethischer Kohärentismus. In: Düwel, M. (Hg. u. a.): Handbuch Ethik. Stuttgart/Weimar 2002, S. 194–205.

[I–38] Badura, J.: Die Suche nach Angemessenheit. Münster 2002.

[I–39] Rippe, K. P.: Ethik in der Wirtschaft. Paderborn 2010.

[I–40] Loo, H. van der/Reijen, W. van: Modernisierung. Projekt und Paradox. München 1992.

[I–41] Taylor, C.: Das Unbehagen an der Moderne. Frankfurt am Main 1995.

[I–42] Giddens, A.: Konsequenzen der Moderne. Frankfurt am Main 1995.

[I–43] Beck, U./Giddens, A./Lash, S.: Reflexive Modernisierung. Eine Kontroverse. Frankfurt am Main 1996.

[I–44] Palazzo, B.: Interkulturelle Unternehmensethik: Deutsche und amerikanische Modelle im Vergleich. Wiesbaden 2000.

[I–45] Grabner-Kräuter, S.: US-Amerikanische Business Ethics-Forschung – the story so far. In: Beschorner, T. u. a.: Wirtschafts- und Unternehmensethik. Rückblick – Ausblick – Perspektiven. München 2005, S. 141–179.

II. Individualethik – klassische moralische Begründungen

[II–1] Rousseau, J.-J.: Der Gesellschaftsvertrag oder die Grundsätze des Staatsrechts. Weinstock, H. (Hg.). Stuttgart 1974.

[II–2] Bayertz, K.: Warum überhaupt moralisch sein? München 2004.

[II–3] Schiller, F.: Xenien. Werke (Nationalausgabe).

[II–4] Hegel, G. W. F.: Wer denkt abstrakt? (1807). In: Theorie Werkausgabe. Frankfurt am Main 1970.

[II–5] Aristoteles: Nikomachische Ethik. Wolf, U. (Hg.). Reinbek bei Hamburg 2006.

[II–6] Marx, K./Engels, F.: Thesen über Feuerbach. Werke (MEW). Institut für Marxismus-Leninismus beim ZK der SED (Hg.). Berlin 1956 ff.

[II–7] Gerhardt, V.: Eine politische These, kein philosophischer Satz. In: Gerhardt, V. (Hg.): Eine angeschlagene These. Die 11. Feuerbach-These im Foyer der Humboldt-Universität zu Berlin. Berlin 1996, S. 13–32.

[II–8] Crane, A./Matten, D.: Business Ethics: A European Perspective. Oxford 2004.

[II–9] Busch, W.: Die fromme Helene (1972). Gesammelte Werke in sechs Bänden. Werner, H. (Hg.). Stuttgart o. J.

[II–10] Mandeville, B.: Die Bienenfabel oder Private Laster, öffentliche Vorteile (1724). Eingeleitet von W. Euchner. Frankfurt am Main 1980.

[II–11] Smith, A.: Der Wohlstand der Nationen. Recktenwald, H. C. (Hg.). München 1974.

[II–12] Smith, A.: Theorie der ethischen Gefühle. Eckstein, W. (Hg.). Hamburg 1985.

[II–13] Walzer, M.: Sphären der Gerechtigkeit. Frankfurt am Main/New York 1994.

[II–14] De George, R. T.: Business Ethics. Upper Saddle River 2006 (6th ed.).

[II–15] Borchers, D.: Moralische Exzellenz – Einführung in die Tugendethik. In: Ach, J./Bayertz, K./Siep, L. (Hg.): Grundkurs Ethik 1. Paderborn 2008, S. 33–48.

[II–16] Rippe, K. P./Schaber, P. (Hg.): Tugendethik. Stuttgart 1998.

[II–17] Friske, C./Bartsch, E./Schmeisser, W.: Einführung in die Unternehmensethik: Erste theoretische, normative und praktische Aspekte. München/Mering 2005.

[II–18] Wieland, J. (Hg.): Handbuch Wertemanagement. Hamburg 2004.

[II–19] Ulrich, P.: Integrative Wirtschaftsethik. Grundlagen einer lebensdienlichen Ökonomie. Bern/Stuttgart/Wien 2001 (3. Aufl.).

[II–20] Kant, I.: Werke in sechs Bänden. Weischedel, W. (Hg.). Darmstadt 1975, Bd. IV (Schriften zur Ethik und Religionsphilosophie).

[II–21] Kersting, W.: Wohlgeordnete Freiheit. Immanuel Kants Rechts- und Staatsphilosophie. Frankfurt am Main 1993.

[II–22] Brennpunkt. Aktionszeitung der Christlichen Initiative Romero, des CorA-Netzwerks für Unternehmensverantwortung und der Kampagne für saubere Kleidung 3/2010. Münster 2010 (vgl. http://www.ci-romero.de, abgerufen am 28. 10. 2011).

[II–23] Quante, M.: Einführung in die allgemeine Ethik. Darmstadt 2003.

[II–24] Nida-Rümelin, J./Vossenkuhl, W. (Hg.): Ethische und politische Freiheit. Berlin/New York 1998.

[II–25] Steinvorth, U.: Freiheitstheorien in der Philosophie der Neuzeit. Darmstadt 1994 (2. Aufl.).

[II–26] Gerhardt, V. (Hg.): Eine angeschlagene These. Die 11. Feuerbach-These im Foyer der Humboldt-Universität zu Berlin. Berlin 1996.

[II–27] Gerhardt, V.: Partizipation. Das Prinzip der Politik. München 2007.

[II–28] Wolf, U.: Aristoteles „Nikomachische Ethik". Darmstadt 2002.

[II–29] Horn, Ch.: Antike Lebenskunst. Glück und Moral von Sokrates bis zu den Neuplatonikern. München 1998.

[II–30] Rippe, K. P./Schaber, P. (Hg.): Tugendethik. Stuttgart 1998.

[II–31] Borchers, D.: Moralische Exzellenz – Einführung in die Tugendethik. In: Ach, J./Bayertz, K./Siep, L. (Hg.): Grundkurs Ethik 1. Paderborn 2008, S. 33–48.

[II–32] Borchers, D.: Die neue Tugendethik. Paderborn 2001.

[II–33] MacIntyre, A.: Der Verlust der Tugend. Zur moralischen Krise der Gegenwart. Darmstadt 1988.

[II–34] Herold, N.: Pflicht ist Pflicht! Oder nicht? In: Ach, J./Bayertz, K./Siep, L. (Hg.): Grundkurs Ethik 1. Paderborn 2008, S. 70–90.

[II–35] Ballestrem, K. G.: Adam Smith. München 2001.

[II–36] Höffe, O.: Immanuel Kant. München 1983.

[II–37] Gerhardt, V.: Immanuel Kant. Vernunft und Leben. Stuttgart 2002.

[II–38] Schönecker, D./Wood, A. W.: Kants „Grundlegung zur Metaphysik der Sitten". Ein einführender Kommentar. Paderborn 2002.

[II–39] Bowie, N. E.: Business Ethics. A Kantian Perspective. London 1999.

[II–40] Göbel, E.: Unternehmensethik. Stuttgart 2006.

[II–41] Rippe, K. P.: Ethik in der Wirtschaft. Paderborn 2010.

III. Individualethik – auf der Suche nach dem Standpunkt der Moral

[III–1] Frankena, W. K.: Analytische Ethik. München 1972.

[III–2] Quante, M.: Einführung in die allgemeine Ethik. Darmstadt 2003.

[III–3] Suchanek, A.: Ökonomische Ethik. Tübingen 2007.

[III–4] Pies, I.: Markt und Organisation. Programmatische Überlegungen zur Wirtschafts- und Unternehmensethik. In: Kersting, W. (Hg.): Moral und Kapital. Grundfragen der Wirtschafts- und Unternehmensethik. Paderborn 2008, S. 27–59.

[III–5] Bayertz, K.: Warum überhaupt moralisch sein? München 2004.

[III–6] Höffe, O. (Hg.): Lexikon der Ethik. München 1992 (4. Aufl.).

[III–7] Birnbacher, D.: Heiligen die Zwecke die Mittel? Einführung in die Konsequentialistische Ethik. In: Ach, J./Bayertz, K./Siep, L. (Hg.): Grundkurs Ethik 1. Paderborn 2008, S. 91–106.

[III–8] Trapp, R. W.: Nicht-klassischer Utilitarismus. Eine Theorie der Gerechtigkeit. Frankfurt am Main 1988.

[III–9] Birnbacher, D.: Der Utilitarismus und die Ökonomie. In: Biervert, B./Held, K./Wieland, J. (Hg.): Sozialphilosophische Grundlagen ökonomischen Handelns. Frankfurt am Main 1990, S. 63–85.

[III–10] Kersting, W.: Die politische Philosophie des Gesellschaftsvertrages. Darmstadt 1994.

[III–11] Locke, J.: Über die Regierung (The second Treatise of Government). Mayer-Tasch, P. C. (Hg.). Stuttgart 1974.

[III–12] Pogge, Th. W.: John Rawls. München 1994.

[III–13] Rawls, J.: Eine Theorie der Gerechtigkeit. Frankfurt am Main 1975.

[III–14] Koller, P.: Die neuen Vertragstheorien. In: Ballestrem, K./Ottmann, H. (Hg.): Politische Philosophie des 20. Jahrhunderts. München 1990, S. 281–306.

[III–15] Ulrich, P.: Integrative Wirtschaftsethik. Grundlagen einer lebensdienlichen Ökonomie. Bern/Stuttgart/Wien 2001 (3. Aufl.).

[III–16] Crane, A./Matten, D.: Business Ethics: A European Perspective. Oxford 2004.

[III–17] Rippe, K. P.: Ethik in der Wirtschaft. Paderborn 2010.

[III–18] Nagel, Th.: Der Blick von nirgendwo. Frankfurt am Main 1992.

[III–19] Gebauer, M. (Hg.): Nachwort des Herausgebers. In: Nagel, Th.: Eine Abhandlung über Gleichheit und Parteilichkeit. Paderborn 1994, S. 334–350.

[III–20] Platon: Politeia. Werke. Eigler, G. (Hg.). Darmstadt 1971, Bd. 4.

[III–21] Nagel, Th.: Die Möglichkeit des Altruismus (1970). Bodenheim b. Mainz 1998.

[III–22] Siep, L.: Was ist Altruismus? In: Bayertz, K. (Hg.): Evolution und Ethik. Stuttgart 1993, S. 288–306.

[III–23] Chwaszcza, Ch.: Anmerkungen zu Funktion und Stellenwert des Eigeninteresses in der Theorie der praktischen Rationalität. In: ([III–24], S. 85–100).

[III–24] Lohmann, K. R./Priddat, B. P. (Hg.): Ökonomie und Moral. Beiträge zur Theorie ökonomischer Rationalität. München 1997.

[III–25] Eggers, D.: Moral für Egoisten? Einführung in die Kontraktualistische Ethik. In: Ach, J./Bayertz, K./Siep, L. (Hg.): Grundkurs Ethik 1. Paderborn 2008, S. 49–69.

[III–26] Höffe, O. (Hg.): Einführung in die utilitaristische Ethik. Tübingen 1992.

[III–27] Mill, J. S.: Der Utilitarismus (1871). Birnbacher, D. (Hg.). Stuttgart 1976.

[III–28] Birnbacher, D.: Utilitarismus/Ethischer Egoismus. In: Düwel, M. (Hg. u. a.): Handbuch Ethik. Stuttgart/Weimar 2002, S. 95–107.

[III–29] Sen, A./Williams, B. (ed.): Utilitarianism and beyond. Cambridge/Paris 1982.

[III–30] Gesang, B.: Eine Verteidigung des Utilitarismus. Stuttgart 2003.

[III–31] Koller, P.: Neue Theorien des Sozialkontrakts. Berlin 1987.

[III–32] Herold, N.: Der Gesellschaftsvertrag – eine Idee der Vernunft. In: Gabriel, K./Große Kracht, H.-J. (Hg.): Brauchen wir einen neuen Gesellschaftsvertrag? Wiesbaden 2005, S. 91–110.

[III–33] Pogge, Th. W.: John Rawls. München 1994.

[III–34] Kersting, W.: John Rawls zur Einführung. Hamburg 1993.

[III–35] Hinsch, W.: John Rawls. Die Idee des politischen Liberalismus. Eine Einführung. In: John Rawls: Die Idee des politischen Liberalismus. Aufsätze 1978–1989. Frankfurt am Main 1992, S. 9–44.

[III–36] Kersting, W.: Theorien der sozialen Gerechtigkeit. Stuttgart/Weimar 2000.

[III–37] Kersting, W. (Hg.): Politische Philosophie des Sozialstaates. Weilerswist 2000.

[III–38] Horn, Ch.: Einführung in die politische Philosophie. Darmstadt 2003.

[III–39] Werner, M.: Diskursethik. In: Düwel, M. (Hg. u. a.): Handbuch Ethik. Stuttgart/Weimar 2002, S. 140–151.

[III–40] Apel, K.-O.: Diskurs und Verantwortung. Das Problem des Übergangs zur postkonventionellen Moral. Frankfurt am Main 1988.

[III–41] Apel, K.-O./Kettner, M. (Hg.): Zur Anwendung der Diskursethik in Politik, Recht und Wissenschaft. Frankfurt am Main 1992.

[III–42] Habermas, J.: Erläuterungen zur Diskursethik. Frankfurt am Main 1991.

IV. Sein und Sollen – von der Einsicht zum moralischen Handeln

[IV–1] Theobald, W.: Wirtschaft und Umwelt – ein unlösbarer Konflikt? In: Kersting, W. (Hg.): Moral und Kapital. Grundfragen der Wirtschafts- und Unternehmensethik. Paderborn 2008, S. 247–260.

[IV–2] Crane, A./Matten, D.: Business Ethics: A European Perspektive. Oxford 2004.

[IV–3] Schoeck, G. (Hg.): Seneca für Manager. Zürich/München 1989.

[IV–4] Knigge, A. Freiherr von: Über den Umgang mit Menschen (1790). Fetscher, I. (Hg.). Frankfurt am Main/Hamburg 1962.

[IV–5] Kohlberg, L.: Die Psychologie der Moralentwicklung. Frankfurt am Main 1995.

[IV–6] Giddens, A.: Konsequenzen der Moderne. Frankfurt am Main 1996.

[IV–7] Purper, K.: Wertemanagement als Change Management. In: Wieland, J. (Hg.): Handbuch Wertemanagement. Hamburg 2004, S. 348–388.

[IV–8] Huntington, S. P.: Der Kampf der Kulturen. München/Wien 1996.

[IV–9] Rothlin, S.: Spannungsfelder der Wirtschaftsethik im Chinesischen Kontext. In: Wieland, J./Brenkert, G. G.: Unternehmensethik im Spannungsfeld der Kulturen und Religionen. Stuttgart 2006, S. 40–52.

[IV–10] Bielefeldt, H.: Philosophie der Menschenrechte. Grundlagen eines weltweiten Freiheitsethos. Darmstadt 1998.

[IV–11] Horn, C.: Einführung in die politische Philosophie. Darmstadt 2003.

[IV–12] Sen, A.: Ökonomie für den Menschen. München 2000.

[IV–13] Küng, H./Leisinger, K. M./Wieland, J.: Manifest Globales Wirtschaftsethos. Konsequenzen und Herausforderungen für die Weltwirtschaft. München 2010.

[IV–14] http://www.dnwe.de/news_CG/token/7e2f1f3278b6e298d2c1ee9310c5255c/items/ein-globales-wirtschaftsethos-und-seine-konsequenzen-fuer-die-weltwirtschaft.html, abgerufen am 08. 10. 2011.

[IV–15] http://www.globaleconomicethic.org/01-gee-02.php/, abgerufen am 08. 10. 2011; vgl.: http://www.weltethos.org, abgerufen am 08. 10. 2011.

[IV–16] Vgl. für die European Business School: http://www.ebs.edu/index.php?id=4852; für die Harvard Business School: http://mbaoath.org/, abgerufen am 8. 10. 2011.

[IV–17] http://www.fairness-stiftung.de/Whistleblowing.htm, abgerufen am 08. 10. 2011.

[IV–18] Taylor, C.: Das Unbehagen an der Moderne. Frankfurt am Main 1995.

[IV–19] http://www.greenpeace.de/themen/sonstige_themen/greenfreeze/artikel/geschichte_eines_siegeszugs_15_jahre_greenfreeze, abgerufen am 08. 10. 2011.

[IV–20] Kersting, W.: Wirtschaftsethik? – Wirtschaftsethik! In: Kersting, W.: Moral und Kapital. Grundfragen der Wirtschafts- und Unternehmensethik. Paderborn 2008, S. 9–24.

[IV–21] Suchanek, A.: Ökonomische Ethik. Tübingen 2007.

[IV–22] Kant, I.: Kritik der reinen Vernunft. Werke in sechs Bänden. Weischedel, W. (Hg.). Darmstadt 1975, Bd. II.

[IV–23] Habermas, J.: Vorbereitende Bemerkungen zu einer Theorie der kommunikativen Kompetenz. In: Habermas, J./ Luhmann, N.: Theorie der Gesellschaft oder Sozialtechnologie. Was leistet die Systemforschung? Frankfurt am Main 1971, S. 101–141.

[IV–24] Dienhart, J. W.: Business, Institutions and Ethics. A Text with Cases and Readings. New York 2000.

[IV–25] Küpper, H.-U.: Unternehmensethik. Hintergründe, Konzepte, Anwendungsbereiche. Stuttgart 2006.

[IV–26] Ulrich, P.: Integrative Wirtschaftsethik. Grundlagen einer lebensdienlichen Ökonomie. Bern/Stuttgart/Wien 2001 (3. Aufl.).

[IV–27] Ferrell, O. C. u. a.: Business Ethics: Ethical Decision Making and Cases. Boston 2002 (5th ed.).

[IV–28] Wallacher, J./Reder, M./Karcher, T. (Hg.): Unternehmensethik im Spannungsfeld der Kulturen und Religionen. Stuttgart 2006.

[IV–29] Korff, W. (Hg. u. a.): Handbuch der Wirtschaftsethik (4 Bde.). Gütersloh 1999.

[IV–30] De George, R. T.: Business Ethics. Upper Saddle River 2006 (6th ed.).

[IV–31] Frederick, R. E. (ed.): A Companion to Business Ethics. Oxford 1999.

[IV–32] Steinmann, H./Scherer, A. G. (Hg.): Zwischen Universalismus und Relativismus. Philosophische Grundprobleme des interkulturellen Managements. Frankfurt am Main 1998.

[IV–33] Wieland, J.: Globales Wirtschaftsethos als transkulturelles Management. In: ([IV–13], S. 76–91).

[IV–34] Göbel, E.: Unternehmensethik. Stuttgart 2006.

[IV–35] Homann, K./Suchanek, A.: Ökonomik. Eine Einführung. Tübingen 2000.

V. Wie bringt man die rationale Ökonomie wieder zur Vernunft?

[V–1] Kersting, W. (Hg.): Moral und Kapital. Grundfragen der Wirtschafts- und Unternehmensethik. Paderborn 2008.

[V–2] Honegger, C. u. a. (Hg.): Strukturierte Verantwortungslosigkeit. Berichte aus der Bankenwelt. Berlin 2010.

[V–3] Hetzer, W.: Finanzmafia. Wie Banker und Banditen unsere Demokratie gefährden. Frankfurt am Main 2011.

[V–4] Lewis, M.: The Big Short. Wie eine Handvoll Trader die Welt verzockte. Frankfurt am Main/New York 2010.

[V–5] Koslowski, P.: Ethik der Banken. Folgerungen aus der Finanzkrise. München 2009.

[V–6] Suchanek, A.: Ökonomische Ethik. Tübingen 2007.

[V–7] Küng, H.: Anständig wirtschaften. Warum Ökonomie Moral braucht. München 2010.

[V–8] Becker, G. S.: Der ökonomische Ansatz zur Erklärung menschlichen Verhaltens. Tübingen 1993 (2. Aufl.).

[V–9] Becker, G. S.: Familie, Gesellschaft und Politik – die ökonomische Perspektive. Tübingen 1996.

[V–10] Kettner, M.: Zwei philosophische Paradigmen der Wirtschaftsethik in Deutschland. In: Information Philosophie 2/2010, S. 22–31.

[V–11] Homann, K./Lütge, C.: Einführung in die Wirtschaftsethik. Münster 2005.

[V–12] Hobbes, T.: Leviathan. Übers. von J. P. Mayer. Stuttgart 1970.

[V–13] Karl Homann im Streitgespräch mit Daniel Klink: „Mehr Verordnung oder mehr Verantwortung?" Moderiert von D. Gürtler für die Unternehmensinformationen von Price/Waterhouse/Cooper im Oktober 2009. http://www.der-ehrbare-kaufmann.de/zum-leitbild-des-ehrbaren-kaufmanns/in-der-öffentlichkeit/neuigkeiten/wertvoll/mehr-verordnung-oder-mehr-verantwortung, abgerufen am 09. 10. 2011.

[V–14] Homann, K./Suchanek, A.: Ökonomik. Eine Einführung. Tübingen 2000.

[V–15] Ostrom, E.: Die Verfassung der Allmende: Jenseits von Staat und Markt. Tübingen 1999.

[V–16] Ulrich, P.: Integrative Wirtschaftsethik. Grundlagen einer lebensdienlichen Ökonomie. Bern/Stuttgart/Wien 2001 (3. Aufl.).

[V–17] Thielemann, U./Ulrich, P.: Brennpunkt Bankenethik. Der Finanzplatz Schweiz in wirtschaftsethischer Perspektive. St. Galler Beiträge zur Wirtschaftsethik. Bern/Stuttgart/Wien 2003, Bd. 33.

[V–18] Steinmann, H./Löhr, A.: Die Diskussion um eine Unternehmensethik in der Bundesrepublik Deutschland. In: Lenk, H./Maring, M. (Hg.): Wirtschaft und Ethik. Stuttgart 1992, S. 235–252.

[V–19] Stehr, N.: Die Moralisierung der Märkte. Eine Gesellschaftstheorie. Frankfurt am Main 2007.

[V–20] Münch, R.: Dialektik der Kommunikationsgesellschaft. Frankfurt am Main 1991.

[V–21] Göbel, E.: Unternehmensethik. Stuttgart 2006.

[V–22] Friedman, M.: The social responsibility of business is to increase its profits. New York Times Magazine, 13. 9. 1970.

[V–23] Steinmann, H./Löhr, A.: Grundlagen der Unternehmensethik. Stuttgart 1994.

[V–24] Kotler, P./Lee, N.: Corporate Social Responsibility. Hoboken/New Jersey 2005.

[V–25] Crane, A./Matten, D.: Business Ethics: A European Perspektive. Oxford 2004.

[V–26] Rippe, K. P.: Ethik in der Wirtschaft. Paderborn 2010.

[V–27] Rippe, K. P.: In einer anderen Welt? Grundfragen der Wirtschaftsethik. In: Ach, J./Bayertz, K./Siep, L. (Hg.): Grundkurs Ethik 2. Paderborn 2011, S. 171–185.

[V–28] Sternberg, E.: Just Business. Business Ethics in Action. Oxford 2000.

[V–29] De George, R. T.: Business Ethics. Upper Saddle River 2006 (6th ed.).

[V–30] Wieland, J. (Hg.): Handbuch Wertemanagement. Hamburg 2004.

[V–31] Pierer, H. v.: Zwischen Profit und Moral? In: Pierer, H. v./Homann, K./Lübbe-Wolff, G.: Zwischen Profit und Moral. Für eine menschliche Wirtschaft. München/Wien 2003, S. 7–34.

[V–32] Humborg, C.: Der 15. Dezember 2008: Meilenstein in der Aufarbeitung der Siemens-Korruptionsaffäre. Scheinwerfer 42 (02. 2008), S. 5. http://www.transparency.de/meilenstein-in-der-aufarbeitung1379.98.html, abgerufen am 10. 10. 2011.

[V–33] Leyendecker, H.: Das ist wie bei der Mafia. In: Süddeutsche Zeitung vom 14. 01. 2011. Internet: http://www.sueddeutsche.de/wirtschaft/siemens-korruptionsaffaere-das-ist-wie-bei-der-mafia-1.1046507, abgerufen am 10. 10. 2011.

[V–34] Peter Löscher auf der Hauptversammlung von Siemens, zit. nach Peitsmeier, H.: Abrechnung ohne Pierer. In: Frankfurter Allgemeine Zeitung vom 25. 1. 2008, S. 16.

[V–35] Wiehen, P.: Werte als Faktor der Korruptionsprävention. In: ([V–30], S. 222–259).

[V–36] Händler, E.-W.: Kann eine Firma etwas Göttliches an sich haben? In: Frankfurter Allgemeine Zeitung vom 23. 1. 2008, Feuilleton.

[V–37] Schmidt, S.: Markt ohne Moral. Das Versagen der internationalen Finanzelite. München 2010.

[V–38] Sinn, H.-W.: Kasino-Kapitalismus. Wie es zur Finanzkrise kam und was jetzt zu tun ist. Berlin 2010.

[V–39] Die Philosophie und die Wirtschaftskrise. Stellungnahmen von K. Homann, H. Kliemt und P. Ulrich. In: Information Philosophie 1/2010, S. 14–19.

[V–40] Kersting, W.: Probleme der Wirtschaftsethik. In: Zeitschrift für philosophische Forschung 48 (1994), S. 350–371.

[V–41] Korff, W. (Hg. u. a.): Handbuch der Wirtschaftsethik (4 Bde.). Gütersloh 1999.

[V–42] Homann, K./Blome Drees, F.: Wirtschafts- und Unternehmensethik. Göttingen 1992.

[V–43] Ulrich, P.: Integrative Wirtschaftsethik. Versuch einer (Selbst-)Einschätzung des Entwicklungs- und Diskussionsstands. In: Beschorner, T. u. a.: Wirtschafts- und Unternehmensethik. Rückblick – Ausblick – Perspektiven. München 2005, S. 233–250.

[V–44] Ulrich, P.: Auf der Suche nach der ganzen ökonomischen Vernunft. Der St. Galler Ansatz der integrativen Wirtschaftsethik. In: ([V–1], S. 61–76).

[V–45] Lenk, H./Maring, M. (Hg.): Wirtschaft und Ethik. Stuttgart 1992.

[V–46] Zimmerli, W. Ch./Aßländer, M.: Wirtschaftsethik. In: Nida-Rümelin, J. (Hg.): Angewandte Ethik. Stuttgart 1996, S. 290–344.

[V–47] Enderle, G.: Handlungsorientierte Wirtschaftsethik. Grundlagen und Anwendungen. Stuttgart/Wien 1993.

[V–48] Küpper, H.-U.: Unternehmensethik. Hintergründe, Konzepte, Anwendungsbereiche. Stuttgart 2006.

[V–49] Bayertz, K. (Hg.): Verantwortung. Prinzip oder Problem? Darmstadt 1995.

[V–50] Suchanek, A.: Die Bedeutung von Unternehmensverantwortung. In: ([V–1], S. 175–189).

[V–51] Wieland, J. (Hg.): Die moralische Verantwortung kollektiver Akteure. Heidelberg 2001.

[V–52] Wallacher, J./Reder, M./Karcher, T. (Hg.): Unternehmensethik im Spannungsfeld der Kulturen und Religionen. Stuttgart 2006.

[V–53] Lübbe-Wolff, G.: Die Durchsetzung moralischer Standards in einer globalisierten Wirtschaft. In: Pierer, H. v./Homann, K./Lübbe-Wolff, G.: Zwischen Profit und Moral. Für eine menschliche Wirtschaft. München/Wien 2003, S. 73–103.

[V–54] http://www.transparency.de, http://www.transparency.org, abgerufen am 10. 10. 2011.

Namensregister

Sachregister